진흙, 물, 벽돌

진흙, 물, 벽돌

C L A Y   W A T E R   B R I C K

세상을 바꾼
착한 금융
키바 이야기

제시카 재클리 지음

김진희 옮김

21세기북스

이 책에 나오는 기업가 이야기는 내 기억과 기록, 조사를 바탕으로 되도록 정확하고 상세하게 묘사했다. 몇몇 주인공은 만난 지 여러 해가 지났기 때문에 이름이나 성을 잊기도 했다. 따라서 그들과 나눈 대화 내용에서 실수나 오해를 바로잡기 위해 별도로 완벽하게 점검하지는 못했다(그들을 인터뷰할 때 대개 통역사가 따로 있었다). 일부 사례에서는 기업가들의 사생활을 존중하기 위해 임의로 이름을 바꾸기도 하고, 신원과 관련된 세부 내용을 생략하거나 변경하기도 했다. 이를테면 책에 나오는 내용은 모두 키바Kiva와 관련한 기업가들의 사례다.

여러 해 동안 내가 만나온 기업가들의 이야기를 정직하고, 성실하며, 투명하게 소개하는 것은 내 목표이자 열정이었다. 이 정신은 키바에 영감을 준 정신이자 이러한 목적으로 그들의 상대방의 이야기를 전달하는 것이 우리의 책임이라는 내 신념을 반영한 것이다. 자신들의 이야기를 나누듯 상대방의 이야기를 나누려는 것이다. 이것이 바로 내가 이 책을 통해 추구하는 바다.

4

제 프 리 삭 스

"세상이 당신을 원해요."

제시카 재클리가 독자에게 말한다. 이 말은 사실이다. 그러나 세상
이 그녀를 원하는 것도 사실이다. 그녀는 매우 특별한 사람이다. 동
정심 있고, 담력 있고, 공감할 줄 알며, 배울 각오와 실패를 마다하지
않는 자세도 겸비했다. 나아가 세상을 바꾸는 성공에 필요한 엄청난
재능도 갖추었다. 키바의 공동 창립자이자 빈곤을 완화하고 기업가
를 옹호하는 혁신적 전도사 재클리는 영감을 주는 사람이다. 아울러
세상을 향상하는 일에 평생을 바쳐온 그녀의 심금을 울리는 이야기
는 이 여정을 좇는 많은 사람의 마음에 잔잔한 울림을 선사할 것이다.

이 책은 실제로 기업가 정신에 관한 자서전적 숙고를 담은 매우 특
별한 사례 연구다. 이 책에는 기업가로서 그녀의 여정은 물론 실리콘
밸리에서부터 동아프리카와 그 너머에 있는 가난한 마을에 이르기까
지 여정 도중에 만난 영감을 불러일으키는 기업가들의 이야기를 담
고 있다. 그녀는 타고난 재능과 놀랍도록 솔직한 감성으로, 때로는 꿰

뚫어 보는 유머와 기민한 통찰력으로 이야기를 풀어나간다. 그녀는 훌륭한 기업가이자 비즈니스의 일선에서 일하는 대단한 이야기꾼이다. 재클린는 몸소 자신의 여정을 만들어나가면서 우리를 그 놀라운 여정으로 초대한다. 이것은 마치 로버트 프로스트Robert Frost의 위대한 시에서 인적이 드문 길을 밟고 있는 여행자의 발자취를 따라 함께 걷는 듯한 경험이며, 이 점이 바로 재클린와 함께하는 여정을 돋보이게 하는 점이다.

재클린의 말대로, 그녀는 성공할 가능성이 가장 낮은 사람이었다. 적어도 처음에는 잘나가는 비즈니스 스쿨 출신도 아니었다. 최신 킬러 앱을 개발해 사적인 부를 축적할 의도도 없었다. 사업을 운영해본 적도 전혀 없었다. 그러나 그녀는 교회학교에서 처음 예수님이 제자들을 가리켜 '그들 중 가장 작은 자'를 도우라고 하신 말씀을 경청했다. 그리고 노벨 평화상 수상자인 무하마드 유누스Muhammad Yunus가 소액금융의 가능성을 전한 강연을 한 번 더 경청했다. 스탠퍼드 대학교의 젊은 직원으로 일을 시작한 재클린는 자신의 깊은 도덕적 헌신과 유누스의 통찰력, 실리콘밸리 기업가들의 열정을 접목해 마침내 빈곤과 맞서 싸우는 새로운 힘을 만들어냈다. 최근 유명세를 얻은 소셜 기업인 키바에서 크라우드소싱 소액금융을 탄생시킨 것이다.

재클린가 분명히 제시했듯이 키바는 절대 성공으로 가는 지름길이 아니었다. 아마도 그녀의 주안점은 기업가 정신이 그렇게 쉽사리 얻어지지는 않는다는 것이었다. 재클린와 그녀의 공동 창업자는 키바를 설립한 초창기 내내 발명하고, 시험하고, 배우고, 실패하고, 다시 발명하며 끊임없이 전진해갔다. 그리고 재클리는 다음 10년의 커리어에서도 같은 여정을 가고 있다. 재클리를 보고 있으면 마치 그녀가 실리콘밸리의 가장 중요한 면모를 몸소 실천하는 듯하다. 즉 그녀는 실패를 전혀 두려워하지 않거나, 두려워하더라도 그 마음을 드러내지 않고 성공을 쟁취해내는 원동력을 지녔다. 재클리는 자신이 설명한 대로 여정 도중에 사적이고 전문적인 영역의 희생을 치르기는 했으나 마침내 키바의 승리를 일궈냈다. 이러한 키바의 모든 여정을 독자를 사로잡고 그들에게 간접 경험을 선사하면서 감동적으로 묘사했다.

재클리가 여정 중에 도움을 준 대단한 기업가들에게서 얻은 통찰력을 담아놓은 대목은 재클리가 직접 겪은 경험만큼이나 경이로웠다. 기업가들은 대부분 미국에서 거의 상상도 할 수 없는 시골의 지독한 가난 속에서 살고 있었지만, 우리에게 엄청난 영감과 인생의 교훈을 선사하는 기질과 추진력, 역경을 이겨내는 힘을 보여주는 사람들이었다. 재클리는 자신의 경험을 유연하고, 정확하며, 통찰력 있게 나누는 데 타의 추종을 불허하는 면모를 드러낸다. 이러한 면모는 빈곤 종식의 성장 대열에 합류하는 일에서 영감을 얻을 젊은 기업가들에게 본보기가 된다.

지난 15년 동안 UN의 새천년개발목표Millennium Development Goals, MDGs는 전 세계적으로 빈곤과 맞서는 길잡이 역할을 수행했다. MDGs의 첫 번째 목표는 개발도상국에서 차지하는 절대 빈곤자의 수를 2015년까지 절반으로 줄이는 것이었다. 이제 그 목표를 달성했다. 거시 경제와 미시 경제뿐 아니라 인터넷 시대의 금융 포용과 소규모 비즈니스의 출현이 이 성공을 견인하는 데 톡톡히 한몫했다.

이제 우리는 다가올 세대에서 지속가능발전목표_{Sustainable Development} Goals, SDGs의 시대로 진입하고 있으며, SDGs의 첫번째 목표는 절대 빈곤을 종식시키는 것이다. 다시 한번 성공을 위한 거시와 미시 차원의 중재가 있어야 한다. 아프리카와 아시아, 미주 시장에 걸쳐 수없이 많은 스타트업에서 인프라와 건강 시스템, 교육 시스템에 대한 대규모 투자도 이뤄져야 한다.

정보 혁명은 지역 기업가들에게 사업을 수행할 새로운 도구와 권한을 제공할 것이다. 지역 기업가들이 해당 지역의 수요 문제를 해결하기 위해 저마다 사업을 일구고, 자본 시장을 활용하며, 새로운 애플리케이션을 창출할 때, 그들은 무하마드 유누스와 제시카 재클리가 남긴 발자취를 따라가게 될 것이다. 그리고 오늘날 수백만 젊은이가 예부터 내려오는 극도의 빈곤이라는 재앙을 마침내 끝내는 세대로 자리매김하는 감동적인 일에 동참할 때, 제시카 재클리의 심장과 영혼, 마음에서 이 정신을 본받아야 할 것이다. 이 놀라운 책은 앞으로 가난에 맞서 싸우는 수많은 새로운 젊은 지도자에게 동반자가 될 것이다.

제프리 삭스

컬럼비아 대학교의 지구연구소_{Earth Institute} 소장이자 새천년개발목표의 UN 특별고문이며, 《지속 가능한 발전의 시대_{The Age of Sustainable Development}》, 《빈곤의 종말_{The End of Poverty}》을 비롯한 여러 책을 썼다.

차 례

벽돌공 패트릭이 빚은 희망

우간다 동부, 2004년

패트릭은 가진 것이 별로 없었다. 과격 단체가 우간다 북부에 있는 패트릭의 마을을 공격했을 때 그는 가족 대부분을 잃었다. 어린 패트릭과 남동생은 집에서 도망쳐 나와 남쪽으로 갔다. 어떤 운명이 기다리고 있을지 확신이 서지 않았다. 두 사람은 몇 주 뒤 우간다와 케냐 국경의 한 마을에 정착했다. 이곳에서 우연히 먼 친척 여러 명을 만난 그들은 되도록 친척들과 한 가족처럼 가깝게 지내고 싶어 했다.

패트릭과 남동생은 집도, 음식도, 돈도 없었으며, 심지어 걸을 때 신고 다닐 신발도 없었다. 그들은 어렸고, 고아였고, 교육도 받지 못했고, 집도 없었으며, 굶주리기까지 했다.

패트릭은 자기 인생을 들여다보고는 눈만 뜨면 잃어버린 것들을 떠올렸을 것이다. 아주 부당한 대우를 받고, 매우 큰 손해를 입고, 삶의 질을 개선하려고 홀로 맞서 싸우느라 말할 수 없이 많은 고통을 받은 자로서 자신을 무기력한 희생자로 느끼기 십상이었을 것이다. 아무

것도 소유하지 못했다는 이유로 당연히 자신은 보잘것없으며 앞으로도 나아질 가능성은 없다고 여겼을 것이다.

그러나 어느 날 아침 패트릭은 인생의 모든 것을 바꿔놓은 간단한 결정을 내렸다. 그는 숙소로 사용하는 진흙 움막 옆에 기대앉아 떠오르는 태양을 바라보며 아침이면 늘 그렇듯 그날 끼니를 때울 수 있을지 궁금해했다. 그는 따뜻하고 마른 땅에 손을 얹었다. 그러고는 하늘을 바라보던 자신의 시선을 손으로 가져가 손가락 아래로 드러나는 땅을 응시했다. 불현듯 아이디어가 하나 떠올랐다. 영감이 떠오른 바로 그 순간 팔을 걷어붙이고 땅을 파기 시작했다.

패트릭은 두껍고 짧은 나뭇조각과 버려진 금속 조각 일부를 연장으로 사용해 땅을 팠다. 땅을 파보니 깨달음이 왔다. 드문드문 녹슨 빛을 띤 땅의 한 부분은 다른 땅보다 더욱 단단했을 뿐 아니라 진흙 양도 더욱 많았다. 그는 진흙을 적정한 밀도가 될 때까지 물과 뒤섞다 보면 어떤 일정한 모양이 형성된다는 것을 알게 되었다. 그래서 맨손과 나뭇조각으로 진흙을 천천히 이겨 벽돌로 빚었다.

첫 번째 시도는 결과가 변변치 않았다. 벽돌 표면이 거칠고, 모양이 기형이고, 금이 잘 가며, 쉽사리 바스러졌다. 그러나 계속했다. 어느새 소액이긴 하지만 개당 1페니 정도로 팔 수 있을 만큼 일부 벽돌의 상태가 좋아졌다.

패트릭은 나무로 만든 벽돌 거푸집을 살 수 있을 때까지 다음 몇 주간 약간의 돈을 모았다. 그가 거푸집으로 만든 벽돌은 처음에 만든 벽돌보다 상태가 훨씬 좋았다. 촉감도 더욱 부드러워지고, 모양도 더 균

일해졌다. 이 벽돌들은 좀 더 높은 가격에 팔렸다.

처음에 패트릭은 벽돌을 햇빛에 말렸지만, 불에 말리면 더욱 단단해진다는 사실을 깨달았다. 그래서 돈을 좀 더 모아 종이 성냥을 샀다. 그러고는 양초를 약간 모아 양초 주위에 벽돌을 쌓은 다음 벽돌 굽는 가마를 만들었다. 가마에서 구운 벽돌은 훨씬 더 높은 가격에 팔렸다.

마침내 패트릭은 집에서 만든 도구를 교체하기 위한 삽과 흙손을 살 돈을 마련할 수 있었다. 그러고는 불에 쓸 나무 땔감 대신 석탄을 샀다. 어느새 패트릭에게는 동생을 고용할 만큼의 충분한 일거리와 자금이 생겼다. 패트릭은 동생뿐 아니라 이웃을 한 명 한 명 고용했다. 2004년 봄에 패트릭을 만났을 때 사업은 번창해 있었다. 일꾼도 여러 명이었고 사랑스러운 새 가정도 꾸린 상태였다.

패트릭이 처음 진흙을 팠던 순간은 혼자 힘으로 새로운 인생을 개척한 순간이었다. 패트릭은 자기 발아래에 있던 땅에서 다른 사람들이 보지 못한 기회를 포착했고, 가진 것은 하나도 없었지만 자신 안에 있는 잠재력을 보았다. 땅에서 한 번에 하나씩 벽돌을 구워내면서 패트릭은 기업가로 자리매김한 동시에 자신의 미래를 개척했다.

내가 추구하는 것

2005년에 나는 세계 최초의 개인 소액대출 플랫폼인 키바를 공동 창업했다. 키바에서 개인은 소규모 사업을 시작하거나 일구기 위해 자금이 필요한 세계 각지의 사람들에게 한 번에 25달러의 소액을 빌려줄 수 있다. 키바는 창립 이후 6억 달러가 넘는 자금을 대출해주며 수백만 명에 달하는 빈민을 가난에서 구제했다. 이러한 대출금은 거의 전 세계 각지의 투자자와 차용자를 연결했다.

키바를 만든 뒤에도 나는 프로파운더ProFounder를 비롯해 다른 기업들을 계속 설립했다. 프로파운더는 기업가들이 스타트업이나 소규모 사업체를 키우려고 친구와 가족은 물론 커뮤니티에서 투자 자본을 끌어모으도록 돕는 플랫폼이었다. 또한 나는 발아 단계의 벤처에 투자하는 콜라보레이티브 펀드Collaborative Fund에서 투자자이자 벤처 파트너로 일하기도 했다. 콜라보레이티브 펀드는 공유 경제와 협력적 소비의 아이디어를 지지하는 창의적 기업가에 대한 투자에 주력하는 펀드였다. 우리가 지원하는 기업들은 소유권에서 벗어나 접근권이나 공유권 중심의 경제를 추구하는 운동을 추진하도록 돕는다. 나아가 나는 매년 세계 각지의 대학과 기업, 콘퍼런스를 비롯한 수많은 조직에 몸담은 수천 명에게 기업가 정신을 강연한다. 지난 15년 동안 기업가 정신은 내가 진행한 모든 일의 핵심에 자리 잡고 있다.

우습게도 대부분 내 삶에서 기업가 정신은 안중에도 없었다. 정확히 말하면 나는 기업가 정신이 무엇인지 전혀 관심이 없었다. 나는 기업가가 집착할 만한 문제에 그리 신경 쓰지 않았다. 이를테면 나만의 벤처 기업을 시작하겠다는 열정에 휩싸인 적이 없다. 그저 언젠가 기존 조직이나 공공 기관에서 리더 역할을 감당하면서 많은 선행을 베풀 수 있으려니 생각했다. 떼돈을 버는 일에는 그다지 관심이 없었다. 오히려 기부를 비롯한 자선에 관심이 갈 때는 가끔 있었다. 내 롤 모델은 영리 기업을 일궈나가는 CEO가 아니었다. 정말 관심 있던 일은 광범위한 지역을 다니다가 한 번에 자그마한 마을 한곳에서 일하는 평화봉사단Peace Corps의 자원봉사자였다.

게다가 스타트업 세계를 주름잡는 듯 보였던 기업가들은 대체로 첨단 기술에 초점을 맞추는 남성이었다. 그들은 애초부터 내 눈에는 실질적인 '문제'로 보이지도 않는 특권층의 문제를 해결하는 데에만 급급했다. 나는 이런 기업가들과 관계가 없었고 그들이 운영하는 벤처에서 일할 마음은 더욱 없었다. 어차피 기업가라는 진로는 내가 갈 길이 아닌 듯했다. 벤처캐피털의 자금은 어디서 제공받는지, 차세대 신성장 동력을 창출할 최첨단 정보와 연구에는 어떻게 접근하는지 전혀 몰랐다. 또한 나를 이끌어줄 저명한 멘토는 어떻게 구하는지, 공식적 제도 지원이나 성공적 기업가로 자리매김하는 데 중요하고도 비상한 재능은 어디서 얻는지 나로선 도통 알 길이 없었다.

대학 졸업 후 나는 세계 기업가의 산실인 실리콘밸리로 거처를 옮기고 스탠퍼드 대학교 경영대학원에서 직원으로 일했다. 일순간 기업가 정신에 대한 발상이 끊임없이 내 머리를 맴돌았다. 막상 이런 생각에 몰두하자 기업가 정신에 대해 예전에 생각했던 낡은 통념 중 많은 부분이 순식간에 사라졌다. 즉 돈이나 벌고, 뚜렷한 목표 의식 없이 사업을 벌이고, 사소하기만 한 '문제'를 해결하는 일이 전부라고 여기던 통념이 점차 희망적인 생각으로 바뀌었다.

나는 온갖 스타트업 벤처, 즉 영리를 추구하는 벤처와 특정 목적을 추구하는 벤처, 또 둘 사이에 있는 벤처를 알게 되었다. 또한 저마다 독특한 설립 동기를 지닌 수많은 설립자가 있다는 사실도 알게 되었다. 스탠퍼드 대학교 경영대학원에서 나눈 대화는 대부분 돈을 버는 성공 못지않게 사회에서 일어나는 변화와 사회에 미치는 영향에 대한 것이었다.

세상을 긍정적으로 바꾸는 강력한 힘인 기업가 정신의 잠재력에 눈떴다. 난생처음으로 기업가 정신에 흥미를 느끼며 점점 매료되었다. 기업가 정신이 내 인생과 관련이 있을 수 있다는 생각이 정말로 들었다.

더욱 중요한 사실은 내가 기존 기업가의 활동에 품었던 의문을 진정으로 해결하는 데 관심 있을 뿐 아니라 사회적 기업가에 걸맞은 사려 깊고, 전략적이며, 매우 효율적인 방식으로 그 일을 해나가는 공동체를 찾았다는 것이다. 또한 스탠퍼드에서 알게 된 학생과 교수, 동료들을 비롯한 여러 다른 사람은 내가 기업가적인 방식으로 가장 관심 있던 일을 추진할 수 있도록 도전 의식을 심어주고 용기를 북돋아주었다. 그들은 내가 내 길을 개척하도록 영감을 주었다.

2004년 봄, 그 길은 나를 동아프리카로 이끌었다. 나는 빈곤에 허덕이는 사람들과 함께 일했다. 동아프리카에서 만난 사람들은 저마다 기업가적 진로를 쫓아 자신의 환경을 극복하며 스스로 윤택한 삶을 만들고 있었다. 나는 석 달 반 동안 케냐, 우간다, 탄자니아를 돌며 실리콘밸리에서는 절대 만나볼 수 없는 기업가들을 인터뷰했다. 농부와 어부, 숯 판매상, 인력거 운전사, 바구니 직공, 소매상인, 양치기, 재봉사를 비롯해 그 외 성실하게 일하는 많은 사람을 만났다. 그들은 비참할 정도로 가난하게 살았지만 가족을 부양할 지속적인 수

입원을 만들기 위해 소규모 기업을 일구었다. 그들은 바로 벽돌을 만드는 패트릭 같은 사람들이었고 순식간에 내게 영웅적 존재로 자리매김한 인물들이었다.

이러한 기업가들은 가히 예상은커녕 상상할 수도 없는 열악한 환경에서 기업을 일궜다. 그러한 환경 가운데서도 그들은 삶을 향상할 기회를 추구하고 만들어나갔다. 많은 사람이 가족을 먹여 살릴 만큼 커다란 비즈니스를 일궜다. 어떤 사람들은 이런 차원을 넘어 자신의 커뮤니티에서 일자리를 창출하거나 다른 사람들이 좀 더 큰일을 이루도록 격려하면서 수십 명에 달하는 마을 사람들 가운데서 성장의 촉매 역할을 감당했다. 이곳의 기업가들은 보잘것없이 작은 것으로도 어마어마한 성과를 냈으며 기업가들이 전진할 때 필수 요건으로 여겨온 자원이나 강점 같은 것이 없는 상황에서도 성공을 일궜다.

나는 기업가 정신에 대해 한 가닥 희미한 관심만을 품고 동아프리카에 도착했지만, 그곳 사람들은 내 관심을 강렬한 불꽃으로 타오르게 했다. 그들은 내가 키바를 설립하도록 영감을 주었다. 그리고 그 이후로 하루도 빠짐없이 나에게 동기를 부여해주는 원천이 되었다. 실제로 전 세계 패트릭과 같은 사람에게서 깨달은 (그리고 계속해서 깨닫는) 것이 기업가 정신에 대한 내 통념에 영향을 미쳤다. 다른 방법으로는 절대 이 통념이 바뀌지 않았을 것이다.

하버드 경영대학원 교수인 하워드 스티븐슨 Howard Stevenson 이 언급한 정의, 즉 내가 가장 좋아하는 기업가 정신의 정의를 그들은 삶으로 실천했다. "기업가 정신은 현재 보유한 자원에 구애받지 않고 기회를 추구하는 것이다." 즉 기업가 정신은 기회를 손쉽게 추구할 수 있도록 해주는 자금이나 승인, 혈연, 상당수 다른 수단이 없이도 기회를 추구하는 능력이다. 이처럼 스티븐슨은 소유에 구애받지 않고 기회를 추구하는 것을 강조한다. 그의 정의에는 다음과 같은 진실이 엿보인다. 기업가 정신의 핵심은 '우리가 무엇을 소유했느냐'가 아니라 '무엇을 하느냐'다.

나는 패트릭이 겪은 유의 체험을 직접 경험해보지 않고도 기업가 정신을 이해한다고 생각했다. 그러나 나는 이해하지 못했다. 아마도 기업가 정신은 기업가들이 번창한 토양인 매우 열악한 환경을 직접 체험해보는 일일 것이다. 즉 실리콘밸리 차고에서 일하는 허접한 스타트업의 업무 환경보다도 훨씬 못한 비참한 환경에서 이런 체험을 해보는 일일 것이다. 마침내 이 체험을 하면서 나는 기업가 정신의 개념이 지닌 파급력을 이해했다. 나는 움막에 사는 사람도 벤처 기업을 시작할 수 있다는 살아 있는 증거를 보았다. 이제 과거에 정규 교육을 받은 적이 없는 사람도 소규모 사업을 시작할 수 있고 검소한 삶을 꾸려나갈 수 있다는 사실을 알게 되었다. 나는 비록 경험과 전문성, 힘, 돈, 인기, 인정이 부족해도 기업가로서 자기 소신대로 밀고 나가는 사람들을 직접 만나게 되었다. 가진 것이라고는 자신이 맨발로 디디고 있던 진흙뿐이었으나 자신을 일으켜 세우기로 결정하고 자신의 사업을 벽돌 쌓듯 차곡차곡 일궈나간 패트릭을 만났다.

나는 위대한 기업가들에게는 이런 공통점이 있다고 확신하게 되었다. 그들은 하루도 빠짐없이 그저 일련의 선택을 해나가며 부족한 것이 무엇이든, 맞서 싸워야 할 걸림돌이 무엇이든 상관없이 앞으로 전진할 뿐이다.

이런 깨달음 덕분에 나는 새 여정을 마음속에 그리게 되었다. 아무리 약점과 불이익, 장애물이 있어도 내가 충분히 열심히 일하고 계속 전진해나가기만 한다면 나도 기업가가 될 수 있다고 진정으로 믿게 되었다.

분명하게 밝혀두자면 나는 가난 극복이 단지 관점이나 태도 변화의 문제라는 말은 절대 내비치지 않으려 한다. 오히려 나는 누구든지 더욱 희망적이고, 낙관적이며, 기업가적인 방식으로 사고하는 길을 선택할 수 있다고 믿는다. 또한 이러한 마음가짐은 그 출발점이 자포자기 상태든 특혜를 받는 위치든 상관없이 더욱 윤택한 삶을 일구는 핵심 요소라고 믿는다. 나는 기업가 정신의 여정이 누구든 어디에서든 따라갈 만한 과정이라고 믿는다.

이 책은 오직 스스로 기업가라 칭하는 사람만을 대상으로 하지도 않으며, 아무 사전 지식 없이 조직부터 만들고 싶어 하는 사람만을 대상으로 하지도 않는다. 나는 아무리 길을 막는 장애물이 있어도 꿈을 보며 전진하는 데 영감을 얻고 싶은 사람들을 위해 이 책을 썼다. 또한 최고의 기업가들이 실현해낸 활력과 창의, 열정을 불살라 하루하루를 살고 싶은 사람들을 위해 썼다. 더욱이 좀 더 기회와 해결책을 모색하면서 살며 일하고 싶은 사람을 대상으로 이 책을 썼다.

지난 15년 동안, 나는 전 세계 수백 명의 기업가를 만나는 즐거움을 누렸다. 이제 이 여정에서 만난 양계업자, 미용사, 염소몰이 등 많은 기업가의 이야기와 더불어 나 자신의 기업가적 여정을 나누어보려 한다. 나는 이 이야기들을 삶을 사는 내내 되새긴다. 내 꿈의 성취를 막는 걸림돌이 외부에 있든 내부에 있든 그 어떤 장애물도 이겨낼 가능성을 붙들도록 일깨워주기 때문이다. 이 이야기들은 결핍이나 상실, 실패 따위로 망설이지 않도록 해준다. 또한 이런저런 자질이 부족한 것 같거나, 지식이 부족한 것 같거나, 누누이 말하지만 미흡한 존재같이 느껴질지라도, 나 자신의 꿈을 추구하도록 일깨워준다. 또 이 이야기들은 가장 위대한 기업가들이 자신이 소유한 것 때문이 아니라 자신이 마음먹은 일 때문에 성공해야 한다는 사실을 일깨워준다.

명확히 말하자면 이러한 이야기들 일부는 '가난한 처지에서 일약 큰 부자가 된' 여정을 담은 위대한 사업 성공 실화다. 그리고 이 이야기들이 특별한 이유는 여기에 등장하는 이러한 기업가들이 내가 여정을 가는 길에 터득해야 할 중요한 교훈을 가르쳐주었기 때문이다. 즉 예기치 않은 상황에서 기회를 포착하는 방법, 다른 사람에게 권한을 부여하는 방법, 자신을 믿는 방법과 같은 중요한 가르침을 선사해주었다. 내가 이들의 이야기와 내 이야기를 공유하려는 목적은 단순하다. 바로 사람들이 더욱 기업가적인 삶을 살도록 영감을 불어넣으려는 것이다. 나는 우리가 지구촌의 모든 사람 안에, 특히 이 책을 읽은 사람들 안에 살아 숨 쉬는 엄청난 기업가적 잠재력을 깨달아 더욱 희망과 창의와 긍정이 넘치는 삶의 방식을 함께 일궈나갈 수 있다고 믿는다.

01

질문할
용기

—

내가 아는 이 유일한 세계에 가난한 사람이 살리라고는 상상할 수 없었다. 내가 본 부엌마다 음식이 그득
한 냉장고와 식료품이 미어터지는 저장실이 있는데 어떻게 누군가가 굶주릴 수 있을까? 이웃의 개들도 집
이 있고 심지어 우편물도 근사한 우체통이 있는데, 어떻게 집 없는 사람들이 있을 수 있을까?

CLAY WATER BRICK

가난한 사람은 왜 영원히 가난할까

교회학교 선생님은 매주 하시던 대로《굿 뉴스 바이블Good News Bible》버전의 성경을 읽어주셨다. 또한 예수님에 대해 말씀하셨다. 예수님의 말씀과 행적, 예수님이 행하신 크고 작은 이적, 선한 삶을 사는 방법을 말씀해주셨다. 나는 리놀륨 타일로 이루어진 바다에 덩그러니 떠 있는 여남은 섬 중 하나 같은 카펫 위에 책상다리를 하고 앉아 선생님 말씀에 귀 기울였다.

선생님 뒤편으로 보이는 공작용 판지로 만든 도표에는 반 친구들 이름이 모두 적혀 있었고, 각 이름 옆에는 금빛 별 모양이 여러 개씩 붙어 있었다. 나는 착한 일을 할 때마다 하나씩 받았던 내 이름 옆의 별을 쳐다봤다(가장 최근의 별은 시편 23편을 암송하고서 받은 것이었다). 그러고는 몇 번이고 계속해서 별을 세보다가 이내 다른 아이들 사이에서 내 등수가 몇 등인지 비교해보았다. 이 별들이 내가 이끄는 팀의 치어리더들이라고 상상해보았다. 각자 뾰족하게 세운 발끝으로 서서 빳빳이 세운 머리에 두 팔을 좌우로 쭉 뻗은 치어리더들의 모습을 떠올려본 것이다. 나는 다섯하고도 반살을 먹은 그저 착한 어린이가 되고 싶은 아이였다. 좋은 딸과 좋은 누나, 좋은 학생, 그저 모든 좋은 것이 되고 싶은 아이였다.

어느 일요일, 선생님은 가난에 관해 말씀하셨다. 그녀는 빈곤 속에 살아가는 사람들이 저마다 필요한 의식주 같은 가장 기본적인 것도 소유하지 못했다고 말씀하셨다. 또한 예수님은 가난한 사람들을 사랑하고, 우리도 이처럼 가난한 사람들을 사랑하기 원한다고 말씀하셨다. 선생님은 손에 닿는 대로 성서의 이 일화에서 저 일화를 넘나들며 말씀하셨다. 교회에서 마지막 동전을 바친 과부, 길가에 쓰러진 아픈 남자를 도와준 사마리아 사람, 예수님 발에 향유를 부은 여인 등 다양한 일화를 말씀해주셨다. 이러한 이야기 가운데 일부는 마음에 와 닿았다. 그러나 상당수는 그렇지 않았다.

나는 두꺼운 표지에 어마어마한 크기의 폰트와 화려한 삽화가 담긴 어린이용 성경책을 펴 보면서 선생님이 말씀해주신 내용을 살펴보았다. 이 책은 내가 가진 책 중에서 가장 두꺼워서 왠지 제일 중요한 책처럼 느껴졌다. 나는 성경책을 주의 깊게 읽어나가며 삽화 가운데 선생님이 들려주신 얘기에 등장한 사람들 그림을 유심히 살펴보았다. 바로 가난한 사람들의 그림이었다. 어떤 사람은 창백하고 수척한 모습으로 무릎을 꿇고 앉아 밝은 햇볕이 드는 하늘로 두 팔을 뻗어 도움을 청했다. 어떤 사람은 맨발에 넝마 차림을 한 더러운 몰골을 하고는 얻어맞아 시퍼렇게 멍이 들거나 나병에 걸려 피부가 희멀겋게 되어 고통 속에 몸부림쳤다. 눈과 가슴, 머리, 손에 붉은색으로 얼룩덜룩한 붕대를 감고 울부짖는 사람들이 있는가 하면, 구역질한 토사물로 초록빛을 띠거나 죽음을 맞아 잿빛으로 변한 채 들것에 실려 가는 사람도 있었다. 내가 그림을 응시하자 선생님이 예수님이 하신 말씀을 인용하며 말씀하셨다.

"너희가 여기 내 형제 중에 지극히 작은 자 한 명에게 한 것이 곧 내게 한 것이니라."

이 말씀을 듣자마자 나는 이내 하던 일을 멈추고 선생님을 올려다보았다. 부모님과 선생님께 잘하는 일 외에 더 바랄 것이 없던 아이에게 남을 돕는 대단한 사람이 된다는 발상은 여태 들어본 적 없는, 최고로 마음이 동하는 말이었다. 가난한 사람을 돕는 일이 하나님을 돕는 일이었던 것이다. 마치 내가 세상에서 가장 위대한 사명을 부여받은 사람인 양 느껴졌다. 이 사명을 제대로 완수하고 싶었다. 더 많은 별을 받고 싶었다. 그야말로 큰 별들을 받고 싶었다.

내 가슴은 이 일이 어찌 진행될지 궁금해서 방망이질 쳤다. 이런 가난한 사람들은 도대체 어디에 있었지? 정확하게 이 사람들을 어떻게 도와야 할까? 내가 얼마나 잘하는지 어떻게 하나님은 속속들이 아셨지? 내가 가난한 사람들에게 내 것을 주었을 때 그들이 천국에 일일이 자초지종을 알렸을까? 가령 (엄마 말에 따르면) 백화점의 엄청나게 많은 산타가 크리스마스에 내가 받고 싶은 선물을 조사해 북극의 진짜 산타에게 알리는 것과 같은 방식으로 알렸을까? 내가 사용해본 적도 없는 크레용 색이나, 샌드위치 빵에서 땅콩버터와 잼이 적게 들어간 반쪽처럼 내가 갖고 싶지 않은 물건만 주면 내 점수가 깎일까? 또는 하나님이 어디에나 계실 수 있고 분명 변장에도 능하실 테니 모든 가난한 사람이 사실은 하나님 아니었을까? 하물며 예수님도 가난하지 않는가.

한창 머릿속에 말이 꼬리에 꼬리를 물고 진행될 무렵, 선생님이 우리에게 예수님의 다른 말씀을 하나 더 들려주셨다. 그런데 이 말은 그야말로 나를 다시금 얼어붙게 했다. 선생님은 마치 예수님의 다음과 같은 약속이 별것 아니라는 듯 말씀하셨다.

"가난한 자들은 항상 우리와 함께 있을 것이다."

그 순간 내 가슴이 옥죄어왔다. 혼란스럽다가 화가 치밀더니 이제 무슨 말인지 충분히 이해가 되고 나서는 두려움이 밀려왔다. 왜 하나님은 가난한 사람을 영원히 가난하도록 내버려두셨을까? 하나님이 아무리 바란들 당신이 원하던 세상을 창조할 수는 없었을까? 그리고 대체 이 말을 내가 어떻게 받아들여야 할까? 가난한 사람을 돕자던 내 계획이 부적절한 일이 될 운명인가? 예수님이 내가 실패하도록 함정에 빠뜨린 것일까?

머릿속에 무시무시한 시나리오가 떠올랐다. 내 앞에 가난한 사람들이 긴 줄로 쭉 서 있고 각 사람은 내가 가진 것을 탐냈다. 내 코트를 달라는 사람이 있는가 하면, 보들보들한 담요에 눈독을 들이는 사람도 있었다. 또 어떤 사람은 내가 애지중지하던 하늘색 크레용을 달라고 떼쓰는가 하면, 어떤 두 사람은 땅콩버터와 잼을 바른 샌드위치를 반쪽도 아니고 전부 달라고 버텼다. 내가 한 사람씩 뭔가를 줄 때마다 그들은 "고맙습니다"라고 말했지만 줄 끝까지 한참 걸어가서는 다시금 줄을 섰다. 그리고 걸어가면서 내 크레용도 다 써버리고, 내 샌드위치도 게걸스럽게 먹어치웠다. 그러고 나서 그들은 다시 자신들의 순번을 차지해 내게 돌아와서는 더욱 많은 것을 달라고 요구했다.

결국 가난한 사람들은 늘 우리와, 늘 나와 함께 있을 것이기 때문이었다. 그들의 요구는 멈추지도 않았고 사라지지도 않았다. 내가 가는 곳마다 계속 따라다니며 다른 뭔가를 더욱 많이 요구했다. 그들의 가난은 끝이 없었다. 아무리 많이 준다 해도, 그들에게는 절대 충분하지 않았다.

예수님도 그렇게 말씀하셨다.

커피 한 잔의 가격

나이가 들면서 나는 여러 이야기를 접하며 빈곤 문제가 엄청나다는 사실을 확신했다. 이 이야기들은 실제로 가난이 절대 완전하게는 해결될 수 없으리라는 생각을 반복해서 강조했다. 이런 이야기는 시도는 좋았지만 결국 아무도 상황을 완전히 바꿀 만큼 실제로 돕거나 잘 개선할 수 없다는 사실만 확인해주었다.

시간이 갈수록 성경책에 나왔던 가난한 사람들의 삽화는 점차 자선 단체에서 온 이메일이나 집에 배달된 신문과 잡지에서 본 훨씬 실제적이고 강렬한 사진으로 바뀌었다. 이 사진에는 재난이나 질병이라는 기사 제목 옆에 나란히 도움을 호소하며 카메라를 향해 두 손을 뻗은 사람들이 보였다. 억압받거나 전쟁이라는 기사 제목 옆에 나란히 무기를 들어 올리는 남자들도 보였다. 전쟁과 기근에서 도망쳐 나온 여성들도 보였고, 복부가 팽팽하게 불어 임시 병실에 누워 있는 아이들도 보였다. 뼈만 앙상하게 남아 얇은 피부 밑으로 가슴뼈와 빗장뼈만 도드라져 보이고 움푹 팬 눈꺼풀 가장자리에는 파리 떼가 앉은 아기들도 보였다. 모든 사람과 내 주위의 모든 것이 더럽고, 망가지고, 성나 있으며, 공허한 듯했다.

이 사진들을 보자 나는 가난한 사람들이 나오는 아주 거리가 멀다는 확신이 들었다. 이에 비해서 펜실베이니아 주 피츠버그 교외에 사는 내 이웃은 그야말로 동화책에 나오는 사람들 같았다. 내가 알던 아이 중 누구도 이 사진에서 본 듯한 아이들같이 보이지 않았다. 내 주위 사람들은 모두 건강하고 영양 상태가 좋은 듯했다. 마당에는 부드러운 잔디밭이 있고, 줄기를 휘감고 자라는 다년생 꽃들과 함께 그늘을 드리운 커다란 나무가 있는, 마치 노먼 록웰Norman Rockwell이 그린 현대적 작품 같은 곳이 내가 사는 집이었다. 집 앞 도로에 나 있는 현관 입구는 여름철이면 문을 활짝 열어놓았고, 겨울철이면 크리스마스 장식용 푸른 가지와 생화나 조화를 모아 고리같이 둥글게 만든 꽃으로 장식해놓았다. 인도에는 돌차기 놀이를 하려고 분필로 그어놓은 선들이 얼룩져 있었다. 앞뜰에는 여기저기 자전거와 외발 롤러스케이트가 흩어져 있었다. 도로에서 차고로 들어오는 진입로에는 미니밴이 말쑥하게 주차돼 있었다.

내가 아는 이 유일한 세계에 가난한 사람이 살리라고는 상상할 수 없었다. 내가 본 부엌마다 음식이 그득한 냉장고와 식료품이 미어터지는 저장실이 있는데 어떻게 누군가가 굶주릴 수 있을까? 이웃의 개들도 집이 있고 심지어 우편물도 근사한 우체통이 있는데, 어떻게 집 없는 사람들이 있을 수 있을까? 가족은 모두 겨울옷과 여름옷은 물론 학교용, 축구 연습용, 교회용 신발이 따로 있는데, 어떻게 모든 사람이 따뜻한 웃옷 한 벌이 없을까?

그래서 가난한 사람들 이야기가 한가로운 일상에 파고들 때면 내 관심을 온통 사로잡았다. 나는 이 이야기를 떠올리며 이와 함께 언급된 통계치를 이해해보려고 머리를 쥐어짰다. 지구촌의 반은 하루에 2달러를 밑도는 돈으로 살았다. 매일 빈곤으로 죽어가는 아이가 2만 2,000명이었다. 읽거나 자기 이름을 쓸 수 없는 사람이 약 10억 명에 이르렀다. 이처럼 뇌리를 떠나지 않는 엄청난 수치를 내 머리로 헤아리기는 불가능했다. 그래서 나는 이제 이것을 감정으로 표출했다. 화가 났고, 슬프고, 두렵고, 죄책감이 들고, 심지어 백인 중산층 미국인 아이로서 누리는 이러한 비교 우위적인 부와 특권이 부끄럽게 느껴졌다.

물론 이것은 마케팅 캠페인에서 내 주의를 끌려던 선의의 비영리 단체가 정확히 바라던 효과였다. 그들은 자신들의 메시지를 이용해 나를 일깨웠고, 그다음에는 능력을 이용해 내 깨달음이 행동으로 나타나도록 했다. 안타까운 마음이 클수록, 내 기부액은 늘어날 것이 분명했다. 그러고 나서 내가 슬픈 통계 수치를 더는 받아들일 수 없다고 생각할 바로 그때 비영리 단체는 빠져나갈 구멍을 제공했다. 바로 "기부하세요! 주세요! 도우세요!"라고 외치는 것이었다.

과연 누가 이런 상황에서 '노No'라고 말할 수 있을까? 내가 해야 하는 일의 전부는 수화기를 집어 들어 수신자 요금 부담 전화인 1-800번을 누르고, 이러한 문제를 (수표나 신용카드, 우편환을 통해) 해결해줄 수 있는 누군가와 통화하는 일이었다. 내가 단지 내 주머니를 비우거나 마음대로 쓸 만한 용돈을 찾으려고 소파 쿠션을 뒤진다면, 아이들이 삶을 하루 더 연장할 만한 돈을 찾을 것이다! 배우 샐리 스트러더스Sally Struthers(기독교아동복리회 주 대변인으로 활동하며 TV에서 저개발국의 기아 종식 기금 모금을 열렬히 호소한 미국 배우 – 옮긴이)와 열정 넘치는 대변인들이 '커피 한 잔 비용보다 적은 돈'이면 충분하다고 말했듯이 내가 최소한의 금액이라도 절약하면 세상의 빈곤을 완화하는 일에 일조할 수 있을 것이다. 겨우 몇 푼으로 내가 해결책을 줄 수도 있을 것이다!

그래서 나는 기부했다. 잃어버린 동전을 구석구석 찾아내기도 했다. 일주일 치 용돈을 교회에 가져가 성도들의 십일조용 벨벳 주머니에 쑤셔 넣기도 했다. 기부할 것이 또 있었다. 집 앞 잔디의 카드 게임용 탁자에서 가져온 청량음료 분말을 엷게 탄 후 자동판매기 종이컵에 반쯤 담아 이 음료를 팔러 다녔다. 잡지 구독권과 쿠키, 커다란 초콜릿 바를 집집마다 팔러 다니기도 했다. 핼러윈 날 밤에는 유니세프 상자를 짊어지고 집 근처를 돌아다녔다. 그리고 이따금 엄마는 나를 동네 은행에 데려가서는 내가 모은 동전 개수를 세어 총계를 내고 수표와 내가 손으로 쓴 메모를 TV에서 본 그 가난한 아이들에게 보내주었다.

이런 일들을 할 때마다 기분이 조금 나아졌다. 적어도 당분간은 그랬다. 그러나 마음 한구석에는 여기저기 돈을 기부해 정말 바라던 구제를 값싼 동정으로 치부해버리려는 마음이 있었다. 마음 깊은 곳에서는 섬겨야 한다고 느끼는 사람들과 직접 만나는 유의 일을 하기 전까지는 내가 절대 만족할 수 없다는 사실을 알고 있었다. 실제로 그간 참여해온 기부가 기묘하게 되풀이될수록 도울 소명이 느껴지던 실제 사람들에게서 정말로 멀어지는 느낌이 들었다. 도움이 필요한 사람과 실제 뜻있는 소통을 나누기보다 소위 구제 문제에 대한 해법을 아는 거대 조직에 설득당해 이들과 일련의 경제적 거래를 하고 있었다. 땅콩버터와 잼을 바른 샌드위치가 실제로 전달되는 일 따위는 없었다. 그저 남의 식료품 목록에 자금 대는 일만 해줄 뿐이었다. 나는 이 모든 일이 엄청 불만스러웠다.

비영리 단체에서 내 기부에 대해 보내온 감사 편지는 상처에 모욕까지 덧입히는 격이었다. 나는 같은 내용이 인쇄된 편지(수신은 통상 수표를 발행한 엄마 앞이었다)를 우편으로 받았다. 편지에는 감사로 시작하는 첫 문장에 이어 바로 추가 기부를 요청하는 내용이 담겨 있었다. 이런 편지에는 간혹 들어본 적도 없고 기부 대상으로 여겨본 적도 없는 사람들의 서명이 잉크젯 프린터로 출력돼 있었다. (비영리 단체 이사가 대체 누구였을까? 내가 공익 광고에서 본 에티오피아 출신의 자말이나 과테말라 출신의 빌마가 직접 편지에 서명하시 않은 이유는 무엇이었을까?) 일부 단체에서는 심지어 기부자들을 우롱이라도 하듯 편지 여백에 '손수' 휘갈겨 쓴 듯한 느낌의 매우 작은 폰트를 사용하기도 했다. 비록 어린아이였지만 나는 무슨 일인지 감을 잡았다. 그간 컴퓨터가 쓴 감사 편지를 받은 것이다.

당시 받았던 감사 편지 가운데 가장 당황스럽고 거슬리던 편지 하나를 보관해놓았다. 이것은 한동안 내 책상 위쪽 벽면에 붙어 있었다. 이 편지는 내가 언청이 아기들을 위한 의료 시술 전문 비영리 단체에 보냈던 기부에 대해 응답으로 받은 것이었다. 내 기부가 단체에 얼마나 가치 있는지 감사하는 내용이 적힌 한 페이지짜리 이 편지는 수신이 단체 앞으로 돼 있는 추가 기부 요청 봉투에 담겨 있었다. 여기까지는 기존과 별반 다르지 않았다. 그런데 이 봉투는 뭔가 특이했다. 봉투 위에 입부터 콧구멍 사이가 크게 벌어진 언청이 아기의 얼굴 사진 한 장이 붙어 있었다. 당황스럽게도 그 사진 옆에는 특가 제공을 선전하는 글귀가 눈에 띄었다. 그 단체에 기부한 동전 한 푼 한 푼이 얼마나 감사한지, 이런 기부 한 건 한 건이 얼마나 변화를 가져올지 한껏 설명한 직후였다. "지금 한 번 기부하시면 다시는 기부를 요청하지 않겠습니다."

선한 기부자와 선한 비영리 단체 사이에 펼쳐지는 애증 관계를 적나라하게 보여주는 이 캠페인은 볼수록 충격적이었다. 한편으로는 내가 기부한 달러 한 장 한 장에 그들이 고마움을 표한다는 사실과 더불어 이 기부금이 큰 변화를 가져온다는 사실을 알게 되어 굉장히 기분이 좋았다. 그러나 또 한편으로는 기부자가 보람을 느낀 지 얼마 되지 않아 단체가 제안하는 특정 프로그램이 주는 충격 때문에 기부자의 설렘이 사라질 수 있었다. 그리고 이 점은 그 단체의 누군가가 몰랐을 리 없었다. 몇 달러를 더 쓰면, 치료받고 웃을 수 있는 아이들이 더 늘어난다는 말이었다. 하나를 보면 열을 안다고 했던가. 그래서 그들은 바로 본론으로 들어가기로 했다. 그들의 메시지는 내게 이렇게 들렸다. "이봐요, 기부자님, 알겠어요. 더 귀찮게 안 할게요. 그러니 모든 일이 잘 돌아갈 때 끝냅시다. 우리한테 진 빚(기부)만 갚고 살던 대로 살면 돼요."

'충분'의 개념 따위는 없는 무한정 요구의 세상에서, 이 단체는 아무도 영원히 기부할 수 없다는 사실을 이해하는 듯 보였다.

슬프게도 나는 반박할 수가 없었다. 충분히 기부하고, 충분히 변화를 가져오고, 충분히 돌봐주는 일이 불가능하다는 사실에 이해가 갔다.

그래서 나는 계속 기부했다. 그러나 그렇게 할 때 내가 무엇을 하는지는 정확히 알았다. 나는 기부로 남의 인생을 바꿀 특권을 사는 것이 아니었다. 그저 나 자신을 위한 일시적인 안도감을 사고 있었다. 형 집행을 일시 유예한 듯한 느낌마저도 기부를 할수록 점점 희미해져갔다. 내 여분의 돈으로 세상천지의 온갖 요구를 다 감당할 수는 없다는 사실을 깨달았다. 그것은 내가 교회학교 때 상상했던, 긴 줄로 늘어서 내 주위를 계속 맴돌던 가난한 사람들의 행렬 같았다.

자연스럽게 나는 서서히 움츠러들었다. 내 마음은 점점 굳어져갔다. 나 자신과 멀어지는 일 외에 내 무엇을 할 수 있었을까? 굶이 광고에 대한 내 주목도는 갈수록 떨어졌다. 두려우리만치 엄청난 통계 수치를 이해하려고 부단히 노력하던 일도 그만뒀다. 800번이란 숫자가 TV 화면에서 번쩍거리는 것을 보기 전에 채널을 얼른 돌려버렸다(이미 그 숫자를 외워서 알고 있었지만 그렇게 했다). 나는 기부 광고가 나올 때면 채널을 딴 데로 돌리는 방법과 그만큼 정보도 내 안에 깊이 쌓아두지 않는 방법, 그리고 남을 돕는 데 실패한 나 자신에 계속 실망하지 않는 방법도 터득해갔다.

누가 진짜 도움이 필요한 사람인가

고등학생이 될 무렵, 기부와 내 관계는 마치 견디기 힘든 이별 상태와도 같았다. 끊임없이 종잡을 수 없는 심한 기복의 세월이었다. 빈번하게 좌절했지만 여전히 세상을 구제하는 일에 애정이 있어 계속 재도전하기 위해 돌아오는 과정을 반복했다.

그러나 이제 그저 돈만 기부하는 일에는 흥미가 많이 떨어진 상태였다. 몸소 참여하고 싶었다. 내 기부로 구매한 것이 무엇이든 나는 몸소 그 구매품을 전달하는 일을 돕고 싶었다. 그 빌어먹을 땅콩버터와 잼 바른 빵을 몸소 전달하고 싶었다. 이 해결책이 임시방편이거나 심지어 흠이 있는 안이라 해도, 나는 두 손으로 직접 전달하는 기분이 어떤지 간절히 알고 싶었다.

그래서 돈 대신에 시간을 주었다. 그다지 전략적인 방식은 아니었지만 나는 자원봉사를 시작했다. 이리저리 수소문해 오는 기회는 뭐든 덥석 물었다. 그러나 불행히도 이러한 경험은 대부분 전만큼 혼란스럽고 불만족스러운 느낌만을 남겼다.

이를테면 나는 방과 후에 동네 병원에서 십대 간호조무사로 일하는 자원봉사 활동에 등록했다. 그러나 환자들과 소통하는 대신 나는 결국 선물 가게나 커피 가판대 업무를 보게 되었다. 나는 그저 무임금 직원이었을까? 그 후 한번은 스페셜 올림픽Special Olympics (1968년 창설된 심신 장애자 국제 스포츠 대회 - 옮긴이) 대회에 출전한 수영팀 아이들을 지도하는 일에 자원했다. 모두 즐거운 시간이었지만, 이 봉사 활동은 기존 올림픽 대회보다 참가하는 코치가 많은 유명한 자원봉사 기회였다. 다른 사람이 아닌 내가 참여한 사실이 나 외에 누군가에게 도움이 되긴 했을까?

그 후 동네 무료 급식소에서 배고픈 가족에게 저녁 급식을 제공하는 자원봉사 활동을 했다. 처음에는 배고픈 가족을 직접 대면해 그들에게 분명한 영향을 끼치는 일에 만족했다. 그러나 몇 번 더 방문하고 나서는 접시를 들고 줄 서 있는 사람들이 그저 일상이 돼버렸다. 어느 날 테이블을 닦는 내게 한 신사분이 했던 질문이 떠오른다. "내일도 보나요?" 그의 질문에는 악의가 없었지만 나는 판단하기 시작했다. 저 남성은 끼니를 때우러 매일, 매주, 해마다 오고 싶을까? 과연 내가 저 남성을 무기한 섬기고 싶을까? 접시에 으깬 감자를 퍼주는 일이 과연 모든 사람의 시간을 가장 잘 활용하는 일일까? 기아의 순환 고리를 깨보면 어떨까? 그렇다면 어떻게 그것을 할 수 있을까?

가장 어리둥절했던 봉사 활동 경험은 피츠버그 도심 지역에 사는 어려운 가정의 집수리를 했을 때였다. 주말의 일부 시간을 들여야 하는 봉사 활동이었다. 나는 궁핍한 자택 소유자를 위해 무료로 집수리를 해주는 자원봉사자를 배치하는 일을 비롯해, 그 도시 안에서 여러 경제 개발 활동에 앞장서고 있는 한 지역 비영리 공동체 조직과 함께 일했다.

어느 덥고 눅눅한 토요일 이른 아침, 대여섯 명의 고등학교 친구와 나는 우리 교회 주차장에 있는 승합차에 구호품과 함께 몸을 싣고 느릿느릿 시내로 들어갔다. 그 공동체 조직 본부에서는 해야 할 프로젝트 목록과 함께 주소지를 전해주었다. 우리는 차를 몰고 주소지에 도착해 현관문을 노크했다. 현관에서는 아무 응답이 없었지만, 페인트 통과 페인트 붓, 깔개를 차에서 내리고 이내 작업을 시작했다.

대체로 왜소한 체구의 십대 소녀로 구성된 우리 팀은 지침에 따라 뒤 베란다에 흰색 페인트칠을 하기 위해 어정쩡한 자세로 집 뒤편 언저리에 가까스로 기다란 금속 사다리를 들어 올렸다. 발걸음을 뗄 때마다 나도 모르게 고개가 아래로 떨어졌다. 나는 거친 숨을 몰아쉬며 비 오듯 땀을 흘렸다. 힘들여 사다리를 들어 올리느라고 두 팔이 부들부들 떨렸다. 내가 잡은 쪽 사다리가 행여나 삐끗할까 초집중하느라 현관에서 몇 미터 떨어진 지점에 이를 때까지 감히 위는 쳐다보지도 못했다.

바로 그때 어디선가 자그마한 소리로 연주하는 베이스의 울림이 전해져왔다. 잘생긴 근육질의 20대 남성이 흰색 내의에 편물 반바지를 입고 베란다 옆으로 난 잔디 위에 놓인 접이식 의자에 앉아 있었다. 그는 그루터기에 발을 올려놓은 채 휴식을 취하고 있었다. 비스듬히 상체를 뒤로 젖혀 앉아 의자 뒷다리가 땅에 닿아 있었다. 이 남성은 당시 1980년대를 상징하는 근사한 전자 제품 컬렉션을 몸에 두르고 있었다. 머리에는 워크맨에 꽂힌 두툼한 헤드폰을 썼고 손에는 게임보이를 들고 있었다. 그의 옆에는 얼음이 잔뜩 든 소다수 잔도 눈에 띄었다. 온도 차 때문인지 유리잔 겉으로 물이 뚝뚝 떨어졌다. 그의 손에 든 유리잔을 쳐다보고 있을 때 그가 말을 걸었다.

"저기요, 여러분. 와주셔서 감사해요. 거기 그쪽 벽을 칠해주시면 돼요."

그 말과 함께 그 남성은 부분적으로 낙서에 뒤덮인 현관 옆 벽 쪽을 손가락으로 가리켰다. 그때부터 시작해 장장 네 시간 동안 우리는 땀범벅이 되도록 집의 한쪽 벽면에 흰색 페인트칠을 했고, 그 젊은 남성은 비디오 게임을 즐기며 접이식 의자에 앉아 있었다. 그는 이따금 집 쪽으로 걸어와 무선 전화기에 대고 계속 이야기하기도 했다. 그러나 대부분 그냥 거기에 앉아 이따금 게임기에서 눈을 떼 위를 올려다보거나 우리를 보며 미소 지었다. 한번은 우리를 향해 엄지를 척 들어보이기도 했다. 또 한번은 자기 혼자 낄낄 웃는 듯도 했다. 어느새 내

뺨은 태양과 열에 벌겋게 익었다. 또한 혼란스럽기도 하고 난처하기도 한 마음에 얼굴이 벌겋게 달아올랐다.

그 젊은 남성은 완전히 근사해 보였다. 그리고 솔직히 말하면 우리는 그가 누구인지도 몰랐다(그리고 어떤 이유에선지 아무도 알려고 들지 않았다). 그가 우리가 일했던 그 집에 살았을 수도 있다. 아마도 집주인 아들이거나 손자였을 것이다. 어쩌면 집주인이 나가 있는 동안 그냥 우리가 하는 일을 감독해주기로 한 이웃이었을 수도 있다. 물론 당시 나는 불만스럽기만 할 뿐이었다. 도대체 왜 이 남성은 우리와 함께 페인트칠을 하지 않을까? 분명 나보다 훨씬 빨리 페인트통을 들어 흰색 페인트칠을 할 수 있을 것처럼 보였다. 그날 나는 궁금해하며 자리를 떠났다. '누가 정말로 도움이 필요한지는 대체 누가 정할까?'

수십여 개에 걸친 다른 자원봉사 활동을 시도하며 수년을 보낸 뒤에도 여전히 매여 있는 느낌은 없어지지 않았다. 순간의 보상받는 느낌도 결국 공허함으로 끝났다. 대체 나는 어떤 지속적인 변화를 가져왔는지 또는 이런 지속적인 영향을 미치는 일이 가당키나 한지 의문이었다. 그러나 답을 찾기보다는 갈수록 의문만 더해가는 느낌이었다.

그때, 우연한 기회로 이전에 경험했던 것과는 다른 기회를 접했다. 나는 이 기회가 마침내 내가 얼마간 답을 찾을 수 있을 정도로 정말 다른 기회이기를 바랐다.

빈곤과 싸울 각오

고등학교 3학년 때 나는 우연히 친구들이 아이티의 한 보육원에서 진행하는 봄 방학 봉사 여행에 관해 이야기하는 것을 들었다. 믿기지 않는 일이었다. 아이티라니! 자그마치 남반구의 최빈국이었다. 분명 도움이 엄청 많이 필요한 환경에서 유용한 일을 할 수 있을 것이었다.

그날 밤 저녁식사를 하며 부모님께 아이티에 가겠다는 계획을 말씀드렸다. 나의 부모님은 친구들 부모님처럼 충격을 받고 포크와 나이프를 떨어뜨리지는 않았다. 그러나 그들은 내 이야기를 들었고 질문을 던졌다. 부모님의 질문은 꼬리에 꼬리를 물고 이어졌다. 아니나 다를까 몇 주 후 나는 아이티에 갈 짐을 쌌다. 짐을 싸는 사람은 아빠도 마찬가지였다(승인하는 대신 내건 조건 하나가 당신의 동행이었다).

보육원에 있는 아이들을 위해 나는 장난감과 비누, 양말, 치약을 챙겼다. 나 자신을 위해서는 방충제와 등산화, 티셔츠 몇 장, 발목을 덮어줄 긴 치마를 몇 벌 쌌다. 아이티에 있는 보육원은 두 명의 여성이 운영했다. 그들은 사우스캐롤라이나 그린빌에 있는 밥존스 대학교에 다녔고 극도로 보수적인 학교의 문화를 보육원으로 도입했다. 찌는 듯한 더위에도 짧은 바지와 어깨가 드러나는 탱크톱을 입는 것은 물 건너간 얘기란 의미였다.

그다음 주에 벌어진 일이 단편적으로 기억난다. 마이애미에서 출발해 귀가 먹먹할 정도로 덜컥거리는 화물 수송기를 타고 카프아이

시앵Cap Haitien으로 가는 길에 갑자기 내 배에서 꾸르륵 소리가 났다. 그날 아침, 우리 비행기만 승객당 한 좌석씩 배정된 임시 좌석을 만들었다. 그러다 보니 화장실은 없었다. 그리고 우리는 비행 도중 응급 상황이 발생하고 나서야 이 사실을 깨달았다.

드디어 비행기가 착륙하고 문이 열리자 후덥지근한 바람이 훅 밀려와 얼굴에 부딪쳤다. 숨을 들이쉴 때마다 더운 열기가 입 속을 타고 들어와 폐를 태우는 듯했다. 우리 열네 명은 소형 트럭 뒤에 우르르 올라탄 채 공항에서 보육원으로 향했다. 카프아이시앵의 혼잡한 교통을 순식간에 통과해 황량한 들판을 지나 비포장도로를 질주하고 나니 철판 지붕을 얹은 민무늬 직사각형 콘크리트 건물이 나타났다. 이 건물의 외곽은 약 3미터 높이의 콘크리트 벽이 둘러싸고 있었고 꼭대기에는 깨진 유리 파편이 박혀 있었다.

아이들을 처음으로 만난 장면이 기억난다. 나는 공항 세관 직원이 검사하느라 뒤적여놓은 뚜껑 열린 마분지 상자에 담긴 꾸러미를 자랑스럽게 들고 갔다. 우리는 서로 짧게 인사했지만 아이들의 주의는 이내 우리가 아닌 상자에 쏠렸고 우리의 시선도 자연스레 아이들이 번갈아 선물을 풀어보는 모습에 쏠렸다. 장난감에 기뻐하는 아이가 있는가 하면, 맞지 않는 양말을 받고 실망하는 아이도 있었고, 비누와 치약에 싫증이 난 아이도 있었다. 아이들이 보인 반응은 당연했다. 그러나 순간 나는 내가 그들을 판단하고 있음을 깨달았다. 아이들이 우리가 준 선물에 감사해야 한다고 생각했다. 그러고는 나 자신을 판단했다. 나는 슬그머니 그 자리에서 빠져나와 눈물로 기도하며 하나님께 용서를 빌었다.

그룹에서 유일하게 프랑스어(아이티에서도 근근이 말이 통할 정도로 아이티어에 가까운)를 구사할 줄 알았던 나는, 덕분에 우리가 만나는 사람을 위해 전담 통역사로 봉사하면서 참 뿌듯했던 기억이 난다. 더욱 뿌듯했던 점은 어린 시절 가족과 함께 떠난 캠핑을 제외하고 처음으로 수돗물이나 전기도 없는 매우 불편한 생활을 견뎌낸 것이다. 오후 나절 폭풍우가 내리는 동안에는 건물 배수로가 끝나는 지점 아래에서 옷 입은 채로 샤워를 했고, 천둥과 번개가 누그러질 즈음에는 배수로에서 쏟아지는 물로 뛰어들었다가 나오기를 반복했다. 이윽고 밤이 되면 양초와 손전등을 사용했다.

우리가 가져온 구호품으로 공작 놀이를 하던 방 한가득 들어찬 아이들의 부드럽고 고운 목소리도 기억난다. 아이들은 분명 행복해했다. 그러나 나는 계속 마음 한구석이 불편했다. 보육원 외부 사람들을 위해 준비한 아이스 사탕용 막대와 담배 파이프 청소 용구 대신 여분의 칫솔이나 비타민, 또는 책을 가져갔으면 더 좋았을 뻔했다는 생각이 들었기 때문이다.

아이티를 떠나기 전날, 우리는 아주 오랫동안 알아온 사람들처럼 모두 울었다. 우리는 주소를 교환했고 서로 편지하기로 약속했다. 보육원에 있던 어떤 아이들은 잊지 말라며 자신들의 유일한 사진을 선물로 주었다. 나는 사진 두 장을 받았고 그 사진을 매일 보는 장소에 걸어두겠노라 맹세했다. 집으로 가는 동안에도 사진들을 보호하려고 조심스레 성경책 안에 끼워두었다.

부활절 아침 일찍, 우리는 마이애미로 돌아왔다. 아빠와 나는 집으로 가는 피츠버그행 비행기 편을 잡기 전에 해변에서 새벽 예배를 드렸다. 물론 예배는 예수님께서 어떻게 우리의 짐을 대신 지셨고, 어떻게 우리 죄 때문에 돌아가셨으며, 어떻게 죽은 다음 부활하셨는지를 중점으로 다뤘다. 대양을 가로질러 미국으로 돌아오는 길에 문득 나는 얼마나 많은 아이티의 새 친구들이 그날 아침 내 짐을 짊어졌는지 생각이 났고, 그에 반해 나는 얼마나 그들의 짐을 대신 짊어지기를 꺼렸는지 깨달으며 흐느껴 울었다.

당일 늦은 시간에 나는 집 안 침실에서 짐을 풀었다. 그런데 배낭 지퍼를 연 순간 소스라치게 놀랐다. 반투명 속지와 부드러운 표지로 되어 있는 내 낡아빠진 성경책이 바닥에 고꾸라져 있었던 것이다. 그 아래에는 열기에 녹은 립글로스와 끈적끈적 뒤엉켜 심하게 구겨진 사진들이 보였다.

그다음 주말은 내 고등학교 졸업반 무도회였다. 나는 둥글게 부풀린 드레스에 온 정신이 쏠려 있었고, 친구들과 리무진을 타보고 싶었으며, 사치스러운 졸업식 통과 의례를 치르며 야단법석도 떨어보고 싶었다. 그러나 이런 자신이 한없이 철저한 위선자로 느껴지기도 했다. 나는 어쩌자고 이렇게 경솔하고 낭비하는 분위기에 휩쓸려 있을까? 드레스를 산 돈을 아이티 친구들을 위해 썼다면 어떤 물건을 보내줄 수 있었을까? 아이티에 있는 친구들이 내가 이러고 있는 모습을 알면 나를 어떻게 생각할까?

무도회가 다가왔고 이내 지나갔다. 몇 날이 지났고, 몇 주가 지났다. 그러지 않으려 노력했지만 나는 예전 생활로 돌아갔다. 더는 그렇게 많이 울지도 않았다. 더 이상 소규모 쇼핑몰이나 채소가 잔뜩 쌓인 식료품점에 들어서다 소스라치게 놀라지도 않았다. 내가 아이티에서 만난 많은 사람은 아마 이런 장소가 있는 줄은 꿈에도 생각 못 할 것이라 생각하며 놀라던 그런 모습 따위는 더는 보이지 않았다. 아이티에서 처음 돌아왔을 때 TV와 전자레인지, 뜨거운 물 같은 것을 보고 굉장하다고 여기던 마음이 갈수록 시들시들해졌다. 나는 꼭 필요하지 않은 새로운 물건을 샀고, 사놓고 후회하던 마음도 까맣게 잊었다. 아이티 펜팔과도 더는 편지를 주고받지 않았다.

몇 달 후, 가족이 있는 데서 불과 몇 시간 운전 거리에 있는 아름다운 아미시 마을의 버크넬 대학교로 떠났다. 당시 아이티 방문 이후 상하고 다소 무뎌진 마음 상태에서 대체 빈곤 문제가 해결될 수는 있는지 의구심이 들었다. 그러나 여전히 과감하게 도전해보고 싶었고, 마음이 떠난 자리를 이성이 넘겨받도록 자신을 몰아갔다. 그렇게 그다음 4년 동안 나는 마땅한 질문을 하고, 권력을 이해하며, 언어를 활용하고 싶은 마음에서 각각 철학, 정치과학, 시를 공부했다. 모두 빈곤을 이해하고, 빈곤과 싸울 각오를 다지기 위한 시도 중 하나였다.

졸업할 무렵 나는 성장 전략과 기법에 대해 할 말이 많았다. 효과가 있는 일과 그렇지 않은 일에 대해 확고한 의견도 생겼다. 나는 공통 관심사를 가진 사람들과도 교양 있게 얘기할 수 있었다. 견문이 넓은 회의론을 갖춘 덕분에 사회 문제에 관해서도 똑똑하고 분별 있는 사람처럼 말할 수 있었다. 그리고 실제로도 그랬다. 한때 품었던 똑같은

질문할 용기 45

열정을 가지고 우려먹고만 있지는 않았다.

객관적으로 말해 내 대학 시절은 감정이 메마른 생활이었다. 내게 남은 것은 졸업 후에도 진로에 계속 영향을 주었던 몇 개의 두드러진 고학점이 전부였다. 나는 근처 지역 자원봉사 활동을 지속하면서 지방 빈곤에 대해 이해를 넓혔다. 3학년이 되기 전 여름 동안에는 월드 비전에서 인턴 생활을 하며 비영리 모금 방식과는 반대 방식으로 모금하는 일이 얼마나 어려운 일인지 새롭게 인식했다. 무엇보다도 대학교 2학년 봄 동안에 바다에서 한 학기를 보내며 100일 동안 지구촌 10개국을 도는 눈이 번쩍 뜨이는 해외 연수 경험을 맛보았다. 이 항해는 세계에 대한 내 이해의 기준이자 시금석으로 자리 잡아 그 이후에도 계속 영향을 미쳤다.

그러나 내게 준 단기 효과는 몇 년 전 아이티 여정 때 얻었던 효과와 매우 흡사했다. 나라마다 새로운 경험을 하며 많은 감동을 하고 떠나왔지만 그처럼 짧고 강렬한 만남을 어떻게 이어나가야 할지 통 확신할 수 없는 상황이 다시금 연출되었다.

그래서 졸업할 때는 그저 헛똑똑이 같았으며, 여전히 실제로 빈곤 문제가 어떻게 돌아가는지 전혀 알지 못했다. 여전히 가난한 사람들을 도우려면 내가 무엇을 해야 하는지 몰랐다. 졸업 시즌이 다가오면서 이처럼 딱히 명확한 세계관이 없던 나는 어디서든 도전적인 일자리를 찾아 나섰다. 그러나 내가 무슨 일자리를 찾는지도 확신이 없었고 그러다 보니 그다지 열심히 찾지도 않았다. 다만 한 가지는 확실히 인지했다. 내가 캘리포니아에 사는 한 남자아이와 사랑에 빠졌고,

이 사실이 내게는 대서양 연안의 어떤 취업 전망보다 중요했다는 것
이다. 나는 설레는 마음과 앞일에 대한 희망을 품고 그저 서쪽으로 가
서 모험을 즐기기로 했다.

기꺼이 위험을 감수하는 사람

—

생선 장수 캐서린

우간다 토로로, 2005년

캐서린Katherine은 깡충깡충 뛰고 노래하고 손뼉 치며, 다시 온 나를 큰 소리로 환영했다. PBS의 〈프론트라인/월드Frontline/World〉에서 나온 촬영 기사가 몇 미터 거리에서 어색하게 맴돌았고, 곧 방송될 키바에 대한 15분짜리 다큐멘터리의 전 분량을 촬영하고 있었다. 캐서린은 신경도 쓰지 않는 눈치였다. 그녀는 희색이 만연한 모습으로 달려와 나를 껴안았다. 나는 캐서린을 1년 동안 보지 못했다. 그녀는 대출금 500달러를 받은 뒤에 자신이 일궈나간 일의 진척 상황과 대출금 상환 상황을 내가 확인하러 돌아왔음을 알고 있었다. 캐서린은 내 손을 잡았고 우리는 집 근처의 개간지로 걸어가 응달에 자리를 잡았다. 마침내 캐서린이 지난 1년간 있었던 일들을 설명해주었다. 그녀에게는 나눌 만한 좋은 소식이 정말 많았다.

캐서린 오피오를 처음 만난 때는 2004년 봄이었다. 당시 그녀를 만나자마자 나는 캐서린의 카리스마에 압도당했다. 캐서린은 소위 '파는 법'을 알고 있었다. 그녀는 설득력 있고 자신만만하며 끈기가 있었다. 수년 동안 그녀는 우간다 토로로의 외곽에 있는 자신의 마을에서 양파와 토마토를 팔았다. 캐서린은 일도 열심히 하고 파는 데도 타고난 소질이 있었다. 그러나 그녀와 일곱 자녀는 얼마 안 되는 수입으로 간신히 삶을 꾸렸다. 과부가 된 캐서린은 홀로 가족의 생계를 책임졌다.

그러나 2000년에 캐서린이 빌리지 엔터프라이즈Village Enterprise에서 보조금 100달러와 사업 훈련을 받은 뒤부터 상황은 달라졌다. 빌리지 엔터프라이즈는 캘리포니아에 토대를 두고 동아프리카 전역의 마을에서 지속적인 소규모 사업을 개발하는 비영리 단체다. 이 단체가 제공하는 교육 과정에서 그녀는 최상의 비즈니스 기회를 포착하는 법은 물론 마케팅과 회계, 성공 전략을 배웠다. 캐서린은 배운 내용을 토대로 채소와 식용유 판매에서 생선 판매로 노선을 바꿔야겠다는 영감을 얻었다. 마을의 생선 수요가 엄청나다는 사실을 알았던 그녀는 주변의 다른 사람들보다 저가로 판매할 기회를 알아챈 것이다.

처음에 캐서린은 중개인에게서 한 번에 여섯 마리 정도를 구매해 가판대에서 내다 팔았다. 그러나 어부에게서 직접 생선을 떼 오는 것보다 중간 상인에게 훨씬 비싼 값을 치른다는 사실에 늘 불만을 느꼈다. 그러나 어부에게서 직접 생선을 사려면 호수에 직접 가야 했다.

우간다 토로로 근처에 사는 마을 사람이 빅토리아 호수로 가는 여정에 오르려면 반드시 위험이니 대가를 치러야 했다. 마을의 누구도 이 여정에 나서지 않았다. 가난에 허덕이는 이 공동체에서 대부분 주민은 한 장소에서 태어나 살다가 죽음을 맞았으며, 걸어서 하루 이상이 걸리는 장소에서 일어나는 경험을 거의 해본 적이 없었다. 호수로 가는 여정은 약 100킬로미터로 차로는 한 시간이 훨씬 넘는 거리였다. 버스나 택시 요금은 하루 봉급과 맞먹을 수도 있었다. 또한 장터와 토로로 근처 무역 센터는 모두 일찍 활동을 시작했기 때문에 호수로 오가는 여정에서 몇 시간 동안 차로 오가다가는 오전을 날릴 수도 있었다. 더욱이 캐서린이 들인 모든 노력과 시간이 보람 있을 만큼 호수에서 구매할 생선 가격이 낮게 책정되리라는 보장도 없었다.

그러나 캐서린은 위험을 감수하기로 결정하고 길을 나섰다.

캐서린은 빅토리아 호수로 가는 아침 시간 내내 불안했다. 앞에 무슨 일이 도사리고 있을지 알 수 없었고, 여행이 그만큼 가치 있을지도 확신이 서지 않았다. 마침내 몇 시간 후, 캐서린은 물고기를 바구니에 그득그득 채워 자신의 마을로 돌아왔다. 그러고는 물고기를 자기 마을과 토로로 주변의 다른 마을에서 팔았다. 캐서린의 수입은 예전보다 거의 세 배가 넘었다.

다음 몇 주 동안에도 캐서린은 자주 그 호수에 들러 계속 자신의 비즈니스 모델을 조정해나갔다. 다음 장마철 동안 그녀는 새로운 기회가 왔음을 알아챘다. 물고기 수확량이 갑자기 늘고 가격도 덩달아 떨어지면서 대량으로 사들여 일부를 훈제로 만들어 판 것이다. 그 덕분에 캐서린은 더욱 비싼 가격에 생선을 팔 수 있었을 뿐 아니라 기존 거래처 외에도 새 거래처를 뚫을 수 있었다. 새로 거래하게 된 사람 중에는 그녀에게 물고기를 팔던 중간 상인도 있었다.

캐서린은 열심히 일해서 성공을 일구었고 대출을 받은 덕분에 그 사업을 키웠다. 그러나 나는 무엇보다도 캐서린이 기꺼이 위험을 감수했기 때문에 인생을 스스로 헤쳐나갔다고 믿는다. 그녀는 스스로 어떤 가능성이 있는지 보려고 호수에 나갔던 것이다.

02

당신은
누구인가

—

브라이언이 말했다. "빈곤이 무엇인지 직접 가보기 전에는 알 수가 없지요. 현장에 가서 실제로 기업가들과 시간을 보내기 전에는 절대로 알 수가 없어요. 이제 현장에 가실 때가 된 것 같군요." 그는 내 말을 세심하게 들었고, 내 본능이 옳다고 맞장구쳐주었다. 내가 밟아야 할 최상의 다음 단계는 현장에 나가 도움이 필요한 실제 사람들을 만나 스스로 유용한 존재가 될 방법을 터득하는 일이었다.

CLAY WATER BRICK

불만족스러운 기부의 순환

나는 달랑 가방 두 개를 짊어지고 대책도 없이 샌프란시스코에 도착했다. 내가 아는 것이라고는 팰로앨토 시의 샌드힐 로드_{Sand Hill Road}에 있는 집에서 친구들과 함께 살 것이라는 사실뿐이었다. 실리콘밸리에서 시간을 보낸 사람이라면 누구나 이 길의 이름이 의미심장하다는 사실을 알고 있다. 어떤 기업가가 "샌드힐 로드를 넘나들 것이다"라고 말한다면 이것은 한 가지 의미밖에 없다. 이 기업가가 스타트업 기금을 모은다는 소리다. 실리콘밸리의 벤처캐피털 사무실은 그만큼 샌드힐을 중심으로 오밀조밀하게 모여 있다. 물론 당시에는 이 사실을 몰랐다. 나는 그저 거할 곳이 있다는 사실에 행복하기만 했다(나중에 룸메이트와 나는 이런 가치 있는 주소를 소유했다는 이유 하나만으로 벤처캐피털 회사를 하나 차릴까도 심각하게 고려했다).

그 집 2010호는 발 디딜 틈 하나 없이 들어찬 수십 명의 졸업생에게는 가정과도 같았다. 지금은 버젓이 성공한 기업가인 내 친구 선딥Sundeep은 당시 부엌 옆에 딸린 벽장만 한 크기의 공간에서 살았다. 수년 동안 키바에서 몸담은 존Jon은 자신이 키우는 고양이 제카와 함께 차고에서 살았다. 물론 고양이는 임차법상 불청객이었다. 그레이엄Graham은 천장까지 쭉 박아놓은 얇은 천 뒤편의 거실 가장자리에 묵었다. 이외에도 욕실을 이용하는 대가로 매달 50달러씩을 내며 뒤뜰에 텐트를 쳐놓고 지내던 친구 한 명이 더 있었다. 나는 가장 큰 방에서 여자아이들 여러 명과 함께 살았다. 이 방에는 침대가 겨우 들어맞았다. 매트리스 머리맡과 끄트머리를 벽에 바싹 붙여 영락없는 도미노 모양으로 간신히 맞춘 꼴이었다. 당시 내게 가장 중요한 사실은 그 집이 맷 플래너리Matt Flannery가 사는 곳까지 걸어서 갈 만한 거리였다는 점이다. 맷과 나는 2000년 봄 대학교 4학년 때 만났다(내가 버크넬에, 맷이 스탠퍼드에 다닐 때였다). 우리는 워싱턴 D.C.에 있는 어느 콘퍼런스 홀에서 처음 만났다. 서로 알게 된 지 며칠 뒤, 우리는 계속 연락하며 지내기로 했고, 어느새 돌아보니 장거리 연애를 하는 사이가 되었다. 결국 나는 이 거리를 단축하기 위해 캘리포니아로 이사했다.

캘리포니아에 도착한 다음 날, 나는 이력서 한 무더기를 가방 안에 쑤셔 넣고 스탠퍼드 대학교까지 일렬로 죽 뻗은 야자나무를 따라 발걸음을 옮겼다. 발길이 닿는 대로 캠퍼스를 돌아다니며 건네는 손길을 마다하지 않는 모든 사람에게 이력서를 전달했다. 어느새 나는 스탠퍼드 경영대학원의 줄리 위르겐스Julie Juergens에게까지 말을 건넸다. 줄리는 사회혁신센터Center for Social Innovation의 공공관리프로그램Public Management Program을 맡고 있었으며, 병가 중이던 또 한 명의 직원을 대신해 나를 임시 비서로 채용했다. 나는 어떤 일이든 그저 일자리를 얻은 사실에 감지덕지했다. 아직 뭘 하고 싶은지 정확하게 알지 못했기 때문이다(이것을 알아내는 동안 방세도 내야 했다).

사실 이 말이 완전히 정확하지는 않다. 내게는 장차 15~20년 후에 하고 싶은 일이 있었다. 그러나 그 목표를 이루려면 어떤 단계를 밟아야 할지 전혀 알지 못했다. 그렇다고 일렬로 죽 늘어서서 원대한 내 직업적 목표로 이끌어줄 야자나무들이 있는 것도 아니었다. 도대체 무슨 수로 한 개인이 거대한 비영리 단체의 임원이 되었을까? 모금개발 임원 자리나 내가 앉고 싶다고 생각했던 그런 내로라하는 자리에는 다들 어떻게 앉게 되었을까? 도통 알 길이 없었다. 그저 나 자신이 효과와 효율을 따져 빈민을 돕는 방법을 알아낸 조직에서 리더 역할을 감당하고 싶다는 사실만 알 뿐이었다.

줄리가 제안한 일자리를 수락하기는 했지만 나는 다른 기회를 알아보지 않고 하필 경영대학원에 안착한 사실이 약간 아쉽기는 했다. 당시 나는 비즈니스에 관심 있는 사람은 중요한 사회 문제에는 무관심하다는 일종의 선입관에 사로잡혀 있었다. 내가 일할 사회혁신센터라는 휘황찬란한 타이틀에도 나는 실제로 경영대학원 학생들이 사람들을 돕기 위해 역량을 발휘할지 의구심을 품었다. 내게는 그저 이 일이 뒷걸음질치는 일로 보일 뿐이었다. 이 사람들이 할 수 있는 유일한 일은 그저 훗날 성공해서 많은 돈을 벌어 그 돈을 기부하는 것이 전부라 여겼다. 경험에 비추어 볼 때 이러한 기부의 순환은 결국 불만족스럽고 불충분한 상태로 끝나기 일쑤였다. 나는 내 신념을 버리게 될까 봐, 또한 경영대학원 문화에 젖어 잘못된 가치에 빠지기라도 할까 봐 두려웠다. 잘해야 유쾌하지 않은 경험을 할 뿐이고, 최악에는 빈곤 해결에 관한 크고 원대한 의문을 푸는 일에서 멀어질 것만 같았다.

실제로 나는 이 일이 너무 걱정돼서 저녁과 주말마다 이스트 팰로앨토의 자그마한 비영리 사회 복귀 훈련 쉼터에서 십대 엄마들과 그녀들의 아이를 돌보는 두 번째 일자리를 수락했다. 도움이 필요한 자들을 진정 돕고 싶었고 나와 같은 눈으로 세상을 보는 사람들 사이에서 확신을 얻고자 쉼터의 현장 매니저 겸 일명 입주 '하우스 맘'으로 일했다.

확장성 있는 변화를 추구하는 조직

나는 쉼터에서 내 감독 아래에 거주민인 십대 소녀 네 명과 그녀들의 자녀들과 함께 살았다. 이 집은 샌프란시스쿼토 크리크San Francisquito Creek 인근의 샌프란시스코 만으로 오목하게 에워싸인 막다른 골목에 1층짜리 침실 세 개를 둔 소박한 주택이었다. 이스트 팰로앨토는 고속도로 하나를 사이에 두고 팰로앨토, 스탠퍼드와는 뚜렷한 차이를 보인다. 팰로앨토는 미국에서도 가장 부유한 사람들이 사는 지역 가운데 하나지만, 이스트 팰로앨토는 경제적으로 낙후되어 있을 뿐 아니라 주변 부유한 이웃에 비해 범죄가 현저하게 자주 발생하는 곳이다. 1980~1990년대에는 상황이 좋지 않기로 유명했다. 가령 1992년에 이스트 팰로앨토는 미국 전역에서 자살률이 제일 높았다. 그러나 이것은 아주 오래전 얘기가 되었다. 그 이후 이 지역은 도시 범죄 문제가 상당히 가라앉았으며 도시도 급속하게 변모하고 있다. 여하튼 이 지역은 고급화되고 있으며 도시 전체의 25퍼센트에 이르는 땅이 매입과 개간을 거쳐 더욱 새롭고 부유한 거주 지역과 소매점으로 변모했다. 나는 2001~2004년에 이 쉼터가 운영하는 다양한 역할에 지원했을 때와 2003년에 여러 달을 여기 살았을 때 이러한 변화의 태동을 감지했다.

이 집에 입주해서 살 당시 정말 온종일 눈코 뜰 새 없이 바빴다. 주중 하루도 빠짐없이 아침에는 일찍 일어나 소녀와 아이들의 아침 챙기는 일을 도왔고, 제시간에 그들이 밖으로 나갈 수 있도록 채비했다. 소녀들은 감독이 없는 상태에서는 집에 홀로 있을 수 없었기 때문에 내가 매일 아침 그들과 함께 해산하고 난 후에야 마지막 타자로 빈집의 문을 잠갔다. 밖으로 나가게 하는 일은 그야말로 전쟁과 같았다. 집을 나서기 전 아침마다 계획된 일상대로 인생을 꾸려나가기는 커녕, 외모에 민감한 십대 소녀 네 명과 1인 욕실을 아장아장 오가는 영유아 여섯 명을 한번 떠올려보라. 일단 모두 문밖으로 나가면 소녀들 일부는 내 차 좌석에 각자의 자그마한 소지품을 실었다. 그러고 나서 소녀들은 각자의 일정에 따라 인근 버스 정류장과 기차역에서 고등학교나 직업 훈련 프로그램 장소로 향했다. 동시에 나는 내 '진짜' 일을 시작하기 위해 스탠퍼드로 가는 길에 아이들을 각 탁아 시설에 내려다 주었다.

스탠퍼드 문화에 젖어 잘못된 가치관에라도 빠질까 우려한 것은 사실이지만 사실 이곳은 내가 사회 변화와 영향력을 배울 수 있는 최적의 장소였다. 내게 영감을 불러일으키고 도전을 심어주는 사람들과 자원, 아이디어에 온통 둘러싸여 있었다. 점심에는 학생들이 이끄는 토론에 참여하기도 하고, 언제 꼭 커피라도 한잔 마시고 싶을 정도로 동경심이 생기는 학생들에게 질문하기도 했다. 나는 강의와 강연에도 푹 빠졌다. 일주일에 여러 번 저녁 시간에 유명한 강연자가 하는 연설을 듣기도 했다. 때로는 MBA 수업에서 수업 자료로 활용되는 기업 사례 연구를 읽어보기도 했다. 심지어 방문객이 없는 시간을 골라 교수님들의 근무 시간에 찾아가서는 내 신분을 밝히고 질문을 해가며 배우기도 했다(분명 등록금을 내는 실제 학생으로는 보이지 않았다). 나는 이 과정에서 한 번도 거절받은 기억이 없다. 항상 내가 배울 게 있거나 늘 나와 기꺼이 대화를 나눠줄 사람들이 있는 그런 곳이었다.

스탠퍼드에서 정말로 세상을 어마어마하게 변화시키고 있는 단체들을 알게 되었다. 어떤 단체의 규모는 상당히 커서 전 세계적으로 수십여 개국에 수백 명에 달하는 직원을 거느리고 있었다. 수천 명의 생명을 구하는 의료 기술을 개발하거나 빈민 지역의 아이들을 교육하는 새로운 방법을 개척한다든지, 이런저런 연유로 해당 산업에서 선도적 지위를 차지하는 단체도 있었다. 모두 슬기롭게 잘 운영하고 있을 뿐 아니라 기부금이나 판매 물품이 창출하는 정확한 가치를 일일이 꿰고 있는 듯했다. 이러한 단체와 설립자 들은 의미 있는 대규모 사회 변화를 창출하는 일이 지니는 의미에 기대치가 매우 높았다.

이와는 달리 내가 살며 봉사했던 이스트 팰로앨토의 쉼터는 규모 있고 확장성 있는 변화를 추구하려 애쓰지 않았다. 오히려 의도적으로 작은 크기로 운영하면서 토대를 둔 지역에 집중하는 식이었는데, 이는 미국 내 대부분의 비영리 단체의 운영 방식과 같았다. 매년 얼마 안 되는 기금이 일부 출처에서 들어올 뿐이었다. 이를테면 불특정 다수의 재단 보조금, 부유층 개인의 기부금, 임원이나 다른 자원봉사자들이 주관하는 제과 바자와 중고 물품 판매에서 들어오는 수익금, 1년에 한 번 표 판매와 얼마가 되었든 지역 교회 크리스마스 콘서트에서 들어오는 성금이 전부였다. 전반적으로 비영리 단체는 대부분 일부 수십여 명의 충성스럽고 관대한 공동체의 개인들이 쏟는 시간과 자금 덕분에 근근이 운영되고 있었다.

스탠퍼드에서 접한 단체들은 모든 것을 측정하는 듯했고, 자신들이 미치는 영향력 지표와 투자 대비 사회적 효과 Social Return on Investment 등을 지식적으로 논의할 수 있었다. 쉼터에서 책임을 진 동료들은 불가능하진 않지만 감지하기 매우 힘든 영역에 변화를 꾀하는 일에 찬성하는 입장이었다. 사실 소녀와 아기 들에게 살 만한 안전한 장소와 교육 활동, 직업과 인생 상담 지도를 제공하는 일과 이들에게 멘토십을 제공하는 일은 쉼터가 지켜야 할 권면 사항이자 쉼터의 자격 요건이었다. 이러한 프로그램은 통상 영적 성장에서부터 시작하는 비통계적인 사회적 영향력 부문의 자원봉사자들이 운영했다. 가령 직원과 이사회 임원들은 쉼터에서 얻은 지식과 관계를 통해 소녀와 아이들의 '마음 밭을 바꿔주시는' 하나님에 관해 이야기했고 이러한 방식으로 행동 변화가 일어나리라 이야기했다. 나는 마음 밭을 바꾸는 이러한 발상이 훌륭하게 들렸다. 그러나 내가 스탠퍼드에서 들었던 다른 메시지를 고려해볼 때 가끔 쉼터가 자신들의 열망을 정량적인 목표와 영구적인 영향력으로 구체화하고 있기는 한지 의구심이 들기도 했다. 가령 나는 쉼터가 노력했는데도 소녀들이 끊임없이 같은 실수를 반복하는 모습을 봤을 때 좌절감이 들었다. 열다섯에 첫아이를 임신해 쉼터에서 살았던 한 어린 여성은 열아홉이 되기 전에 한 번도 아니고 무려 두 번이나 다시 임신해서 돌아왔다. 그녀는 단체가 제공할 의무가 있던 온갖 개별 프로그램을 마쳤는데도 몇 번이고 같은 실수를 되풀이하며 제자리로 돌아왔다. 나는 당황했다. 쉼터가 임시로 주거 공간을 제공해주는 것 말고 이 어린 여성의 삶에 의미 있는 영향력을 준 적은 있을까?

이런 온갖 의문이 들었지만 나는 소녀와 아이 들을 사랑했다. 단체의 리더십이 보여준 구제에 대한 진정성 있는 소망과 헌신에도 깊이 감동했다. 그래서 이사회에 참가해달라는 요청을 받았을 때 영광스러운 마음이 들었고 즉시 그 제안을 수락했다. 그러나 이사회 미팅은 이따금 나를 헛갈리게 했고, 여러 모양의 엇갈린 소모성 경쟁심을 부추기기도 했다. 우리는 이곳에서 많은 기도와 아름다운 이야기를 나눴다. 사람들의 마음에 씨를 심는 것이라든지, 목자와 양 우리로 돌아온 잃어버린 양이라든지, 휴식을 구하는 피로에 지친 사람들과 생명의 물을 마시는 목마른 사람들에 대해 이야기하고 기도했다. 우리는 단체의 연간 예산을 예측하도록 도우시는 하나님의 능력을 믿는 대화도 나눴다. 또 자원봉사자와 직원 들의 빈자리를 메꿀 사람들을 보내달라고 하나님께 구하기도 했다. 우리는 여정을 함께한 소녀들의 삶에서 무엇이든 하나님의 뜻이 이루어지기를 간절히 구했다. 이 모임의 신앙과 낙관주의가 좋았다. 그러나 다음과 같은 근본적인 질문에 명확하게 답할 수가 없어 실망스럽기도 했다. '쉼터는 이 프로그램에 참여하는 소녀들에 대해 정확히 어떤 목표를 가지고 있는가?' 목표 달성에 실패하면 그들은 어떻게 되는가? 갈수록 배우고, 성장하며, 더욱 효과적이 되기 위해 단체는 어떤 계획을 세웠을까? 나는 그 대답을 듣기 어려웠다. 더욱이 얼마 후 내 관점과 단체 사람들의 관점 사이에 중요한 단절이 있다는 사실도 명확해졌다. 이곳에는 자금을 조달하기 위해 새로운 방법을 시도하기보다는 연간 제과 바자와 알뜰 장터, 자동차 세차 행사를 반복하는 데 필요한 대단한 열의만 있을 뿐이었다. 왜 무료 피임 방법을 알려주지 않는지와 같은 질문에는 어색한 침묵만 감돌고, 곧이어 그 이유에 대한 단체의 궁색한 설명(이사회에 몇 안 되는 남자 임원 중 한 명에게서 나온)만이 이어질 뿐이었다. 어느새 속속들이 알게 된 이 소녀와 아이 들을 사랑했지만 내가 단체에 대해 생각하는 방향과 나머지 사람들이 원하는 방향이 다르다는 사실이 분명해졌다. 우리는 서로 맞지 않았다(그리고 이것은 아무래도 상관없었다). 결국 나는 새 일을 준비하기 위해 내 친구에게 이사회 자리를 대신 맡아달라고 부탁했다.

쉼터에서 나와 새 아파트로 들어갈 계획을 세우기 바로 전, 맷과 나는 주말을 이용해 도보 여행을 떠났다. 산 중턱 한가운데서 맷은 내게 청혼했다. 나는 승낙했다. 다가올 여름을 목표로 결혼 계획을 세워나가는 동시에 내 유일한 일자리인 스탠퍼드를 통해 개인적이면서도 전문적인 차기 목표를 곰곰이 되새겨보는 시간을 가졌다.

나는 자주 쉼터 시절을 떠올렸다. 특히 스탠퍼드에서 하는 일이 내 관점에 끊임없이 영향을 줄 때마다 예전 기억을 되살렸다. 어떤 편이 나았을까? 결과가 명확하지 않아도 사랑을 베풀고 결국 관계밖에 남지 않는 것에 집중하는 단체였을까? 아니면 규모도 크고 사회 변화를 측정 중심으로 끌고 가는 단체였을까? 나는 어떤 곳에서 더욱 바람직하게 봉사 준비를 해나갈 수 있을까?

나는 이 두 가지 성격을 결합한 방식이 가장 좋은 봉사라고 생각하게 되었다. 다만 다방면으로 관계를 확장하는 것을 중심으로 하는 조직, 봉사 대상에 대한 열정이 있는 만큼 현명한 전략을 세우는 조직을 만든다면, 그 조직이 어떤 모습일지 궁금했다. 나는 개인이 내면 깊숙이 서로 연결되고 남에게 영감을 주는 일에 각오를 다지고 이 방식으로 더욱 많은 사람을 섬기는 조직을 마음에 떠올려보았다. 과연 내가 그러한 조직을 발견할 수 있을까? 또는 누군가 그런 조직을 시작하도록 도울 수 있을까?

소액금융의 대가, 무하마드 유누스

그다음 해 여름, 결혼과 신혼여행으로 한 달간 휴가를 얻었던 나는 마침내 경영대학원에 있는 일터로 돌아갔다. 그날 밤 스탠퍼드에 있는 내 사무실 책상 컴퓨터를 막 끄고 퇴근하려던 참이었다. 그런데 들어본 적 없는 한 남성의 강의를 알리는 이메일이 한 통 와 있었다. 그 남성은 독특한 형태의 은행업을 강의할 예정이었다. 그는 소위 가난한 사람을 위한 은행가였다. 흥미롭게 들렸지만, 솔직히 약간 의심스럽기도 했다. 대체 돈 없는 가난한 사람들에게 은행가가 왜 필요하단 말인가? 잔뜩 호기심이 발동한 나는 여하튼 강의를 듣기로 결정했다.

그 남성의 이름은 무하마드 유누스였다. 이 일은 유누스와 그라민 은행이 선구적인 소액금융을 개발한 업적으로 노벨 평화상을 수상하기 3년 전인 2003년 가을에 일어났다. 그의 연설을 들은 날, 유누스는 내 인생의 진로를 바꿔놓았다.

1976년에 유누스는 방글라데시의 치타공 대학교에서 경제학 교수로 재직했다. 이따금 그와 학생들은 인근에 있는 조브라Jobra 마을을 방문해서 설문 조사도 하고 그 마을의 최빈민 가구와 함께 프로젝트를 진행하기도 했다. 이러한 여러 조사 가운데 한 사례를 통해 유누스는 약탈과 같은 대출의 악순환에서 여성을 구출하기 위해 필요한 돈이 너무나도 적은 액수라는 사실을 깨달았다.

대나무 가구를 만들면서 살아가는 이 마을 여인들은 지역 대출업자에게서 몇 달러 정도의 소액을 빌렸다. 대출업자들은 이자율을 매우 높게 설정해놓았지만 여인들은 돈을 빌리는 것 외에는 별다른 수가 없었다. 아무도 그들에게 돈을 빌려주려 하지 않았기 때문이다. 이렇게 작은 대출금으로 여인들은 저마다 일에 필요한 재료를 사고, 모질게 일해 대나무 가구를 만들며, 이윤을 남겨 팔았다. 그러나 안타깝게도 이 수익은 대부분 다시 대출업자에게 넘어가는 구조였다. 때로는 수익보다 빚이 많은 바람에 시작했을 때보다 빚은 늘어만 갔다.

유누스의 조사 결과에 따르면, 이 여성들이 악순환에서 벗어나 스스로 재료를 살 수 있는 능력을 갖추려면 방글라데시 화폐로 856타카, 즉 26달러 정도가 필요했다. 유누스는 그 돈을 여성들에게 무이자로 대출해주었고, 매일 그 마을에서 나는 자그마한 티 받침대로 적은 액수의 상환금을 거뒀다. 놀랍게도 여성들은 하나도 빠짐없이 자신들의 빚을 다 갚았다.

작은 방글라데시 마을에서 실시한 유누스의 실험은 현대 소액금융의 선구자인 그라민 은행을 설립하는 자극제가 되었다. 이러한 행보에는 소액금융(소액대출)뿐 아니라 가난한 기업가들을 위한 금융 상품과 금융 서비스도 포함되었다. 물론 그라민 은행은 소액대출 활동으로 시작했고 그 분야에서 가장 잘 알려져 있다. 가령 고객이 사업을 시작하고 일구도록 권한을 부여한다든지, 자신의 집에 투자하도록 한다든지, 자신의 아이들을 학교에 보내도록 한다든지, 또는 단지 일상의 요구 사항을 채우도록 한다든지 등의 서비스를 주로 다뤘다. 오늘날 그라민 은행은 750만 명의 차용자(극도의 빈곤에서 자신을 구제한 사람들 가운데 3분의 2가 넘는 인원)를 보유하고 있으며 전 세계 수많은 다른 단체가 유누스를 따라 소액금융 방식으로 빈민에게 필요한 금융 서비스를 제공하도록 영감을 주었다.

그렇다면 왜 다른 기관들은 빈민에게 이런 필요한 금융 서비스를 제공하지 않았을까? 다른 은행들은 그런 소액대출에 필요한 서류 업무에 드는 어려움을 겪고 싶지도 않았고, 유누스가 함께 일했던 여성들과 같이 증명할 담보도 없는 차용자들을 받아들이는 위험을 감수하고 싶지도 않았을 것이다. 불행히도 전통적 은행 서비스에서는 돈을 구하려면 돈이 있어야 했다. 그러므로 인구의 대다수 계층(그들 중 상당수가 여성이었다)이 매우 오랫동안 '은행 서비스 이용 불가' 상태로 여겨져왔으며 기존 금융 기관에서도 소외되었다.

그러나 유누스의 그라민 은행과 이와 같은 다른 소액금융기관은 이러한 전통적인 방식을 완전히 뒤집어놓았다. 그들은 가난한 사람들에게 자금과 금융 서비스를 제공하는 데 초점을 맞췄다. 빈민 개개인이 이러한 기회만 있다면 엄청나게 성공적인 고객이자 책임감 있는 차용자가 될 수 있다는 사실을 알았기 때문이다. 소액대출자의 전 세계적 상환율은 95퍼센트를 웃돌며 차용자들은 끊임없이 자신들의 사업 확장뿐 아니라 가족의 생활을 향상시키고자 끊임없는 투지를 보여준다. 소액금융기관의 선도적인 행보는 빈민에 대한 투자가 가능성 있고 지속할 수 있는 일이라는 사실을 입증했다. 또한 빈곤에서 스스로 구제하려는 사람들이 자생할 수 있도록 힘을 실어주는 일이 효과적 수단이라는 사실도 입증했다.

그날 밤 나는 유누스가 스탠퍼드에서 강연하는 내용을 들었다. 유누스는 전 세계 수억 명에 달하는 빈민의 삶을 바꾸는 잠재력을 지닌 운동인 소액금융을 강연했다. 그런데 나는 유누스의 이야기가 누구나 실천할 수 있는 일이라는 사실에 영감을 받았다. 그는 누구나 참여할 수 있는 아주 작은 단계에서 놀라운 여정을 시작했다는 사실을 분명히 했다. 유누스는 모든 휘황찬란한 경제학 이론을 안팎으로 꿰고 있었다. 그러나 실로 마법 같은 일이 벌어진 날은 그가 책상에서 일어나 근처 마을에 가서 직접 그곳에 사는 주민들과 소통을 시작했을 때다. 유누스가 방글라데시의 마을을 돌아다니며 마을 사람들과 악수하고, 그들의 생활에 대해 대화를 나누고, 그들에게 합당한 질문을 하고, 끈기 있게 그들의 답을 들어주는 모습이 머리에 생생하게 그려졌다. 그러고 나서 유누스는 개인들이 필요한 사항에 따라 구체적인 행동을 취했다. 자신의 호주머니에 손을 넣어 두드러진 효과를 얻으리라 예상하는 몇 달러를 빌려준 것이다.

유누스의 강연은 세계를 바꾸어놓을 단체의 탄생을 쉽고 감동적으로 설명하는 데에만 그치지 않았다. 나로서는 한 번도 접해본 적 없는 방식으로 그가 가난한 사람들을 지칭했을 때 나는 거의 숨이 멎는 줄 알았다. 바로 '기업가'였다.

유누스의 강연을 들으며 진정으로 마음에서 우러나오는 감동을 받았다. 충격을 받지도 않았다. 좌절하지도 않았다. 겁에 질리거나, 죄책감을 느끼거나, 방어 심리가 발동하지도 않았다. 그의 이야기는 슬프거나 고통스럽지도 않았고, 자포자기하는 마음이 들거나 절망스럽지도 않았다. 그 이야기들은 마땅히 써야 할 자원을 이용할 수 있게 된 현명하고, 강인하며, 열심히 일하는 사람들이 기업가가 되는 내용이었다.

이것은 내 머릿속에 가난을 이해하던 방식을 바꾸어놓았다. 유누스가 말하는 사람들은 소책자에 가난이라는 주제에 걸맞게 그저 슬픈 얼굴이나 하는 사람들이 아니었다. 그들은 그저 자선 사례 대상이거나 해결해야 할 사회 문제가 아니었고 나의 품성을 고양하기 위해 끝없이 무조건 관대를 베풀 대상도 아니었다. 문제는 이러한 개인들이 태어난 환경 그 자체였다. 그들이 번영할 수 있는 적절한 도구를 이용하지 못하게 한 환경 그 자체가 문제였다. 이들은 약하고 무력하지 않았다. 이 사람들은 능력 있고, 끈기 있고, 자립심이 풍부했다. 그들은 내가 주변에 두고 싶은 사람들이지 피하고 싶은 사람들이 아니었다. 그들은 이른바 기업가였다.

빈곤을 고민한 지 많은 시간이 흐른 뒤 처음으로 나는 각 기업가의 여정에 따라 소액대출과 지원이라는 방식으로 실제로 촉진할 수 있는 무언가를 이용해 빈곤을 완화할 크고 엄청난 임무를 생각했다.

어떻게 내가 수년 동안 빈민의 삶에 대해 그렇게 다른 얘기를 들었을까? 유누스와 비영리 단체 중 어느 쪽의 말이 현실에 가까울까? 나는 몸소 실상을 찾아내고 싶었다. 더 많은 이야기를 직접 듣고 싶었다. 기업가가 될 수 있는 가난한 사람들은 대체 누구일까? 무엇보다 장차 이들은 어떠한 기업가로 변모할까?

이외에도 중요한 사항이 있었다. 유누스가 말한 사람들이 정말 기업가, 즉 내가 존경하고 관계 맺고 싶은 사람들이라면 나는 더 이상 먼 관찰자나, 수동적인 기부자나, 간간이 돕는 자원봉사자 역할을 할 필요가 없었다. 유누스가 말한 기업가의 얘기가 특별하다면, 내 얘기도 특별할 것이다. 나는 그들을 특별하게 대할 수 있을 것이다. 구제에 대해 그동안 알던 것과는 다른 면이 있다는 사실을 알게 된 지금, 내 역할은 무엇일까?

나는 어떤 사람이 될 수 있을까?

당신은 누구이고 어떤 일을 할 때 열정을 느끼는가

그날 밤 유누스의 강연을 듣고 난 뒤, 인생에서 새로운 장을 펼치고 싶은 영감을 얻었다. 나는 구체적이고, 의미 있으며, 특별한 일을 하고 싶었다. 그저 돕고 싶은 사람들의 말을 들어주며 시간을 보내던 유누스의 방식대로 나도 무언가를 시작할 수 있을지 궁금해졌다.

그래서 그가 했던 일을 나도 해보기로 마음먹었다. 내가 평소 돕고 싶던 사람들을 직접 만나 그들이 무엇이 필요한지 매우 자세하게 듣는 데 시간을 할애하기로 했다. 그런 사람들을 어떻게 찾을 수 있을지 확신이 서지 않았다. 그러나 이와 유사한 일을 해왔던 사람들에게는 내게 맞는 아이디어가 있을 것도 같았다. 그래서 나는 일종의 스토커가 되어 유누스를 쫓아다녀봤다. 그뿐만 아니라 소액금융 분야에서 유용한 존재가 되기 위해 내가 알아야 할 것들을 배우는 데 도움을 줄 만한 다른 사람들도 덩달아 쫓아다녔다. 나는 베이 지역에 있는 소액 금융 관련 조직에 대한 목록을 만들고 나서 나를 도울 수 있을 듯한 조직의 사람들에게 차근차근 전화도 하고 이메일도 보냈다(또는 그들의 사무실을 불쑥 방문하기도 했다).

자 이제, 동아프리카 전역에서 소규모 사업 개발에 중점을 두고 있는 캘리포니아의 비영리 단체 빌리지 엔터프라이즈의 설립자이자 임원인 브라이언 레넌Brian Lehnen과 연줄이 닿게 된 배경을 말해보겠다. 브라이언과 나는 스탠퍼드 북쪽에서 몇 마일 떨어진 샌마티오에 있는 그들의 본사 근처에서 만나 아침 식사를 하기로 했다. 식당 칸막이 자리에서 그와 탁자를 사이에 두고 마주 앉는 순간부터 나는 이 만남이 뭔가 다를 것 같다는 직감이 들었다. 브라이언은 내가 만난 그 누구보다 흡인력이 있는 사람이었다. 그는 싱긋 웃으며 내 손을 따뜻하게 잡고는 자신에게 내 이야기를 들려달라고 말했다. 내가 브라이언과 나 사이에 있는 책상 위에 이력서를 턱 하니 올려놓고 내 기량과 경험, 찾고 있던 인턴십의 종류를 단숨에 읽어나가려고 할 때, 브라이언이 내 말을 막으며 예의 바르게 이력서를 옆으로 치워두었다. 그는 다시 한번 싱긋 웃으며 식당 테이블 위에 자신의 손을 포개어놓고 내 눈을 바라보며 간결하게 이야기했다. "여기는 인터뷰 자리가 아니에요. 그저 당신이 누구이고, 어떤 일을 할 때 열정을 느끼는지 말해주세요."

나는 툭 터놓고 모두 이야기했다. 정확한 방법을 알지 못한 채 빈민을 돕고 싶은 소망에 대해 늘어놓았다. 지금껏 내가 했던 모든 노력과 일도 일일이 말했고, 왜 내가 이러한 노력을 할 때 좌절감을 느끼는지도 털어놓았다. 나는 그에게 아이티에서 있었던 내 달콤 쌉쌀했던 시간에 대해서도 이야기했다. 대학 생활이 도움을 주리라 꽤 기대했지만 결국 별 도움이 되지 않았던 사실도 말했다. 감사히 여기는 직장에서 일하고는 있지만 이 일이 내가 평생 하고 싶던 일이 아니라는 속내도 털어놨다. 내가 정말 돕고 싶던 사람들을 도울 현장 업무와 완전히 동떨어진 삶이 얼마나 답답한지도 토로했다.

그리고 나서 몇 주 전 유누스 강연을 들은 후, 유누스가 행한 일을 나도 해봐야겠다고 확신하게 된 배경을 설명했다. 유누스 일행이 내게 말해줬던 대로 빈민에서 기업가가 된 사람들을 만나 이야기를 들어주고, 그들과 나눈 이야기에 따라 무언가 새로운 방법으로 도와주는 그런 일이었다. 나는 이 방식이 브라이언에게나 빌리지 엔터프라이즈에 도움이 될지 전적으로 확신할 수는 없지만 좀 더 적합한 일이 있다면 얼마든지 그 일을 맡겠다고 솔직하게 의사를 전달했다. 내가 일을 빨리 익히며 어디든 갈 수 있다는 점도 강조했다.

마침내 이야기를 마쳤다. 브라이언은 줄곧 내 이야기에 집중했다. 고개를 끄덕였고, 내 말을 경청했으며, 내 말뜻을 이해했다.

"말씀하신 내용이 맞는 것 같아요." 브라이언이 말했다. "빈곤이 무엇인지 직접 가보기 전에는 알 수가 없지요. 현장에 가서 실제로 기업가들과 시간을 보내기 전에는 절대로 알 수가 없어요. 이제 현장에 가실 때가 된 것 같군요."

브라이언은 내가 미쳤다고 생각하지 않았다. 내게 구체적인 계획이 없다고 절대 비판하지도 않았다. 내가 하고 싶은 일을 할 역량이나 경험이 있는지도 묻지 않았다. 그는 내 말을 세심하게 들었고, 내 본능이 옳다고 맞장구쳐주었다. 내가 밟아야 할 최상의 다음 단계는 현장에 나가 도움이 필요한 실제 사람들을 만나 스스로 유용한 존재가 될 방법을 터득하는 일이었다.

이 만남의 끝에 나는 담대한 마음이 들었고 나중에 질문이 더 생길 경우 브라이언에게 다시 연락할 수 있는지 물어보았다. 브라이언은 그다음 주에 점심 식사를 같이하자고 제안했다. 정말 신이 났고 행여나 브라이언이 마음을 바꿀까 봐 얼른 그의 관대한 초대를 수락했다.

우리는 다음 주에 만났고, 그다음 주에도 만났으며, 그다음 주에도 계속 만났다. 이처럼 여러 번 점심을 먹고 대화를 나눈 뒤에 우리는 내가 동아프리카에 가서 빌리지 엔터프라이즈가 돕고 있는 기업가들을 인터뷰할 3개월 프로젝트를 기획했다. 내가 해야 할 일은 케냐와 우간다, 탄자니아 전역의 마을을 돌아다니며 빌리지 엔터프라이즈가 자금을 지원하는 기업가들에 대해 설문 조사를 수행하는 일이었다. 그곳에서 만날 각 기업가는 걸음마 단계의 사업을 시작하거나 일구려고 100달러를 받은 사람들이었다. 그들은 구두를 수선하거나, 자전거 수리용 부품을 팔거나, 수수나 옥수수를 재배하거나, 스웨터를 깁거나, 인부에게 쌀과 콩 등의 점심을 나르는 등 수없이 다양한 기업 활동을 하고 있었다. 나는 석 달 반 동안 인터뷰를 수행하면서 어떻게 지원금이 기업가의 삶에 영향을 주었는지 알아보려고 노력했다.

임무를 수행하러 떠나기 전, 브라이언과 나는 기업가들과 대화할 때 사용할 설문 조사지를 만들었다. 질문 가운데 일부는 가령 기업가들의 수익과 비용, 경쟁자 등 사업과 관련된 정보를 모으는 데만 목적을 뒀다. 그러나 빌리지 엔터프라이즈의 주 관심사는 소액금융 개발을 통해 가난을 완화하는 일이었고, 설문 조사의 질문 대부분은 기업가와 그 가족의 삶에 중점을 두었다. 기업가의 아이들이 학교에 다니는지, 각 가족 구성원이 소유한 옷에는 얼마나 많은 변화가 있는지, 하루 몇 끼를 먹는지, 단백질을 섭취할 여유가 있는지, 집 상태는 어떤지, 재산은 무엇이 있는지 등과 같은 내용이 주를 이뤘다.

　브라이언은 나를 철저하게 지도했다. 그는 문화와 관습을 이야기했다. 날씨와 언어와 음식도 이야기했으며, 내가 그곳에 무엇을 싸 가야 할지도 조언했다. 그는 기업가들이 내게 베풀 극도의 관대하고 후한 대접을 내가 잘 받아들일 수 있도록 나를 준비시켰다. 무엇보다도 브라이언은 그 지역에서 실제 겪었던 자신의 경험담을 손수 나누었다. 즉 설문 조사를 하면서 내가 겪게 될 도전거리의 일부에 대해 예시를 들어주었다. 그는 내가 통역을 듣다가 맥락을 놓칠 만한 것은 무엇인지, 가장 정확한 정보를 알아내는 법은 무엇인지 이해하도록 도움을 주었다. 이를테면 아무리 선한 의도에서일지라도 사람들이 내 질문에 반드시 진실되게 답하지 않을 수 있는 이유를 설명해주었다. 나는 기업가들에게 자금을 제공하는 조직의 대표로 그곳에 간 사람이고 장래에 더욱 많은 것을 제공할 수 있는 사람이라는 것이 그 이유였다. 기업가들은 빌리지 엔터프라이즈가 어떻게 자신들의 삶을 향상시키도록 돕는지에 관한 질문을 듣고 오직 긍정적인 답만 공유해야 할 유혹을 받을 수 있었다. 또는 미국에서 온 방문객에게 성공과 번영을 증명하려는 자신감으로 충천할 수도 있었고, 단지 공손하고 싶고 집에 온 손님을 불편하게 하고 싶지 않을 수도 있었다. 브라이언은 기업가들에게 어떤 대답을 하든 잘못된 답은 없으며 나와 공유하는 어떤 경험도 모두 타당하다고 일깨워주라고 제안했다. 또한 기업가들이 뭐라고 대답하든 상관없이 항상 그들의 체면을 지켜주는 전략을 제시했다.

브라이언은 나에 관한 신변잡기 같은 사소한 정보를 나누어 인터뷰 대상자가 서서히 마음을 열도록 하고 나서 이름을 묻는다든지, 사업 명을 묻는다든지, 가족 구성을 묻는다든지 등의 간단한 질문을 시작하라고 제안했다. 그러고 나면 초면에 터놓고 이야기하기 어려울 만한 질문, 가령 사업 운영과 수익, 생활 수준 등에 관한 질문으로 넘어 갈 수 있었다. 인터뷰를 끝마치면서 좋은 분위기로 마무리하려면 기업가들의 장래 꿈과 소망이 무엇인지 물어야 하고, 어떤 개방형 질문이든 내가 그들의 독특한 이야기를 이해할 수 있는 방식으로 질문을 이끌어가야 했다. 브라이언은 내가 개별 기업가와 마음을 툭 터놓을 뿐 아니라, 그들과 나누는 대화가 기꺼이 예기치 않은 영역까지 흘러가도록 놓아두는 식으로 그들을 전인격적으로 알아가라고 격려했다. 실제로 그는 즉흥적으로 어떤 대본도 없이 인터뷰를 진행할 때 사람들이 자신에게 가장 중요한 문제 쪽으로 자연스레 대화를 이끌어간다는 사실을 일러주었다.

브라이언은 스스럼없이 진행하는 이러한 훈련 시간 동안에 내게 정말 많은 것을 가르쳐주었다. 그는 내가 마땅히 질문하는 법을 이해했느지 확실히 해두고자 했다. 그는 수많은 빌리지 엔터프라이즈의 고객이 처한 복잡한 환경과 심리 상태를 세심하게 이해해주는 방법을 보여주었다. 무엇보다도 브라이언은 시험 삼아 해보도록 그 일을 내게 맡겼고 내 삶을 바꿀 기회를 주었다. 그는 내가 혼자 힘으로 자신을 위해 전진하는 법을 일러주었다.

몇 주 후 나는 나이로비로 가는 비행기에 올랐다.

CLAY
WATER
BRICK

공동체가 필요한 것과 원하는 것

상점 주인 블레싱
탄자니아 다르에스살람 외곽, 마을과 마을 사이, 2005년

빌리지 엔터프라이즈의 임무를 수행한 지 몇 달 후, 나는 통역가의 도움을 받아 작은 상점의 운영자를 인터뷰했다. 상점은 자그마한 정사각형 모양의 방에 지나지 않았고, 저장 창고보다도 크지 않았으며, 판매하려고 진열해놓은 상품도 수십여 가지가 전부였다. 상점의 벽면은 녹슨 못으로 고정된 낡은 나무판자 재질에 전반적으로 군데군데 벗겨진 두꺼운 페인트칠로 덮여 있어 마치 전체 건물이 낡은 조각보처럼 울긋불긋해 피로감을 주었다. 지붕은 묘하게 생긴 알루미늄 합판 조각으로 돼 있었고 가게 한쪽에는 햇빛이 한 점이라도 들어올 수 있도록 애써 뚫어놓은 못 구멍이 숭숭 나 있었다. 이 상점은 딱히 이

름이 없었다. 상점 주인은 블레싱Blessing 이라 불렸다.

블레싱의 자그마한 상점은 내가 그 지역에서 봤던 다른 매점이나 작은 상점처럼 길가에 있지 않고 외따로 있었다. 그녀의 상점은 마을에서 인근 무역 센터로 가는 오래된 흙길의 한가운데 자리하여 누구도 그 상점을 지나치지 않을 수 없었다. 누구든 그 길을 통과하려면 그 상점 옆을 지나쳐야 했다. 자신의 집에서부터 무역 센터까지 두 지점 사이의 이동 거리를 오가던 마을 사람들은 블레싱의 상점을 지나칠 수밖에 없었으며 이른 아침부터 해가 진 뒤까지 늘 그 장소에 있던 블레싱을 인식할 수밖에 없었다. 마을 사람들은 지나다니면서 그녀가 상점 안의 폭 좁은 나무 선반 위에 진열해둔 상품들을 힐끗힐끗 쳐다봤을 수도 있다. 상점에는 비누와 설탕, 식용유, 등유, 옥수수 도시락, 세탁용 세제, 양파와 토마토 몇 개, 다양한 가정용품이 갖춰져 있었다.

그러나 블레싱은 내가 그 지역에 머무는 동안 다른 상점에서는 보지 못한 많은 생소한 상품도 상점에 들여놓았다. 가령 비누 한 장 대신 다양한 종류의 비누 넉 장을 구비해놨다. AA 건전지와 AAA 건전지 꾸러미도 모두 진열해놓았다. 립밤과 비교적 고가인 샴푸도 들여놓았다. 이 두 상품은 모두 인근 마을에서는 낯선 사치품이었다. 계산대에는 마치 어린 시절 우리 동네의 커다란 슈퍼마켓 계산대 위에 있던 사탕 단지같이 종류별로 개별 포장된 초콜릿과 조그만 사탕이 가득 담긴 단지도 놓여 있었다.

블레싱의 상점에서 파는 많은 상품은 포장돼 있지 않아 좀 더 작은 양으로도 쪼개 팔 수 있었다. 가령 여러 장의 비누를 반이나 네 조각으로 나눠놓았다. 식용유 한 티스푼이 담긴 수십여 장의 작은 비닐봉지(한 끼니에 딱 맞는 양)도 좀 더 큰 1리터 단지 옆에 나란히 놓았다. 포장 용기 뚜껑이 열려 있어 부분적으로 비기도 하는 옥수수 도시락 한 개는 세 개의 다른 크기의 컵에 담아놓았다.

나는 블레싱과 함께 상점 바로 바깥에 앉아 차를 마시기도 하고, 블레싱이 마을에서 꾸려나가는 가족과 그녀의 삶에 대해 이야기하기도 하고, 오후 내내 들락날락하는 손님들과 소통하는 그녀의 모습을 지켜보기도 하며 여러 시간을 보냈다.

첫 번째 손님은 계산대 너머로 보이지 않을 만큼 작은 키의 남자아이였다. 아이가 계산대 아래에 설치한 큰 돌판 위에 가볍게 올라서자 블레싱이 아이를 맞으러 상점으로 들어갔다. 아이는 블레싱에게 부끄러운 듯한 말투로 비닐봉지에 담긴 식용유 한 봉지와 자그마한 세탁용 세제 한 통을 달라고 했다. 아이가 동전 몇 개를 건네자 블레싱도 아이에게 상품을 건네주었다. 그러고 나서 아이는 잠시 멈춰 서서 블레싱을 향해 싱긋 웃었다. 말 한마디 없이 블레싱은 계산대에 있던 단지에서 포장 사탕 수십여 개가 든 작은 컵을 집어 아이의 앞쪽 계산대에 올려놓았다. 아이는 사탕 한 개를 꺼내 들고는 부드러운 목소리로 "아산테(감사합니다)"라고 속삭였다. 그러고는 한발로 돌판 아래에 폴짝 뛰어내리고는 뿌듯해 보이는 모습으로 상점 밖으로 달려 나갔다.

오후 내내 하나같이 물건을 산 후 사탕 한 개씩을 집어 든 많은 아이와 더불어 여러 명의 손님이 더 왔다. 어떤 여성은 근사한 샴푸 한

병을 사면서 블레싱과 상당한 거래를 텄다. AA 건전지 두 개를 산 사람도 있었다. 작게 조각낸 비누라든지 적은 양을 담아둔 옥수수 도시락같이 평범한 물건을 사는 사람도 있었다. 블레싱은 각 손님을 맞을 때 그들의 이름을 불러가며 환영했고 안부와 인사를 섞어가며 맞기도 했다. 그녀는 보통 손님들의 의견을 물어보고 그들에게 필요한 물품을 구해 왔고, 통역사 말에 따르면 손님들도 블레싱에게 다음번 다르에스살람에 물품을 구하러 갈 때 특정 물품을 구해다 달라 요청하기도 했다. 거의 글을 읽거나 쓸 줄 몰랐던 블레싱은 나중에 자신의 상품에 붙여진 이름을 외웠고 여태 손님들의 요청 사항을 잊어본 적이 없다고 내게 귀띔해주었다.

다른 사람을 관찰하는 데에 타고난 블레싱은 이웃에게 필요한 것 needs 과 원하는 것 wants 을 채워줄 만한 수없이 많은 기회를 포착했다. 블레싱의 상점은 바로 이러한 통찰력의 집합체였으며 그녀가 선정한 길 한복판의 상점 위치도 이웃과 '빈번한 소통'을 나누기 위한 선택의 결과였다. 블레싱은 공동체의 필요를 계속 이해하기 위해 되도록 많이, 되도록 자주 이웃을 만나 지속적으로 소통하는 것이 최선이라고 깨달았던 것이다. 그녀는 상품을 집집마다 들고 다니는 길고 수고스러운 과정을 택하지도 않았다. 그렇다고 나머지 상점들에 둘러싸여 눈에 띄지 않을 수도 있는 무역 센터 인근 장소에 상점을 열지도 않았다. 블레싱은 유연한 아이디어를 내어 길 한복판에 자신만의 터전을 마련했다.

그렇게 블레싱은 가장 노련하고 가장 성공적인 기존 상인들의 부러움을 한몸에 받으며 모두의 일상에 일부로 자리매김했다. 그녀는 말 그대로 모든 활동의 한복판에서 자신이 섬기기로 한 사람들의 말을 경청해서 들었고, 그들이 필요한 것과 원하는 것을 직접 터득해갔으며, 자신이 그런 것들을 매번 확실히 제공했는지 확인했다.

행간의
의미

—

빈곤에 대해 들어보았는가? 불쌍히 여기며, 몇 푼 건네주고, 일찌감치 그 일은 잊으라. 열심히 일하는 한 기업가의 이야기를 들어보았는가? 영감을 얻고, 소액을 빌려주고, 연락을 지속하며, 돈을 상환받으라. 그러면 결국 이전에 했던 것보다 더욱 많이 보살펴주게 될 것이다.

CLAY WATER BRICK

자신과 가족을 위한 인생

"준비들 하세요! 돌아갈 시간이에요." 리처드 마젠고Richard Mazengo가 내지르는 목소리에 정신이 번쩍 들었다.

　그날 오후 이곳 탄자니아의 중심에 내리쬐는 열기는 내가 있던 어느 곳보다 후끈 달아오르는 듯했고 나는 줄곧 공상에 잠겨 있었다. 아프리카에 온 뒤 여러 번 내 마음은 현실과 공상의 세계를 넘나들었다. 이 공상에는 묘한 모양새를 하고 정처 없이 떠돌아다니는 우리의 진정한 벗이 주연으로 등장한다. 바로 〈부시맨〉과 《어린 왕자》, 대중없이 떠오르는 아프리카 이미지를 모두 섞어놓은 듯한 인물이 그 주인공이다. 이러한 이미지는 내가 여러 해 동안 텔레비전과 책, 할머니와 할아버지가 1년 내내 보던 잡지 《내셔널 지오그래픽》에서 본 장면이 내 의식에 반영된 결과물이었다. 공상 속에서 나는 유서 깊은 카키색 사파리 복장 차림을 하고 땅딸막한 바오바브나무 사이에서 세상에 알려지지 않은 아프리카 사막을 정처 없이 헤매고 다닌다. 나는 이 장면이 아프리카 대륙 하면 떠오르는 터무니없는 고정관념에서 비롯된 공상이라는 사실을 알았지만 머릿속에서 자꾸 맴돌았다.

이제 정신을 차려 현실 세계를 바라보았다. 적어도 내 공상의 일부는 정확했다. 우리가 들렀던 황갈색 사막에 사방팔방 깔린 바오바브나무가 나를 에워싸고 있었다. 내 눈이 일광에 적응되자 수평선 저 멀리 모래 열기에서 아지랑이가 잔물결을 일렁이며 피어오르는 광경이 보였다. 어디선가 들어본 적은 있지만 여태 경험해본 적은 없는 단어들이 번뜩 떠올랐다. 신기루, 굴절 현상 같은 단어들이다. 이러한 현상이 탄자니아에서는 빈번히 일어났다.

이처럼 공상에 잠기는 현상은 사실 몇 주 전 나이로비에 도착하기 전부터 시작되었다. 비행기 안에 있는 마지막 몇 분 동안, 나는 웡웡거리는 비행기 소리로 둘러싸인 좌석에서 차창 밖 아래의 젖은 땅이 갈색과 초록색으로 반짝이며 스쳐 지나가는 광경을 목격했다. 사바나의 동이 트자 가장자리가 온통 보드랍고 동그란 대지가 드러났다. 죽 늘어선 오두막도 시야에 들어왔다. 원형과 반원형으로 놓인 수십여 개의 오두막 초가지붕은 점투성이로 보였다. 오솔길이 땅을 가르며 뻗어가다 탁 트인 들판을 만나 넓어지는가 싶더니 이내 나무 수풀로 다가갈수록 좁아졌다. 무리를 이룬 갈색의 얼룩점 같은 것도 시야에 들어왔다. 이 점들은 떼를 지어 천천히 같은 방향으로 이동했다. 하늘에는 구름 한 점 없었고 저 아래 조리용 불에서 피어오른 잿빛 연기만이 소용돌이치며 떠돌아다녔다. 비행기는 계속해서 하강했다. 가늘게 실눈을 뜨고 창밖을 내다보며 장면을 확대해보면 사람도 보이겠다 싶었다. 적어도 저 아래 누군가는 희망에 부풀어 반기는 마음으로 나를 올려다볼 것이라고 상상해보았다.

탄자니아에서 상점 주인 블레싱을 만난 지 몇 주가 지난 뒤의 일이다. 나는 과제 수행의 마지막 주를 빌리지 엔터프라이즈 지부장인 리처드 마젠고와 함께하기 위해 다르에스살람을 떠나 해당 지역 센터로 향했다. 빌리지 엔터프라이즈의 탄자니아 지부 임원인 그는 이 지역의 인터뷰를 하기로 예정된 나를 기업가들에게 데려가는 임무를 맡았다. 우리는 도도마 외곽에서 몇 시간째 차를 세워놓고 있었다. 지금까지는 일이 순조롭지 못했다. 약 한 시간 전에 리처드는 세 번째로 바람 빠진 타이어를 수리했다. 이런 일은 그날 밤 집으로 돌아가는 길에 두 번 더 일어났다. 그리고 매번 수리 때마다 내 도움은 허락되지 않았다.

내가 동아프리카 전역에서 만난 대부분 남성은 일하는 내내 내게 그저 앉아서 지켜보라고 말했다. 그들은 여성이 자신들과 함께 일하는 것이 적절하지 않다고 믿었다. 그러나 내가 만났던 여성들도 내가 손님이라는 이유로 돕는 것을 허락하지 않기는 마찬가지였다. 그렇다고 이 여성들이 한 일을 나도 할 수 있었다는 의미는 아니다. 나는 그들처럼 무딘 칼로 내 손바닥 안에 있는 토마토를 얇게 썰 수 없었다. 낡은 빗자루 손잡이를 밀방망이처럼 사용해 차파티(밀가루를 얇게 반죽해 철판에 구운 빵 – 옮긴이) 반죽을 잎사귀처럼 얇게 만들 줄도 몰랐다. 그들이 뜨거운 화덕 위에 얹은 고기 조각을 손으로만 뒤집을 때는 긴장한 눈으로 지켜보았고, 캄캄하고 연기 나는 조리용 토담집에서 김이 모락모락 나는 쌀과 콩 접시를 들고 언제 그랬냐는 듯 말쑥하고 차분한 모습으로 나왔을 때는 어안이 벙벙한 눈으로 쳐다보았다. 더욱이 한 여성이 세 개의 돌을 받쳐 균형을 잡은 숯불 위에 자동차 바퀴 덮개를 얹고 이 안에서 진짜 케이크를 굽는 장면에서는 그야말로 이루 말할 수 없는 감탄과 함께 어처구니없는 웃음이 툭 터져 나오기까지 했다.

이처럼 수많은 이유로 아쉽지만 나는 그렇게도 간절히 되고 싶던 쓸모 있는 사람이 되기란 그리 쉽지 않았다.

"가시죠!" 리처드 마젠고의 말에 내가 대답했다. 나는 땅딸막한 바오바브나무의 응달에 있던 접이식 의자에서 일어나 허름한 소형 트럭에 올라탔다. 리처드가 즉시 액셀을 밟았다. 아울러 기어를 올리자 이내 트럭이 덜커덕거리며 속도를 냈다. 이윽고 광활한 세렝게티 초원의 도로를 가로질러 거칠게 차를 몰았다. 차가 미끄러지듯 뭉게구름 모양의 먼지를 가르며 도도마로 다시 향했다. 흙먼지 가득한 이 지역의 유일한 주요 도로는 끊임없는 차량으로 길이 꽉 막힌 데다 땅바닥도 골이 져 있어 일정한 속도를 내기가 거의 불가능했다. 그러나 오히려 따뜻한 산들바람이 이따금씩 얼굴에 와 닿는 속도감이 좋았다. 그리고 적어도 동쪽으로 몇 시간을 더 가면 목적지인 작은 마을이 기다리고 있다는 느낌도 좋았다.

승객석 쪽 긴 좌석 한편에 앉아 팔을 차창 밖으로 내밀자 뜨거운 바람의 감촉이 재빨리 스치며 손끝에 와 닿았다. 나는 애써 저 멀리 친근한 바오바브나무를 쳐다보았다. 행여나 내려다보기라도 하면 녹슨 트럭 바닥에 난 구멍을 통해 발아래 비포장도로의 얼룩이 쌩하며 지나가는 것이 눈에 띄었기 때문이다. 운전석으로 뿌연 먼지가 밀려들어 오면서 내 코와 입술, 목구멍을 뒤덮었다. 웃음을 터트리자 먼지가 이빨로 들러붙어 입안이 온통 솜털로 뒤덮인 느낌이었다. 아니나 다를까 도도마에서 하루를 마무리할 무렵, 밝은 내 피부는 좀 더 어두운 톤으로 변했고, 갈색 머리카락은 좀 더 밝은 색으로 변했으며, 땀범벅이 된 티셔츠는 사막 풍경 자체를 빼다 박은 듯 황갈색으로 변했다.

　운전석에 웃음을 띤 얼굴로 앉아 있는 리처드는 절대로 과도하게 흥분하는 법이 없었다. 그는 늘 말쑥한 외모로 티끌 하나 없이 깔끔한 모습을 하고 있었다. 우리가 쏜살같이 사막을 질주할 무렵, 리처드는 카세트에서 흘러나오는 복음성가 음률에 맞춰 흥얼거렸다. 몇 년 전 애틀랜타 콘퍼런스에 참석하던 차에 구해 온 테이프였다. 그는 수중에 카세트 세 개를 지니고 다녔으며 우리가 트럭에 탈 때마다 낡아빠진 플레이어에 교대로 꽂아 넣었다. 짐 리브스Jim Reeves 와 케니 로저스Kenny Rogers 의 목소리, 또는 이러한 최신판 성가 발췌곡이 빛과 강, 사랑에 관한 달콤한 가사와 함께 차 안에 쾅쾅 울려 퍼졌다. 나는 몇 달이 지나도록 이 노래들이 내 머리를 맴맴 돌고 있다는 사실을 알았지만 절대로 불평하지 않았다. 리처드 마젠고의 모든 면 중에 내가 바꿀 것은 전혀 없었다. 그는 내가 탄자니아에 있을 때 그의 가족과도 관계를 튼 사이일 뿐 아니라, 끝없는 친절과 너그러움을 베푼 인물이었다. 마침내 리처드와 나는 이노센트Innocent 를 방문하기 위해

도도마 외곽에 있는 작은 마을에 도착했다. 이노센트는 내가 동아프리카에 있을 당시 빌리지 엔터프라이즈를 위해 인터뷰한 많은 기업가 중 한 명이었나.

　나는 카메라와 수첩, 만년필, 인터뷰 자료를 집어 들고 트럭에서 껑충 뛰어내렸다. 이노센트는 활기찬 모습으로 우리를 향해 걸어왔다. 우리는 웃으면서 동아프리카 공용어인 스와힐리어로 '하바리Habari'(요즘 어떻게 지내?), '은주리Nzuri'(좋아)라는 간단한 인사를 주고받은 뒤 탄자니아에서는 나름의 의미를 지니는 악수 교제를 나누는 과정으로 들어갔다. 이 악수 교제는 꼬박 1분 동안 또는 이보다 좀 더 오래 지속하는 일종의 격려 동작이다. 탄자니아에서 몇 주를 보낸 나는 대화 내내 이어지는 이러한 긴 악수 행렬에 혹시라도 팔에 무리가 갈까 봐 오른손을 내밀되 대신 왼팔로는 오른쪽 팔뚝을 감싸 쥐듯 받치는 방법을 터득했다.

　이노센트는 한 그루의 큰 바오바브나무 그늘에 놓인 세 개의 접이식 목재 의자 쪽으로 우리를 안내하고 재빨리 뒤돌아서 집 안으로 들어갔다. 이 나무 의자들은 구부러진 감은 있으나 세심히 사포로 문지른 나뭇가지를 나무못과 소량의 비싼 못을 이용해 단단히 조인 수제 의자였다. 타르트 향이 풍기는 이 의자들은 암갈색 칠로 광택이 나 있었고 칠의 감촉은 왠지 들러붙는 느낌이 영원히 지속될 것만 같았다. 의자는 막상 앉아보니 등받이가 뒤로 많이 기울어져 머리를 앞쪽으로 기울여야 했다. 이를테면 공책을 보거나 필기라도 할라치면 턱이 거의 가슴에 와 닿을 지경이었다. 결국 나는 의자 가장자리에 앉아 카메라와 인터뷰 자료를 무릎에 올려놓고 이노센트가 나오기를 기다렸다.

작은 집에서 이노센트는 나오지 않고 어린 소녀 하나가 한 손에는 주전자를, 다른 한 손에는 커다란 플라스틱 대야를 들고 나왔다. 소녀는 수줍어하며 걸어오더니 무릎을 꿇고 고갯짓으로 대야 안 비누 조각을 가리켰다. 마치 수도꼭지와 개수대라도 만들 듯 그녀가 주전자를 높이 쳐들고 따뜻한 물을 조금씩 서서히 따르자 나는 비누 쪽으로 손을 뻗었다. 그녀가 물을 쏟을수록 물 주전자는 가벼워졌고 대야는 무거워졌다. 흘러내리는 물의 무게를 감당하느라 소녀의 한쪽 팔이, 이내 다른 쪽 팔이 부들부들 떨렸다. 나는 재빨리 씻으려고 애썼다. 그러나 소녀는 서두르지 않고 태연했다. 손을 다 씻고 나자 이노센트가 뜨거운 차 두 컵을 얹은 쟁반을 들고 집 밖으로 다시 나왔다.

땅거미가 슬며시 내려앉는가 싶더니 이내 오후의 복사열이 사그라들었다. 나는 차를 조금씩 홀짝이며 이노센트가 하는 말에 귀를 쫑긋 세웠다. 이노센트는 고작 100달러로 어떻게 비즈니스를 시작했는지, 수익은 어떻게 올렸는지, 자신과 가족을 위해 좀 더 나은 인생을 어떻게 일궈나갔는지 이야기해주었다.

그들에게 가장 중요한 것

이노센트의 비즈니스는 단순했다. 그녀는 말린 옥수수를 집 근처 시장에 내다 팔았다. 그게 전부였다. 나는 그녀와 진행할 인터뷰도 그만큼 간단하리라 여겼다. 인터뷰의 모든 질문은 캘리포니아를 떠나기 전 브라이언과 함께 만든 설문 조사와 생활 수준 관련 질문에 따라 진행되었다. 그때쯤 나는 설문지 내용을 외우다시피 할 정도였다.

질문을 시작하기 전에 눈에 보이는 것들을 기록했다. 이노센트의 집은 납작한 지붕에 진흙과 나뭇가지로 틈새를 틀어막아 만든 직사각형 모양의 구조물이었다. 이 집은 리처드의 소형 트럭보다 약간 컸다. 지붕에는 인근 시장에 내다 팔려고 햇빛에서 말리고 있는 옥수수 낟알이 여기저기 펼쳐져 있었다. 얇게 비치는 천은 앞문 역할을 하고 있었다. 작게 나 있는 창문들에는 유리가 없었다. 집 안으로 통하는 땅은 세심한 비질로 청소된 상태였으며 마치 지문처럼 소용돌이와 원호 모양의 빗질 자국이 남아 있었다. 집 앞면을 따라서는 낡고 먼지투성이의 요구르트 컵들이 끈에 매달려 있었고, 컵 가장자리 너머로 2~5센티 남짓의 아기자기한 초록 새싹이 기웃거리듯 나 있었다. 문득 펜실베이니아 부모님 집의 목제 테라스에 장식용으로 걸어놓은 무거운 10여 개의 바구니가 떠올랐다. 꽃과 양치류는 물론 담쟁이덩굴과 두꺼운 초록색 이끼 덩어리가 어우러져 바람에 너울거리던 바구니였다.

설문 조사를 위해 나는 그녀의 집 상태를 잽싸게 기록했다. 집이 구운 벽돌이나 콘크리트 덩어리가 아니라 진흙으로 꽉 채운 벽으로 만들어졌다는 확인란에 표시했다. 알루미늄 판재가 아니라 초가지붕이라는 확인란에도 표시했다. 가족원이 입고 있는 옷 상태도 일일이 관찰했다. 아이들은 헐벗지 않고 옷을 입고 다녔지만 모두 심하게 낡은 것으로 보아 물려 입었다는 사실을 알 수 있었다. 이윽고 나는 인터뷰를 시작했다. 리처드가 통역을 맡았다.

> 나 시간 내주셔서 다시 한번 '아산테 사나 Asante sana'(정말 고맙습니다)
> 입니다. 설문 조사를 위해 전체 이름을 한 번 더 말씀해주시겠어요?
>
> 이노센트 제 이름은 므왕가 이노센트예요.
>
> 나 나이는 어떻게 되시죠?
>
> 이노센트 서른일곱 살요. 너무 많죠! (웃는다.)
>
> 나 (눈을 휘둥그렇게 뜨고 부끄러워하며 우리를 쳐다보는 여섯 명의 아
> 이를 서둘러 훑어보고 고개를 끄덕이며) 이 어여쁜 '와토토 watoto'(아이
> 들)는 모두 당신 자녀인가요?
>
> 이노센트 (웃으며) 네, 모두 제 자식이에요. 너무 많죠.
>
> 나 아이들 이름하고 나이를 알려주시겠어요?

이노센트는 아이들 여섯 명의 이름과 두 살부터 열한 살에 이르는 나이를 적어주었다. 가장 큰 아이들 세 명은 여자아이였다. 나머지는 학교에 갈 나이가 된 남자아이 한 명과 아직 갈 나이가 안 된 작은 아이 둘이었다.

> 나 그러니까 아이 중 넷은 학교에 다닐 나이네요. 그 아이들이 모두
> 학교에 다니고 있나요?
>
> 이노센트 제일 큰 남자아이 하나만 다니고 있어요. 그 아이는 여덟

살이에요.

나 그러면 여자아이들은요?

이노센트 아니요, 여자아이들은 다니지 않아요.

이 응답을 듣고 놀라야 마땅하지만 남자아이에게 우선순위를 부여하는 것은 아이들 전체를 학교에 보낼 수 없는 가족에서는 전형적인 상황이었다.

나 장래에 여자아이들을 학교에 보낼 계획이 있나요?

이노센트 예예, 그 아이들이 다음이죠. 지금은 여유가 없지만 형편이 나아지고 있으니까요. 곧 보낼 수 있을 거예요.

나 또 달라진 점이 있을까요?

이노센트 우선, 차에 넣을 설탕이 있어요. 이게 너무 좋아요. 그리고 모기장도 있죠. 그리고…….

나 말씀 중에 실례지만 설탕 이야기는 뭐지요?

이노센트 지금은 맛볼 수 있잖아요! 차에 넣어서요. 지금은 차와 함께 마실 설탕이 있다는 이야기죠.

나 (이노센트의 말을 제대로 파악했다는 몸짓으로 차 한 잔을 홀짝이며) 네, 맛이 정말 좋네요. 예전에는 차에 설탕을 넣지 않았나요?

이노센트 가끔만 넣었죠. 근데 이제 매일 넣을 수 있어요. 빌리지 엔터프라이즈가 제게 100달러를 주고 간 후 제가 이 비즈니스에서 번 돈으로 제일 먼저 한 일이 이거예요. 바로 설탕을 산 거죠.

나 그렇군요. 왜 설탕을 처음 사기로 했는지 말씀해주시겠어요?

이노센트 이 설탕이 있으면 제가 쓸 수도 있고 이웃에게 나눠 줄 수도 있잖아요. 이웃을 집에 초대해서 차를 내줄 수도 있고요. 그럴 때면 뿌듯해진답니다.

차에 설탕을 넣어 마시는 것이 얼마나 중요한지 들은 것은 이번이 처음이었다. 그렇다고 이번이 마지막도 아니었다. 이노센트의 인터뷰에 이어 다른 많은 여성도 같은 말을 했기 때문이다. 이 작은 물건 덕분에 이노센트는 다른 사람들을 집에 초대하면서 그들과 연결되었다는 느낌과 자신이 소중한 존재라는 느낌이 들었다. 그녀의 차 속에 넣은 설탕은 이노센트의 자신감과 인간관계를 더욱 강화했을 뿐 아니라, 커뮤니티에서 발휘하는 리더십도 더욱 견고히 하는 출입구 역할을 톡톡히 해냈다.

나는 이런 작은 일이 주는 중요한 교훈 때문에 이 에피소드를 자주 곱씹는다. 동아프리카에 도착했을 때 나는 배우고 싶었다. 듣고 싶었다. 그러나 한편으로는 내가 만날 사람들을 돕기 위해 할 수 있는 일이 무엇인지 이미 많이 알고 있다고 생각했다. 몇 주 전 케냐에 도착했을 때 내게 마술 지팡이가 있었다면 나는 아마 그렇게나 돕고 싶던 사람들의 삶을 수정하고 개선하는 방법을 안다고 자부하면서 그 지팡이를 마구 휘둘러댔을 것이다. 만약 그랬다면 아마 많은 일을 그르쳤으리라는 사실을 오래지 않아 깨달았다. 정작 인터뷰에 응한 사람들에게는 중요하지 않은 것들을 내가 버젓이 우선순위로 정해놓았을 것이다. 내 것도 아닌 그들의 삶을 임의로 변화시켰을 것이다.

나는 그들에게 소중한 것을 가치 있게 여기는 법을 배워야 했다. 이것을 배우면 배울수록 나는 갈수록 도움을 주는 사람이 될 수 있을 것이다.

이를테면 제멋대로 뻗어나간 빈민가 지역 한복판에 사는 한 가족이 자신들의 문에 단 자물쇠를 자랑스럽게 말한 일이 있었다. 나무틀에 달린 그 무거운 철문은 그 집에서 가장 튼튼한 부분이었다. 집의 나머지 부분은 나뭇조각과 가지, 버려진 알루미늄 판재, 플라스틱으로 만들어졌다. 이렇게 엉성한 집인데도 그들은 문에 잠금장치를 달았다는 이유로 안심할 수 있었다. 내 생각으로는 이치에 맞지 않지만 그들에게는 중요한 의미가 있는 작은 일이 무엇인지 찾는 법을 알게 되자, 나는 거의 매일 다른 사례와도 맞닥뜨리게 되었다. 가령 어떤 여성은 내게 작동하지도 않는 시계를 보여주었다. 그러나 그녀는 이 시계를 분명히 아름답고 정교한 장식이라 여기며 자신의 움막집 벽에 걸어뒀다. 어떤 남성은 바닥에 있는 매트리스를 자랑스러워했다. 이 매트리스는 그가 자신의 집에 있는 물건 중에 유일하게 상점에서 구매한 가구였다. 그 남성은 자신의 아내와 자녀 네 명이 밤에 매트리스 위에서 자는 동안 자신은 그 옆의 바닥에서 잠을 청했다. 어떤 사람들은 밭을 갈기 위해 소 쟁기를 빌리기도 하고, 어떤 사람들은 처음으로 자전거 택시에 타보려고 돈을 내기도 하면서, 비즈니스 활동에서 얻은 증가 이익을 나로서는 애초에 생각지도 못했을 소중한 서비스나 경험을 위해 사용했다.

이노센트는 사람들이 아무리 놀라운 선택을 한다 해도 그들이 권한을 부여받는다고 느끼고, 소중하다고 느끼며, 행복하다고 느끼는 일을 항상 스스로 결정하도록 하는 법을 내게 가르쳐주었다. 물론 내가 사람을 만날 때면 선입견의 유혹에 빠지기 쉬웠다. 인터뷰를 할수록 그들 사이에 유사점과 공통점이 보였기 때문이다. 특히 비슷한 사업을 하거나 같은 마을에서 사는 사람들이 그랬다. 특히 어려운 점은 설문 조사에서 사람들을 섣불리 속단하는 유혹과 그들이 해준 이야기에서 빈 곳을 채우는 유혹에 맞서는 일이었다. 그러나 그런 강한 충동을 거부했을 때 기대하지도 않던 응답으로 자주 보상을 받았다. 이제 기업가들이 받은 각 100달러의 영향력을 측정하는 동시에 각 기업가가 이룬 변화 중 그들에게 가장 중요한 것이 무엇인지 이해하는 일이 내 목표가 되었다. 나는 이 관점을 최우선으로 삼았기에 각각의 사람들과 대화할 때마다 깨달아야 한다는 자세로 마음을 한껏 열었다.

들으면 들을수록 배웠다. 그리고 나는 변화되었다.

빈곤 노동자가 원하는 것은 기부인가

동아프리카에서 경험이 쌓일수록 빈곤을 보는 관점도 끊임없이 변했고 빈곤 완화에서 내가 맡을 수 있을 역할에 대한 관점도 계속 변했다. 수년간 찾아 헤매고 나서야 마침내 효과적이었던 일과 그렇지 않던 일에 대한 여러 가지 사실이 분명해졌다. 또한 이것이 내게 무엇을 의미하는지도 분명해졌다.

이를테면 소액의 자본 투입과 비즈니스 훈련을 약간 병행하기만 하면 개인이 빈곤에서 벗어날 동기를 부여받고, 그 개인은 자신처럼 다른 사람들도 가난에서 벗어나도록 이끌 수 있다는 사실을 목격했다. 즉 대체로 빌리지 엔터프라이즈가 주는 100달러의 지원금은 15명의 가구 구성원의 생활 수준에 직접 영향을 미쳤다. 나아가 한 가족의 번영이 다른 가족의 생활 수준에 어떤 영향을 줄 수 있을지, 심지어 전체 공동체에 어떤 변화의 바람을 불어넣을 수 있을지 깨달았다.

케냐와 우간다, 탄자니아에서 내가 방문한 마을들은 아무리 멀리 떨어져 있다 해도 비교적 최신 모바일 네트워크에 연결돼 있다는 사실을 알게 되었다. 내 휴대전화는 동아프리카 전역에서 거의 잘 터졌다. 심지어 전기 설비에서 먼 곳인데도 잘 터졌다. 나는 사랑하는 사람들과 연락하는 데 거의 문제가 없었고 내가 겪은 경험과 새로 사귄 친구들에 대해 수월히 그들과 공유할 수 있었다. 한 번 이상 나는 샌프란시스코에 있는 남편 맷이나 펜실베이니아에 있는 부모님과 통화하다가 만난 지 얼마 안 된 기업가들에게 내 휴대전화를 주어 그들이 맷이나 부모님과 통화하도록 시도한 적도 있었다.

가끔 느리고 끊기기도 했지만 예상보다 더 작은 마을에서도 접속에 문제가 없었다. 인터넷 카페에서 한 시간이나 떨어져 있는 마을에서도 이메일 주소를 교환하고 싶어 하는 사람들도 있었다. 이메일을 확인하기 위해서는 몇 주에 한 번 마을을 떠나 인터넷 카페에 가야만 했음에도 그들은 희망을 품었고 인터넷을 통해 나머지 세상과 연결되었다.

무엇보다도 나는 유누스가 설명한 대로 빈곤 노동자의 실상에 대해 밝혀지지 않은 측면이 있다는 사실을 이해하게 되었다. 동아프리카에서 새로 만난 내 친구들은 빈곤으로 설명할 수 없는 사람들이었다. 그들은 현명하고 근면한 기업가였다. 그들의 이야기는 내가 자라오면서 들어오던, 내게 끊임없이 죄책감을 주던 고통과 절망의 이야기가 아니었다. 물론 그들의 삶에는 역경도 있었지만 동시에 희망과 끈기, 자긍심도 있었다. 그들의 이야기는 가슴 뭉클한 울림을 선사했다.

특히 동아프리카 전역에서 인터뷰한 기업가 중 내게 기부나 기증을 요구한 사람은 단 한 명도 없었다. 그들은 다른 것을 원했다. 바로 대출이었다. 왜 기부 대신 대출을 원했을까? 그들은 자신이 만들어가는 사업에 자율권과 소유권을 느끼고 싶어 했다. 그들은 능력이 미치는 만큼 일하고 싶어 했다. 그들은 독립적이고 강해지고 싶어 했다.

대부분 사례에서 대출이 좋은 데 사용되리라는 점에는 전혀 의심의 여지가 없었다. 이곳에는 확실하고 엄청난 사업 기회가 곳곳에 널려 있었다. 단지 필요한 자본을 얻을 수 있느냐의 문제만 있을 뿐이었다. 내가 방문한 상당히 외딴 곳의 기업가에 따르면, 그 마을에는 비누와 식용유, 등유 등 가정용품을 파는 상점이 없었다고 한다. 마을 사람들은 간단한 물건을 하나 사러 이웃 마을로 매일 수 킬로미터씩 걸어 다닐 수밖에 없었다. 그 마을에는 명확한 시장이 있었고 기업가 지망자들이 기꺼이 시장의 수요를 맞출 준비가 돼 있었다. 부족한 것은 오로지 자본이었다.

　동아프리카에 있는 내내, 나는 고향에 있는 친구들과 가족에게 이곳 이야기를 공유했고, 뜻밖에 _그들은 황송할 정도로_ 열정을 다해 응답해주었다. 물론 나는 맷과도 긴밀히 연락하며 함께 고민했다. 이러한 기업가들 일부에게 대출을 받게 해준다면 이는 어떤 모습일까? 여하튼 우리가 돈을 구해 그들에게 몸소 그 돈을 빌려주면 어떨까? 얼마 안 되는 돈이니 친구들과 가족이 조금씩 모아 기금을 제공하고 싶어 할까? 우리가 기업가들과 긴밀히 연락해 그들의 이야기를 상세히 기록하고, 발전 과정도 좇아가며 응원을 보내면 어떨까?

　나는 이처럼 가슴 뛰는 기업가들의 참신한 이야기가 대출 확보의 핵심이라고 믿었다. 기업가 한 명 한 명의 이야기는 분명히 특별했다. 이러한 기업가들이 아니었으면 죄책감이나 부끄러운 마음에 빈민 돕는 일을 포기했을 사람들에게 이 이야기는 새로운 반향을 일으킬 만큼 특별했다. 이러한 새로운 이야기들 덕분에 나는 사는 내내 느꼈던 거리감과 단절이 메워졌다는 사실을 알게 되었다. 비영리 단체가 발행하는 소책자와 기부 광고에 나온 사람들, 즉 내가 알고 돕고 싶었던 사람들과 나 사이에 벌어진 커다란 틈이 메워지기 시작한 것이다. 나는 다른 사람들도 이것을 경험했으면 싶었다.

　빈곤에 대해 들어보았는가? 불쌍히 여기며, 몇 푼 건네주고, 일찌감치 그 일은 잊으라.

　열심히 일하는 한 기업가의 이야기를 들어보았는가? 영감을 얻고, 소액을 빌려주고, 연락을 지속하며, 돈을 상환받으라. 그러면 결국 이

전에 했던 것보다 더욱 많이 보살펴주게 될 것이다.

　동아프리카에서 집에 도착할 무렵, 내게는 하고 싶은 일에 대한 명확한 비전이 있었다. 나는 친구들과 가족이 이러한 참신한 기업가 정신의 이야기에 동참할 방법을 만들고 싶었다. 그 후에는 기업가들에게도 다른 방식으로 응답해주고 싶었다. 처음으로 기부가 아닌 이른바 대출로 그렇게 하고 싶었다.

세상을 보는 눈

염소몰이 사무엘

알리 키타 마을 인근, 2007년

늦은 오후였다. 눈에 보이는 모든 것이 해 질 무렵 어스름한 회금색 빛을 받아 부드럽게 잦아들면서 한낮의 더위가 서서히 물러가고 공기도 시원해졌다. 사무엘samuel이 내 앞에 앉아 나지막하고 점잖은 목소리로 이야기하고 있었다. 그의 존재가 주위의 만물을 평온하게 하는 듯했다. 울퉁불퉁한 나무들이 저 멀리 간간이 눈에 띄었다. 투덕거리던 염소와 양이 휴전한 듯 먼지투성이 목초지 주위를 떼 지어 돌아다녔다. 저 멀리 지평선 위에는 폭풍우가 우르릉거리고 있었다.

이른 오후 오랫동안 인터뷰를 나눈 사무엘과 나는 나중엔 그저 자리를 잡고 앉아 즐겁게 담소를 나누었다. 사무엘의 집은 찾기가 어려웠다. 큰길에서 멀리 떨어져 인적이 드물고 그물처럼 연결된 작은 꼬부랑길에 있었기 때문이다. 말리Mali 외에는 어디에서도 큰길로 쳐주지 않을 곳이었다. 사무엘은 내가 키바의 잠재 파트너로 검토하던 지역의 대출 기관 고객이었다. 그리고 그날 그 기관의 대표 중 한 명이 나와 동행한 터라 나는 그들이 하는 일을 관찰하며 몇몇 고객을 만날 수 있었다. 우리는 늦은 오후에 도착했고 예상보다 일정이 수 시간 지연돼 지쳐 있었다. 사무엘이 마치 현대의 성 프란체스코처럼 열을 지어 따라오는 염소, 양, 닭 등의 동물을 데리고 우리 앞에 나타났다.

사무엘은 자신이 종별로 동물을 보살피는 법을 아버지에게서 배웠다고 했다. 개별 종의 습성과 선호도를 관찰하라고 배웠던 것이다. 그는 각 동물에게 먹일 먹이와 양은 물론 동물별로 아픈 때를 구별해낼 수 있었다. 짝짓기 준비가 된 녀석들에게서 기다려야 할 일은 무엇이고 새 송아지나 어린 양, 동물 새끼가 태어나고 있을 때 해야 할 일이 무엇인지도 알고 있었다. 사무엘은 꼬리에 꼬리를 무는 자신의 동물 이야기를 그룹별로 또는 개별로 나눠 내게 설명해주었다. 그는 동물의 특성과 특이점을 개별적으로 파악해 가장 장난기 있는 녀석이 누군지 알았다. 또 새 울타리를 넘으려고 시도할 녀석이 누구고 냅다 도망칠 녀석이 누군지 알았다. 뿐만 아니라 먹이를 가져다줄 때 가장 힘이 세서 다른 녀석들을 밀어제칠 녀석이 누군지도 알았다. 한 번만 휘파람을 불어도 올 녀석과 겁이 많아 잘 놀랄 녀석이 누군지도 당연히 알았다. 사무엘은 녀석들이 싸움이 붙었을 때 잠잠해지도록 주의를 기울였다. 녀석들의 움직임을 예상하면서 쉽사리 다가갈 수 있는 사람도 사무엘이었고, 내가 본 중 가장 우아하고 빠르게 닭을 잡거나 소젖을 짤 수 있는 사람도 사무엘이었다.

대체로 사무엘이 하는 사업에서 특이한 점은 없었다. 그의 소규모 사업은 말리와 아프리카 전역(가나, 코트디부아르, 세네갈, 모로코, 이집트, 르완다, 잠비아)은 물론 아프리카를 벗어난 전 세계 수십 개국에서 내가 접한 다른 사람들의 사업과 같았다. 사무엘은 단순한 염소몰이였고 그의 비즈니스를 보고 있으면 기존에 만난 목동, 사육자, 농부 들이 떠올랐다.

또한 나는 아마도 사무엘이 적극적으로 사업 규모를 파악하거나, 사업을 해나가면서 눈에 띄는 혁신을 내놓거나, 기업가로서 과거 성공 사례에 대한 벤치마킹을 하지 않으리라는 것을 알았다. 보수적 관점에서 보면 사무엘은 사업에 성공할 가능성이 높지 않았다. 그러나 사무엘에게는 만나자마자 나를 끌어당기는 특별한 힘이 있었다. 그에게는 존재감이 있었다. 사무엘은 세상을 보는 눈과 세상 안에 있는 특별한 것을 보는 눈이 있었으며, 주변에 살아 있는 각 생물에게서 특별한 것을 볼 줄 알았다. 사무엘은 관찰의 대가로서 남들이 보지 못하는 세밀한 면을 보았다. 그는 이러한 세밀함의 진가를 알아 세밀함 속에서 의미를 찾으며 경이로움과 가능성을 불어넣었다. 이러한 점 때문에 사무엘은 자신이 돌보는 동물과 소통하는 데 천부적 재능을 지닌 석학으로 보였다. 그는 각 동물의 가치를 인정했을 뿐 아니라 경외하다시피 했다. 이런 자세는 그가 동물을 대하는 방식, 그가 내게 동물에 대해 말하는 방식, 그가 동물들을 얼마나 잘 보살피는지에 깊은 영향을 미쳤다.

거듭 말하지만 사무엘이 동물을 돌보던 방식은 동물에 대한 그의 행동에 영향을 주었다. 사무엘에게 각 동물은 관대한 하나님의 선물이었다. 그는 모든 동물을 애지중지 대했다.

그는 다른 생물을 보는 우리의 관점이 그 생물을 대하는 방식을 결정짓다는 사실을 일깨워주었다. 우리가 다른 사람이 귀하고, 가치 있고, 능력 있다고 믿는다면, 우리는 그들의 삶이 중요하다고 믿을 것이다. 우리는 그들이 대단한 잠재력을 지녔다고 믿을 것이다. 그리고 우리의 행동이 이러한 믿음을 입증해 보일 것이다. 우리가 똑같은 개인을 이와는 다른 방식으로 믿는다면, 즉 중요하지 않게 여기거나, 가치 없게 여기거나, 무능력하게 여긴다면, 우리의 행동에서도 이러한 면이 드러날 것이다. 때로 다른 사람에 대한 우리의 행동이 그들의 삶에 큰 차이를 만들지 않을 때도 있다. 또 우리가 남의 선택을 통제하거나 심지어 제한하는 큰 힘을 지닐 때도 있다. 직접적이든 간접적이든, 우리는 규칙을 만들고, 경계를 정하며, 상대방에게 제한을 가한다. 반대로 남을 격려해주거나, 허용해주거나, 자율권을 부여할 수도 있다.

이처럼 우리가 다른 사람에 대해 어떠하다고 생각하는 것은 말 그대로 그들의 가능성을 제한하거나 반대로 위대한 일을 이루도록 그들을 자유롭게 할 수도 있다. 사무엘은 이러한 진실을 기억하도록 도와줬을 뿐 아니라 내가 특별히 시간을 쏟고 주의를 기울여 세계와 주변 사람들의 특별한 면을 인식하는 데 영감을 주었다.

나의
선택에
타인의 허락이
필요한가

—

전 가사 도우미이자 전 맥도날드 직원은 여정을 시작하기 위해 필요한 모든 것이 자신 안에 있다는 사실을 알았다. 그들은 다른 사람들이나 기관이 자신들이 꿈을 추구하는 데에 준비됐다고 선언하거나 허가를 내려주기를 기다리지도 않았다. 그들은 자신 외에는 누구의 승인도 필요하지 않다는 사실을 알았다.

CLAY WATER BRICK

법적으로 불가능한 일

나는 거대한 크기의 반들거리는 오크 책상에서 변호사와 마주 보고 앉아 있었다. 팔짱을 단단히 끼고 있던 변호사는 내 입에서 나오는 모든 말에 족족 질문할 요량으로 눈썹을 약간 추어올렸다. 그저 자신이 마음에 담아둔 말을 하면서 차라리 나를 말리는 편이 나을 듯싶었다. "설마 진심은 아니죠? 그건 절대 사업성이 없어요." 적어도 이처럼 감정을 폭발하는 편이 더욱 효과적이었을 것이다.

변호사가 수락한 수임료는 30분당 20달러였다. 이것은 샌프란시스코 변호사협회가 진행하는 특가 수임료였고 우리는 이 기회를 최대한 활용했다. 미국에 있는 나의 친구들이 우간다에 있는 친구들에게 돈을 보내기 위해 내가 원하는 방법을 설명했다. 그때 변호사가 말을 가로막았다. 바로 '우간다'라는 말을 들었을 때였다.

그는 책상을 세게 후려치며 소리치다시피 했다. "다른 사람들에게 인터넷으로 돈을 빌려주는 일을 무턱대고 시작해선 안 돼요!"

'내가 미국 증권거래위원회 Securities and Exchange Commission, SEC 라는 규제 기구를 인지하지 못하고 있었나? 내가 애국자법 Patriot Act (9·11 테러 직후 2001년 10월 테러와 범죄 수사의 편의상 시민의 자유권을 제약할 수 있도록 새로 제정된 법률. 이후 국가안보국의 권한 남용 등 미국 내 거센 반발에 부딪쳐 2015년 6월 폐지되었다. - 옮긴이)을 들어본 적이 없었나? 내가 정말 염소몰이와 농부를 대상으로 한 사람 한 사람 '회계 감사'라도 할 참이었나?' 변호사는 이런 식의 온갖 의문을 품으며 혼자만 알아듣는 용어로 중얼중얼거렸다.

이윽고 몇 분 뒤, 혼잣말을 멈추던 그가 의자에 등을 기대더니 이내 숨을 고르며 입을 열었다. "이번 건은 도와드릴 수가 없겠네요. 제안하신 사항은 법적으로 불가능한 일입니다."

분명 한 사람이 다른 사람에게 그렇게 쉽사리 돈을 빌려줄 수는 없었다. 특히 차용자가 아프리카에 사는 사람이라면 더욱 그랬다. 거기에 인터넷이 결부된다면 더더욱 그랬다.

내게 주어진 30분이 채 끝나기도 전에 그가 자리에서 벌떡 일어났다. 나도 그를 따라 일어났고 그는 나를 사무실 바깥으로 배웅해주었다. 마지막 감사 인사를 건네려고 돌아서는데 그가 느닷없이 아버지 같은 인자한 모습으로 내 등을 툭툭 두들겼다. "자, 행운을 빕니다." 그러더니 동정 어린 그의 어투가 방금 전처럼 다시 느닷없이 진지하게 변했다. "아, 하마터면 잊을 뻔했네요. 20달러는 저에게 직접 내셔도 됩니다. 현금으로 주시면 좋겠네요.”

이번 미팅이 아마도 변호사가 한 달 동안 나나 맷에게 대폭 할인한 금액이나 무료로 상담해준 열 번째 미팅이었을 것이다. 이번 변호사의 응대는 우리가 접했던 다른 반응에 비해 친절했다. 몇 달 동안 우리는 이처럼 20달러어치의 상담을 받으며 수백 달러를 썼다.

그런데 문제는 많은 변호사가 우리를 볼 때 한 가지 관점으로 본다는 것이었다. 이른바 위험 요소였다. 맷과 나는 젊었고 새로운 것을 시도하고 싶어 하는 검증받지 않은 몽상가였다. 변호사들은 장애물을 보고 위험을 피하는 것을 돕도록 훈련받지만 기업가들은 스스로 가능성을 보고 현명한 위험을 감수한다. 그래서 전형적인 변호사와 전형적인 기업가가 함께 일할 때 문화적 충돌이 일어날 수 있다.

마침내 우리는 40명이 넘는 변호사를 만난 이후 자발적으로 돕겠다는 변호사 한 명을 찾아냈다. 법무법인 빙엄매커친Bingham McCutchen의 키런 제인Kiran Jain은 키바를 ‘501(c)(3)’(미국 국세청에서 비영리 단체에 면세 혜택을 주는 조항 – 옮긴이) 비영리 단체로 설립하도록 도왔으며 수년간 키바를 옹호하고 지원해주었다. 그녀는 우리에게서 기존 변호사들이 보지 않은 다른 면모를 봤고, 새롭고 위험천만한 우리의 아이디어에서 위험 요소를 염려하기보다는 가능성을 믿어주었다.

변호사들과 함께한 미팅에서 많은 것을 배웠다. 그러나 그것이 우리가 기대했던 사항은 아니었다. 우리는 때로는 전문가의 의견을 구할 필요가 있지만 마지막에 전진할지 말지는 우리만이 결정할 수 있었다. 우리가 상담했던 변호사들은 이 아이디어를 밀고 나갈 때 직면할 장애물과 잠재적 위험을 정확하게 짚어줄 뿐이었다. 위험을 식별하는 것은 그들의 일이었다. 반대로 우리의 일은 이러한 위험을 저울질하고 장애물을 통해 방법을 찾는 것이었다. 이 일은 변호사들의 조언을 듣고 더 나아가 그 조언을 토대로 무엇을 할지 결정하도록 요구한다. 우리가 갑자기 국제 대출법이나 자금 송금법에 전문가가 되었다고 말하는 것이 아니다. 다만 내 말은 변호사들의 시각을 이 세상에서 가능한 일을 가늠하는 궁극적 잣대가 아닌 도구로 활용하는 법을 배워야 한다는 뜻이다.

전진을 위한 선택을 하면서 우리는 정말 중요한 것을 결정해야 했다. 어떤 사람들은 무슨 수를 써서라도 위험을 피하고자 하는 결정을 한다. 우리는 이러한 사람들이 아니다. 우리는 어찌되었든 앞으로 나아가려는 길을 선택했으며 아마도 이 여정을 헤쳐나가다 보면 상당한 전투를 치르리라는 사실도 알고 있었다.

실제로 일부 변호사가 의견을 뒤섞어 내놓은 모호한 비관론에서 유익한 법률 정보를 추려내고자 한 무더기나 되는 부정적 피드백을 꼼꼼히 추리는 데는 일정 시간이 필요했다. 그러나 우리는 서서히 마땅한 질문거리를 찾아냈다. 그 가운데 가장 중요한 질문은 다음과 같은 내용인 듯했다. 우간다에 있는 어떤 사람에게 빌려주는 대출금이 유가증권(재산권을 표시하는 증서로 상품증권, 화폐증권, 자본증권이 있으며 여기서는 자본증권 중 하나인 '채권'을 뜻한다 – 옮긴이), 즉 하나의 투자 기회로 분류될 것인가? 만약 그렇다면 우리는 증권거래위원회가 제시한 수많은 요구 사항을 충족시켜야 할 뿐 아니라 유가증권의 중개인이 되는 온갖 추가적 책임과 비용을 떠맡아야 할 것이다. 우리는 이것이 우리가 처한 상황이 아니길 바랐다. 그러나 인터넷에서 개인 간 대출 전례가 없어 함께 일하는 변호사들에게서 명확한 답을 얻기는 매우 어려웠다. 그래서 우리는 수화기를 들고 증권거래위원회에 직접 전화해 그들의 의중을 떠보았다.

놀랍게도 그들은 우리의 말을 귀담아듣고 기꺼이 도움을 주었다. 그들이 일러준 답을 듣고 보니 우리가 제공하고 싶던 대출에 대해 중요한 결정을 내릴 만큼 확신이 섰다. 우리에게 전달된 가장 중요한 정보 중 하나는 이것이다. 우리가 사람들에게 우간다에 있는 친구들에게 0퍼센트 금리로 돈을 빌려주도록 해주면 그 대출금은 증권으로 여겨지지 않아 수많은 증권거래소 규제에 부합하느라 비용을 들이거나 골머리를 앓는 일에서 해방될 수 있으리라는 것이다. 그래서 우리는 0퍼센트 대출 상품을 밀고 나가기로 결정했다.

0퍼센트 이자율의 대출

우리에게 법적으로 흠 잡힐 만한 게 없는지 확실히 알기 전부터 나는 은행가와 경제학자, 기술 거물, 비영리 단체 리더는 물론, 툭 터놓고 말해 내게 시간을 내줄 수 있는 사람이면 누구에게든 가리지 않고 전화 권유를 시작했다. 사람들과 이 아이디어를 두고 온갖 대화를 나누다 보니 우리의 비전을 갈수록 잘 설명할 수 있게 되었다. 비단 내 말 뿐이 아니라 사람들의 반응을 보는 관찰력도 갈수록 나아졌다.

키바에 대한 아이디어를 놓고 나눴던 처음 몇 번의 대화에서 나는 바로 본론으로 들어가 미국에 있는 사람들이 동아프리카에 있는 소규모 사업가들에게 자금을 제공하도록 해주는 우리 아이디어를 설명했다. 굉장한 아이디어처럼 들리지 않았을까?

통상 그다음 진행 순서는 이랬다. 나는 뜻하던 바를 명확히 짚고 질문에 답해주면서 나머지 대화에 시간을 할애했다. 그렇다. 우리는 사람들의 기부를 원하지 않았다. 우리가 원한 것은 대출이었다. 매우 가난한 사람들도 대출을 받을 수 있을 것이다. 실제로 많은 사람이 기부보다 대출을 선호했다. 소액대출은 예전에도 시행된 적이 있었다. 더 긴 기간을 기준으로 잡지 않는다면 소액대출은 수십 년 동안 성공적으로 시행되었다고 말할 수 있다. 대출금은 투자자에게 세금 공제가 되지 않았다. 다시 말하지만 우리는 세금 공제가 가능한 기부가 아니라 대출금을 얘기했다. 투자자들은 대출해준다 해도 돈을 벌지 않았다. 이것은 투자가 아니었다. 단지 금리가 0퍼센트인 대출이었다. 이 대출은 여기 얼마 저기 얼마 투자하는 식의 포트폴리오가 아니었다. 한 번에 한 사람씩 직접 전달하는 것이었다. 나는 실제로 자신이 어렵게 번 돈을 모르는 사람에게 무이자로 대출해주고 싶어 하는 사람이 있으리라 보았다. 발달된 기술이 누가 봐도 외딴 지역인 우간다 시골에까지 우리를 연결해줄 수 있다고 확신했다. 물론 나는 한 번에 대출 한 건을 제공하기 위해 많고도 다양한 사람에게서 조금씩 기금을 모으는 대신 구글의 젊은 창업자들처럼 이제 막 '벼락부자가 된 몇몇 어린 재벌들을 찾아가 즉시 1,000만 달러를 기부하도록 하는 편'이 더욱 효과적이라는 데 동의했다. 그러나 이것은 우리가 하고 싶은 일의 핵심이 아니었다.

이러한 대화는 전화상에서 끊임없이 반복되었고 슬프게도 대부분의 사람은 우리의 대화를 여전히 혼란스러워했다. 분명히, 내가 취한 방식 가운데 어떤 부분이 통 먹혀들지 않았다.

나는 통화할 때 가장 혼란스러워했던 사람들에게 다시 전화해 가장 솔직한 피드백을 요청했다. 피드백을 받기는 어려웠지만 그들과 대화하면서 대체로 청중의 공감대를 끌어내지 못한 내 모습을 발견했다. 2004~2005년 당시, 소액금융은 유명하거나 대중적인 개념은 아니었다(이러한 상황은 유누스 박사와 그가 설립한 그라민 은행이 노벨 평화상을 수상한 2006년부터 변했다). 그래서 나는 금융 분야와 관련 없는 누구에게나 하던 소액대출이나 소액금융 같은 말을 멈추어야 했다. 아무도 아직 크라우드펀딩을 말하는 사람이 없었다. 이 개념은 수년이 지나고 나서야 가계금융으로 자리매김했다. 나는 이런 서비스의 개념과 사용 방법을 하나에서부터 열 까지 거의 모든 사람에게 설명해야 했다. 나와 대화를 나눴던 많은 사람은 아프리카에 가본 적도 없거니와 갔다손 치더라도 고작 케이프타운이나 사치스러운 일주일간의 사파리 여행을 즐긴 것이 전부였다. 따라서 이런 사람들에게 한 사람이 '저쪽' 어딘가의 한 마을에 사는 어떤 사람에게 돈을 보낼 수 있다는 아이디어는 상환은커녕 상상조차 하기 어려운 발상이었다. 그리고 대부분 이렇게 눈곱만큼 작은 액수가 어떻게 농부나 재단사가 사업을 일구는 데 도움을 줄지 아무 개념이 없었다. 이런 이야기도 사람들이 알아들을 수 있도록 차례차례 단계별로 들려줘야 했다.

또한 나는 각 사람의 상황에 맞는 적절한 언어로 표현하면서 아무것도 모르던 그들을 뭔가를 이해하는 단계로 끌어올리는 이야기를 전달해야 했다. 더불어 사람에 따라 어떤 이야기는 굉장히 흥미를 끌지만 어떤 이야기는 완전히 따분해지기에 기꺼이 각 사람에 맞는 전술을 구사해야 했다. 이것이 우선 과제였다.

나는 이런 새로운 방법을 시도했다. 먼저 상대방에게 친숙한 화제로 대화를 열었다. 그다음에는 내가 말하려는 비전과 그들의 관점이 맞아떨어질 때까지 한 번에 하나씩 그 화술을 적용해나갔다. 각 사람의 관점에 맞는 이야기를 풀어나가야 했고, 내 쪽으로 차근차근 끌고 와 내 관점을 공유하도록 해야 했다.

이를테면 투자 전문가와 이야기를 나눌 때는 이렇게 접근했다. "아시다시피, 여기 실리콘밸리에 있는 특정 스타트업이 자금을 얻으려면 벤처캐피털리스트나 엔젤 투자가에게 가야 할 거예요. 이제 그 스타트업이 캄보디아에 있는 여자 재봉사라고 해보죠. 그녀는 수백만 달러나 심지어 수천 달러의 투자 규모 대신에 단지 수백 달러가 필요해요. 게다가 투자금도 펀드가 아닌 개인에게서 오죠. 아, 투자가 아니고 그저 개개인이 0퍼센트 이자율로 차용자에게 돈을 빌려주는 거고요. 이제 설명한 전 과정을 온라인에 넣어서 생각해보죠." 샌드힐 로드의 부유한 벤처캐피털리스트에게서 투자금을 모집하는 첨단 기술 기업가 이야기(그들이 잘 아는 얘기였다)가 갑자기 매일 25달러의 자금을 모집하는 여자 재봉사 이야기로 탈바꿈했다. 결국 그들은 이해했다.

기술 전문가와 이야기할 때는 내가 동아프리카에서 겪었던 모바일과 인터넷 접속에 관한 일화로 시작했다. 다음으로는 거기서 만난 새 친구들과 내가 어떻게 관계를 이어나가고 싶었는지 설명했다. 단지 정보만이 아니라 돈도 교환하고 싶다고 설명했다. 이미 이런 모든 일을 해내는 기술의 힘을 믿는 많은 기술자는 이 모든 일을 가능하게 할 수 있다는 우리의 예상에 손을 들어주었다. 그때 내가 해야 했던 일은 르완다에서 열심히 닭을 기르는 농부 손에 쥐어준 단 몇백 달러가 어떤 일을 해낼지 그들의 이해를 돕는 것뿐이었다. 결국 그들은 이해했다.

일반 사업가와 이야기할 때는 이베이의 구매자와 판매자를 마음속에서 투자자와 대출자로 미리 대입해보라고 제안했다. 그리고 상품은 낡은 자전거나 스타트렉 페즈 디스펜서Star Trek Pez dispenser 수집품이 아니라 차용자가 자신에게 돈을 빌려줄 기회를 '파는 것'이라고 이야기해주었다.

비영리 모금가나 모금 개발자와 이야기할 때는 펀드를 모으기 위해 한 장의 고액 수표에 의지하지 않고 한 번에 25달러씩 소액으로 많은 사람이 투자하는 힘에 관해 이야기했다. 또한 그들에게 잘 알려진 아동 후원 프로그램에 참여했던 내 경험을 예로 들었다. 그러나 아이들에게 후원하는 것이 아니라 사람들이 기업가에게 후원하고 몇 달 후에 자신들의 '기부금'을 되찾을 것이라고 말해주었다.

각 사람에 맞춰 이야기를 신중히 선별하면서 서서히 여론이 바뀌었다. 키바가 당시 누구에게나 환호받는 아이디어는 아니었지만 더는 그렇게 심하게 무시당하거나 거부당하지도 않았다. 적어도 사람들은 내 말을 이해하는 듯했고 조금씩 반응도 달라졌다. 심지어 내가 하는 말에 솔깃해하는 사람들도 있었다. 점점 자신감이 싹텄다.

그리고 그때 고성장 소액금융기관에 집중적으로 대규모 투자를 했던 유니터스Unitus의 CEO인 제프 데이비스Geoff Davis를 만날 기회를 얻으면서 우리는 이른바 전환점을 맞았다. 제프는 관련 분야에서 잔뼈가 굵은 사람이었다. 그는 우리의 15분 전화 통화 요청에 상상한 것 이상의 제안을 해왔다. 직접 만나 우리 아이디어를 논의하기 위해 자신의 시간을 두 시간 비워준 것이다.

그렇게도 동경하던 소액금융 선구자와 만날 기회를 얻은 우리는 한층 들뜨면서도 약간 주눅이 든 상태로 제프를 만나러 시애틀행 비행기에 몸을 실었다. 그러나 우리의 긴장감은 미팅 시작 몇 분 만에 봄눈 녹듯 사라졌다. 제프는 우리를 편안하게 해주어서, 우리가 존중받는 중요한 존재로 느껴졌다.

우리는 한 페이지 분량의 설명을 준비해 갔다. 제프라는 소액금융 전문가 앞에서 우리는 전 과정이 현장에서 어떻게 진행되는지 상세히 설명했다. 아프리카에 있는 기업가에게 무이자 대출로 후원할 수 있는 온라인 플랫폼을 우리가 어떤 방식으로 만들기 원하는지 설명했다. 투자 후보자 편에서는 투자자들이 계속 온라인으로 도움이 필요한 기업가들의 프로필을 검색하고, 자금을 빌려주고, 업데이트를 받으며, 돈을 상환받을 수 있도록 할 것이라고 설명했다. 기업가이자 차용자 편에서는 기업가들을 선별하는 기존 소액금융기관과 파트너십을 맺고, 기업가들의 정보를 온라인에 게재하며, 대출 관리가 쉽도록 할 것이라고 전했다. 대출금은 온라인상에서 차용자와 계속 연락을 맺으며 그들의 사업 진전에 대해 실시간으로 업데이트를 받는 투자자에게서 모금할 것이라고 설명했다.

제프는 우리가 어떻게 소액금융기관과 파트너십을 맺고 유지할지 유익하면서도 집요한 질문 세례를 이어갔다. 제프가 던지는 대부분 질문에 우리는 묵묵부답했다. 우리가 전반적 맥락을 이해할 수 있도록 자리에서 일어난 그는 사무실 칠판으로 걸어가 소액금융 분야 전반을 그렸다. 그는 전 세계 다양한 소액금융 조직은 물론 이러한 소액금융기관을 지원하는 조직, 이 조직에 자금을 대는 조직과 모든 유관 조직을 나타내는 여러 동그라미와 사각형을 그렸다. 제프는 소액금융 컨설팅 그룹과 소액금융 네트워크, 기술 서비스 제공자, 평가 기관, 은행, 정부 규제 기구 등 수많은 내용을 차근차근 설명해나갔다. 그는 각 단체나 조직을 움직이고 위협하는 대상은 물론 그들과 가장 긴밀히 일하는 대상을 설명해주었다. 제프의 자세한 설명을 들으니 장래 우리 일에 연관될 다양한 조직을 움직이는 목표와 요구 사항, 도전거리, 동기에 대해 더욱 명확한 그림이 그려졌다. 기본적으로 제프는 우리가 뛰어들 세상에 대한 로드맵과 이 세상이 돌아가는 방법을 설명해주었다. 이 분야가 얼마나 광대한지 눈뜨게 해줬을 뿐 아니라, 이 안에서 우리가 어떤 역할을 해야 할지 가늠할 수 있게 해준 것이다.

몇 시간 후 제프의 사무실을 나서면서 소액금융이라는 분야, 그리고 우리와 소액금융 사이의 궁합을 맞추려면 할 일이 태산 같다는 사실을 깨달았다. 그러나 이 일로 우리의 시야가 넓어진 것만은 확실했다(몇 년 후 제프는 키바에서 가장 활동적인 이사회 멤버가 되었다).

몇백 달러가 필요한 기업가들

우리는 중요한 진전을 이뤘지만 2005년 봄 무렵 암초에 부딪혔다. 거의 1년 동안 수없이 많은 권유 전화를 하고, 수 시간에 걸친 조사를 수행하며, 여러 비즈니스 계획안 작성과 기나긴 대화를 이어왔지만, 우리 사업은 통 제자리걸음이었다. 더욱이 우리는 가뜩이나 부족한 시간을 더욱 소진할 다른 일까지 병행하고 있었다. 나는 빌리지 엔터프라이즈와 몇몇 비영리 단체 컨설턴트를 맡아 그때그때 임시변통으로 일하고 있었고, 맷은 선구적인 DVR 기업인 티보TiVo에서 정규 직원으로 일하고 있었다. 우리는 최선을 다해 준비했으나 이른바 '준비'라는 명목으로 할 일은 갈수록 늘고 수입은 갈수록 줄어드는 상황에 직면했다. 그야말로 낚시를 하려거든 제대로 하고, 아니면 미끼를 버리고 떠나야 할 시점이 온 것이다.

우리는 낚시를 택했다. 따라서 2005년 봄 나는 키바에서 돈을 빌릴 기업가들이라는 첫 수확물을 얻고자 다시 우간다로 향했다.

동아프리카행 비행기 표를 살 여력이 없던 나는 왕복 여행 자금을 마련하기 위해 임시방편으로 두 가지 다른 일을 병행했다. 우선 빌리지 엔터프라이즈의 가이드로 활동하며 해당 지역 전체에 걸쳐 기부자 수십 명을 인솔해 기부금이 일궈낸 성과를 보여주며 첫 주를 보낼 계획을 세웠다. 우리는 내가 1년 전 방문한 케냐와 우간다의 마을 몇 군데도 방문할 예정이었다. 그러고 나서는 고등학교 소녀들의 작은 사업에 보조금을 지급하는 또 하나의 소규모 비영리 단체인 프로젝트 바오바브를 위해 나머지 시간을 쏟을 계획이었다. 마지막으로 두 과제가 끝난 뒤에는 한 주 더 머물면서 키바에 속할 기업가를 물색하기 위해 작년에 상당한 시간을 보냈던 우간다 인근의 토로로를 재방문할 계획도 세웠다.

토로로에 있을 때 나는 공동체에서 가장 연고가 깊은 목사이자 빌리지 엔터프라이즈 자원봉사자인 나의 좋은 친구 모세 오냥고Moses Onyango를 찾아냈다. 모세와 나는 그 전해 동안 많은 연락하며 지냈다. 그는 현지 소식에 밝고 진보적인 사람으로 자신의 주변 세상을 열정적으로 탐험하고 그 세상과 소통하고 싶어 하는 사람이었다. 나는 며칠에 한 번 모세가 시내의 한 인터넷 카페에 들른다는 사실을 알았다. 그는 마을에서 인터넷 카페를 들르는 유일한 사람이었다. 나는 몇 달 전 만난 사람 중 일부를 만나 근황도 듣고 현재 대출이 필요한 상황인지 알기 위해 디지털카메라를 챙겨 들고는 모세에게 그곳에 데려다 달라고 부탁했다.

내 싸구려 디지털카메라를 들쳐 메고 모세와 나는 우간다 시골 이곳저곳을 뛰어다니며 사업을 하는 데에 고작 몇백 달러가 필요했던 우리의 첫 기업가들 사진을 찍었다. 처음 방문한 한 지역에서는 작년 동아프리카 마지막 여행 때 만나 내게 애틋한 기억을 심어줬던 기업가 노라 루힌디Nora Ruhindi와 재회를 나눴다. 나는 그녀가 운영하는 자그마한 식당에 앉아 콩과 쌀, 차파티와 차로 후한 대접을 받았다. 그녀는 고작 300달러 대출금으로 자신이 어떻게 좀 더 나은 가정용구와 접시, 컵은 물론 작은 식당을 넓힐 기초 건축 자재를 살 수 있었는지 흥미진진하게 이야기했다. 실제로 노라는 형식상 내게 준 노란색 플라스틱 머그잔 얘기를 사람들이 들으면 분명 자신에게 돈을 빌려주리라고 확신했다. 이 머그잔은 그녀가 고객들을 응대할 때 쓰던 물건으로 대출을 받자마자 처분해버릴 낡은 물건의 상징이자 기념품이었던 것이다. 아직도 나는 이 기념품을 가지고 있다. 다음으로 나는, 이제 자신의 재고량을 늘리고 토로로 시내 인근에서 새 지점을 여는 데에 500달러가 필요한 생선 장수 캐서린의 집도 재방문했다. 또 중고 의류 사업을 위해 300달러가 필요한 유니스 알루포Eunice Alupo와도 함께 대화를 나눴다. 베티 오보테Betty Obote는 소를 사서 푸줏간을 열기 위해, 에마누엘 아하브웨Emmanuel Ahabwe는 농산물 노점을 확장하기 위해 500달러가 필요했다. 염소몰이 아폴로 쿠테사Apollo Kutesa는 좀 더 많은 염소를 사기 위해, 로즈 음비레Rose Mbire는 농산물 사업을 위해 500달러가 필요했다. 이 일곱 명이 바로 키바의 첫 번째 기업가들이었다.

　모든 기업가를 방문해 필요한 정보를 모은 뒤 모세와 나는 지역 인터넷 카페에 가서 모양새 없이 낡은 데다 먼지투성이에 거북이처럼 느려터진 데스크톱 컴퓨터 앞에 자리를 잡았다. 이곳에서 다이얼 접속에 대해 작은 불만을 터트리면서도 우리는 참을성 있게 맷이 지난주에 최소 요건을 갖춰 개설한 키바 웹사이트www.kiva.org에 일곱 명의 기업가 사진을 올리고 그 옆에 나란히 기업가들의 이야기와 대출 요청 사항을 적었다.

다음 날 나는 디지털카메라를 모세에게 맡기고 그를 꼭 안으며 작별 인사를 나누고서 샌프란시스코행 비행기에 올랐다. 집에 도착하자마자 웹사이트와 작은 프로젝트에 대해 친구들과 가족에게 전할 이메일을 작성했다. 우리는 상환을 보장할 수 없었다. 약속할 수 있는 것이 거의 전무했다. 그러나 우리는 그들이 이 실험에 참여하여 지구촌 다른 편의 친구들 일곱 명에게 25달러를 빌려주기를 희망했다.

우리는 보내기 버튼을 누르고 숨죽이며 지켜보았다.

타인의 승인을 기다리지 않은 여성들

미용사 레일라와 지카

브라질 리우데자네이루, 2008년

리오에서 보낸 하루의 시작과 끝은 대충 이랬다. 해 질 녘이면 나는 브라질의 곱슬머리 전문 미용실인 벨레자 내추럴Beleza Natural의 직원 수십 명에 둘러싸여 평소 조용하던 마을 한복판에서 벌어지는 시끌벅적하고 활기찬 댄스파티 현장에 있었다. 여성들은 웃고 이동하며 껴안기도 하고, 손뼉치고 노래하며 땀에 흠뻑 젖어 소리치기도 했다. 이내 그들은 원을 만들고 나는 원 가장자리에 합류했다가 벨레자의 공동창업자 중 한 명이자 CEO인 레일라 벨레즈Leila Velez가 손을 잡아 끌어당기면 원 중앙으로 들어갔다. 우리는 불과 몇 시간 전에 만났지만 나는 미소 띤 얼굴로 그들과 자연스레 어울렸다. 벨레즈의 열정에는 가

124

히 중독성이 있었다. 나는 춤의 선율에 따라 내키는 대로 몸을 맡겼다.

이러한 축하 파티는 모두 함께 일하는 여성 모임에서는 일종의 정기 행사였다. 2008년에 스탠퍼드 경영대학원에서 맡은 과제 수행 차, '가난뱅이에서 부자가 된 놀라운 스타트업' 실제 사례를 작성하러 브라질에 온 내게는 이런 흥겨운 분위기를 즐길 특권도 주어졌다.

레일라의 이야기는 공동 창업자인 헬로이사 아시스 Heloisa Assis, 즉 '지카 Zica'의 이야기로 거슬러 올라간다. 매우 가난한 가정의 열세 자녀 중 하나였던 지카는 리우데자네이루 변두리의 많은 빈민가 중 한 곳에서 자랐다. 항상 형제자매들에 둘러싸여 지내던 그녀는 일찍이 많은 사람 틈에서 목소리 내는 법을 익혔다. 조그마한 어린아이였을 때조차 지카는 다부지고 독립적이었다. 지카는 가사 수입에 보탬이 되고자 어린 나이에 일을 시작했다. 처음엔 유모와 가사 도우미, 가옥 관리인 같은 업무로 시작해 점원으로 일자리를 옮겨 수년을 일했다.

지카는 어느 일자리에서도 진정한 열정을 찾을 수 없었다. 그러나 모든 상황은 지카가 미용사로 일하면서 바뀌었다. 미용사의 세상에서 지카는 비로소 살아 숨 쉬는 듯했고 행복했다. 그녀는 자신감과 아름다움, 희망을 느끼려고 자신을 찾아온 여성 고객과 수월하게 소통했다. 고객들이 미용실을 나서기 전에 그녀들을 기분 좋게 할 기회가 지카에게는 완벽한 소통 창구였다. 지카가 제공하는 커트나 새로운 스타일은 그저 이런 소통을 얻기 위한 방법의 하나일 뿐이었다.

지카는 고객들에게 서비스를 제공하면서 미용실에서 제공하는 대다수 모발용 제품이 촘촘한 곱슬머리용이 아니라는 사실을 깨달았다.

상당수 브라질 여성의 모발은 이런 질감을 지녔는데 말이다. 지카는 고객들이 바라는 결과물, 즉 더욱 부드럽고 더욱 매끈한 헤어스타일을 제공할 수 없다는 사실에 큰 좌절감을 느꼈다. 지카는 내게 고객들이 '모든 모발용 제품이 먹히지 않자' 스스로 하찮은 존재로 여기거나 심지어 자책감을 느끼기도 한다고 전했다. 더욱이 뻣뻣한 머리카락을 지닌 여성은 브라질에서 더욱 가난한 소수 그룹 층인 브라질 흑인 Afro-Brazilian 이나 혼혈 인종이었다. 그들은 보통 부유한 도시 중심부에서 떨어진 곳에 살기에 미용실까지 먼 길을 오려면 돈을 더 써야 했다. 더욱이 미용실에 자주 올 형편도 되지 않았던 터라 그만큼 미용실에 온 효과가 미비할 때에는 실망감도 더 클 수밖에 없었다.

지카는 미용실에서 계속 마주하는 촘촘한 곱슬머리에 효과적인 제품을 만드는 일에 열정을 품게 되었다. 10년 동안 그녀는 제품 기능의 향상을 위해 남편인 자이르 Jair 와 함께 곱슬머리를 다루는 제조법을 연구하고 그 기능을 향상시키고자 화학 약품을 혼합했다. 지카는 화학 교육을 받은 적이 없지만 연구를 거듭했고 수년간 시행착오와 연구, 수많은 고객 피드백을 종합한 끝에 처음으로 모발용 유연제인 '슈퍼릴랙산테 Super-Relaxante '를 발명했다. 지카와 자이르는 제품에 대한 마케팅과 판매에 도움을 얻고자 지카의 올케인 레일라와 레일라의 남편 로제리오 아시스 Rogerio Assis 에게 도움을 청했다.

1993년에 네 사람은 공동으로 첫 번째 벨레자 내추럴 미용실을 열었다. 벨레자 내추럴이란 '자연스러운 아름다움'이라는 뜻으로 지카와 레일라가 지닌 믿음에서 비롯되었다. 즉 그들은 미용실에 갈 여유가 있든 없든 모든 여성은 아름다우며 미용실은 각자가 타고난 이러한 자연스러운 아름다움을 무시하지 않고 다만 드러내야 한다고 믿었다. 지카와 레일라의 핵심 임무는 '아름답고 건강한 머릿결을 위해 제품과 서비스를 통해 해결책을 제시할 뿐 아니라 여성들의 자긍심을 높여주는 일'이었다. 벨레자가 쏟은 모든 노력은 여성들이 이미 자신들이 소유한 아름다움을 보고 믿도록 하는 정신에 토대를 둔다.

지카의 미용실 이야기와 놀라운 제품, 특별 헤어 관리 과정은 순식간에 입소문을 탔다. 몇 달 안에 리우데자네이루 티주카에 있는 그녀의 초라한 미용실에는 미어터질 정도의 고객이 들어찼다. 이 소규모 미용 팀은 고객 수요를 맞추고자 밤늦도록 일했다. 분명한 사실은 지카가 뭔가 엄청난 일을 떠올렸던 그때 이 일이 시작되었다는 점이다.

벨레자 내추럴은 급속도로 확산되면서 엄청난 유명세를 탔다. 그러나 지카가 고안한 슈퍼릴락산테 제조법이 벨레자를 돋보이게 한 유일한 혁신은 아니었다. 일찍이 레일라와 로제리오는 이에 못지않게 혁신적인 미용실 경험 서비스를 내놓았다. 전 맥도날드 직원이던 두 사람은 맥도날드 매장에서 경험했던 햄버거 공정 과정의 장점을 최대한 살린 미용실 서비스를 선사하기로 마음먹었다. 그들은 한 고객이 미용실 내의 한 장소에서 다음 장소로 이동하면서 그 동선을 따라 많은 미용 전문가들이 협력해 작업하는 모델을 상상했다. 오늘날 그들의 7단계 과정은 벨레자 미용실에서 제공하는 단연 호평받는 서비스 중 하나다. 한 직원이 고객에게 인사한다. 또 한 직원이 요금을 받는다. 또 머리 손질 기다리는 손님이 편안한 자세로 있는지 확인하는 직원이 있는가 하면, 고객과 상담하는 직원도 있고, 첫 단계 제품을 바르기 위해 고객의 머리를 준비시키는 직원도 있다. 이 과정에서 고객들은 자신을 존중하고, 인정하며, 공동체의 일부로 느끼게 해주는 수많은 미용 전문가를 만난다. 벨레자 내추럴 미용실이 제공하는 서비스의 수준은 특히 해당 시장 분야에서 타의 추종을 불허한다.

슈퍼릴랙산테에 대한 제품 수요는 천정부지로 치솟았고 이 제품은 이제 브라질에서 특허를 받아 같은 브랜드명을 가진 전 제품 라인과 함께 자사 소유 공장에서 제조되고 있다. 또한 벨레자 내추럴은 권위 있는 교육 센터를 설립했다. 1999년에 설립된 이 기술 개발 센터는 회사의 사명과 비전, 가치는 물론 벨레자 내추럴에 유명세를 가져다준 독보적 기술을 배우는 교육 프로그램을 제공하고 있다. 모든 직원은 품행과 기술, 관리 교육 중 적어도 한 과정을 마쳐야 한다. 많은 신입 사원에게 벨레자 내추럴은 그들의 첫 번째 일터였다. 그도 그럴 것이 이 회사는 중학교만 마친 사람도 지원할 수 있도록 문턱을 낮췄다.

벨레자 내추럴은 독특하게도 네 명의 다양한 공동 창립자가 상호 협력하여 운영하는 체제로, 야망 있는 수많은 여성 기업가의 롤 모델로 자리매김한 레일라와 지카의 리더십 덕을 톡톡히 봤다. 두 여성 모두 강인하고 영향력 있는 리더로 자국과 전 세계에 이름이 알려져 있다. 레일라는 2011년에 엔디버Endeavor(신흥 국가의 기업가를 선별해 지속 성장하도록 지원하는 비영리 단체-옮긴이)가 선정한 '그해의 여성 기업가'로 선정되었고, 지카는 2013년에 《포브스》가 지명한 브라질에서 가장 영향력 있는 10인의 여성에 이름을 올렸다. 벨레자 내추럴은 급속한 성장을 이어나가고 있으며, 최근에는 3,500만 달러의 투자를 유치해 120개에 달하는 매장을 확장하게 되었다. 이 매장들은 매년 1만 5,000명을 채용하고, 수백만 명의 고객에게 서비스를 제공하며, 2018년까지 5억 달러의 매출을 낼 것이다.

레일라와 지카가 보여준 기업가적 여정에는 많은 교훈이 담겨 있다. 파트너십과 혁신, 서비스가 부족한 시장에 대한 집중 등 배울 거리가 넘쳐난다. 그러나 내가 두 사람에게서 얻은 가장 큰 교훈은 자신감이다. 두 여성의 제품은 여성들이 스스로 더욱 아름답게 느끼도록 독려한다. 그들의 미용실 서비스 경험을 통해 고객들은 자신이 특별하고 중요한 존재라는 느낌을 받는다. 이곳 직원은 하나도 빠짐없이 모두 존중과 명예와 환대를 받는 존재다.

지카와 레일라는 서류상으로는 이른바 최소한의 정규 교육도 받지 못했지만 자신을 믿었다. 두 사람은 연구실을 운영하고 특허품을 제조하는 데에 도움을 준 화학 학위도 없었다. 직원 교육 프로그램을 설계하도록 도와준 전문 지식 보유 강사로서 이에 걸맞은 공식 교육도 받지 못했다. 두 사람은 벨레자 내추럴 왕국을 세울 준비를 하고자 경영대학원에 입학하지도 않았다. 지카와 레일라, 전 가사 도우미이자 전 맥도날드 직원은 여정을 시작하기 위해 필요한 모든 것이 자신 안에 있다는 사실을 알았다. 그들은 다른 사람들이나 기관이 자신들이 꿈을 추구하는 데에 준비됐다고 선언하거나 허가를 내려주기를 기다리지도 않았다. 그들은 자신 외에는 누구의 승인도 필요하지 않다는 사실을 알았다.

불완전한
시작은
자연스러운가

—

어떤 모험도 초반에는 다듬어지지 않은 구석이 있게 마련이다. 많은 스타트업의 초창기가 그다지 화려하
지는 않다. 우리는 필요한 모든 것을 다 가질 수는 없다. 그리고 아무도 앞날을 내다보거나 미리 계획을 세
울 수 없다. 대부분의 나날을 그저 현장에 나가 일을 시작하고, 기꺼이 배우고, 앞으로 발걸음을 성큼 내디
뎌야 한다.

CLAY WATER BRICK

검증받지 않은 사람들

2007년에 유명한 기술 전도사인 가이 가와사키Guy Kawasaki는 한 블로그 게시글을 통해 키바와 관련해 가장 인상 깊었던 교훈에 대해 썼다. '검증받지 않은 사람들을 믿어라'라는 제목의 특별 게시글에서 그는 이렇게 썼다. "키바 설립자의 출신 배경으로 이상적인 것은 무엇일까? 골드만삭스 출신의 투자 은행가? 세계은행 부총재? 평화봉사단 부단장? 록펠러 재단의 부의장? 매켄지 파트너? 그렇다면 스탠퍼드 경영대학원의 임시행정보조 직원은 어떤가? 이 길이 제시카가 모험의 여정을 떠난 출발점이었다."

맞는 말이다. 당시 내게는 위대한 기업가라면 응당 자신만의 일을 시작하기 전에 갖춰야 할 직함이나 자격증이 전무했다. 내 인생에서 이런 사실이 방해가 된 적은 없었다. 원하는 것을 성취하기 위해 많은 것이 필요하다는 생각을 해본 적이 단 한 번도 없었다.

그러나 당시 스탠퍼드에서 일하면서 나는 매일 마주치는 굉장한 학생들과 나 자신을 비교하기 시작했다. 많은 학생이 상위권 학부 출신이었다. 대부분 비범한 재주를 한 가지 이상은 지닌 듯했다. 그들은 에베레스트 원정대와 명망 높은 상, 입이 딱 벌어지는 예술혼, 이런저런 신기록 등 셀 수 없이 많은 소질을 지니고 있었다. 또 스탠퍼드에 입학하기도 전에 성공적인 조직을 설립하는 학생도 있었다. 졸업하자마자 조직을 설립할 학생들도 보였다. 나는 이 학생들을 매우 높이 평가하면서 그들이 공통으로 지닌 한 가지에 계속해서 마음이 갔다. 이른바 MBA 프로그램이었다. 분명 학생들은 이것을 자신들이 성취해야 할 다음 단계라고 여겼다. 그래서 나는 MBA 프로그램을 마치기 전에는 내가 절대 할 수 없을 일에 대해 그들은 이미 통찰력과 실행력을 갖추었다고 여기면서 그들과 스탠퍼드 MBA 프로그램에 경의를 표했다. 나는 생각했다. '내가 경영대학원 학생이고 그들만큼 지식이 있다면 금방이라도 실로 엄청난 일을 저지를 텐데⋯⋯.'

혼자 수없이 이런 생각을 되뇌며 오래 궁리한 끝에 MBA 지원 과정을 준비했다. 지금 생각해보면 처음 지원을 결정하던 당시 참 순진했다. MBA 학위가 실질적으로 내가 할 수 없던 일에 어떻게 느닷없이 도움이 될지 확신이 없었다. 그저 내 이력서 상에 MBA라는 작은 세 글자를 추가할 수 있다면 엄청난 일이 일어나리라 믿었다.

2003년 늦은 가을에 유누스 박사의 강연을 들은 뒤 몇 달 동안 이런 생각이 주마등처럼 뇌리를 스쳐갔다. 나는 이미 소액금융 조직에 전화를 걸어 함께 일할 기회를 얻기 위해 권유하고 있었다. 스탠퍼드 경영대학원의 응모 서류는 몇몇 사람과 마무리한 후, 빌리지 엔터프라이즈와 함께 동아프리카로 떠나기 직전에 모두 제출했다. 빌리지 엔터프라이즈와 일을 시작한 몇 주 동안 엄청 일에 몰두하던 나는 어느 날 이메일을 확인하려고 토로로의 인터넷 카페에 들렀다. 그런데 스탠퍼드 경영대학원에서 보낸 공문 메시지가 와 있었다. 순간 기대감이 물밀 듯 밀려왔다.

다이얼 접속 상태에서 느려터진 속도로 이메일이 열리는 동안 갑자기 겁이 났다. 내가 합격이라도 했으면 어쩌지? 불합격이라면 또 어쩌지? 이제 난 무엇을 하지? 내가 다음으로 할 일은 무엇이었지?

이렇게 자문자답하고 있는데 뚜렷한 생각 하나가 번뜩였다. "상관없어!" 이것은 알게 뭐야 식의 무관심의 신호가 아니었다. 오히려 내가 손쓸 수 없는 일을 내려놓는 동시에 내 인생에서 일어날 다음 일이 내게 달려 있다는 것을 일깨우는 신호였다. 특정 학교로 입학하는 일을 선택할 수는 없어도, 하고 싶은 일을 선택할 수는 있었다.

아마도 이러한 생각은 하나의 방어 기제였거나 종교적 영감이었을 수 있다. 어떤 쪽이든 뇌리에 명확히 떠오르는 생각을 그냥 지나칠 수는 없었다. 나는 지난 몇 주를 지역 기업가들에 둘러싸여 지냈다. 그들은 스스로 자신 앞에 놓인 문제를 해결하고 혼자 힘으로 좀 더 나은 삶을 만들어가기로 결정한 사람들이었다. 벽돌공 패트릭이 말 그대로 발밑의 흙 말고는 아무것도 없는 상황에서 그 흙을 이용해 사업을 호황으로 이끌 수 있었다면, 스탠퍼드가 나를 거절한다는 이유로 꿈을 접는다는 것이 말이 될까? 내가 만났던 농부와 재단사, 제빵사, 야채상이 중등 교육도 받지 못하고도 자신들의 삶에서 그런 진보를 일궈냈다면, 왜 나는 정말 세상에서 하고 싶었던 일을 시작하기 위해 MBA 프로그램이 주는 일종의 승인을 기다려야만 할까? 나 외에는 아무도 심지어 내가 꿈꿔오던 학교마저도 내 미래를 결정할 수는 없었다. 그렇다면 내가 다음에 할 일은 무엇이었을까?

어느새 나는 의심 한 점 없이 이 질문에 답해야 하는 유일한 사람이 나 자신이라는 사실을 깨달았다. 내게 충분한 경험이나 자질이나 지혜가 있는지를 두고 남의 승인에 매여 있다 보면 영원히 이 한계로 나를 옭아맬 것이다. 그것이 설령 입학처장의 승인이든, 미래 고용주의 승인이든, 좋은 의도라는 구실로 툭하면 반대하는 자의 승인이든 옭아매기는 매한가지다. 당시 나는 인생 최대 모험의 한복판인 동아프리카에 있었고 어느 때보다도 영감을 받은 상태였다. 내 앞에 바로 선 세계가 펼쳐져 있었다. 내가 다음에 할 일은 무엇이었을까?

마침내 이메일이 열리고 본문 첫줄에 '안타깝지만'이란 단어가 눈에 들어왔다. 현실이 드러났다. 두려워하던 일이 일어나고야 말았다. 내가 스스로 개척해갈 수 있을까? 아니면 꿈을 펼치기 전에 남의 승인이 필요했을까? 내가 다음 할 일은 정말 무엇이었을까?

나는 이메일을 지우고 그 자리에서 박차고 일어나 그날 하려던 일을 하러 바깥으로 나갔다. 그다음 날도 내가 사랑하던 그 일에 뛰어들었다. 하루도 빠짐없이 계속해서 그 일을 했다. 그리고 내 인생에서 가장 믿을 수 없는 나날을 보냈다.

정확하게 1년 후, 나는 토로로의 변함없는 먼지투성이 인터넷 카페의 변함없이 굼벵이 같은 컴퓨터 앞에 앉아 있었다. 다시 스탠퍼드 경영대학교의 회신을 기다리며 이메일을 확인했다(나는 두 번째로 지원을 결정했고 이번 지원 동기는 이전과는 다른 관점이었다). 받은편지함은 역시나 텅 비어 있었다. 그러나 이것이 내가 인터넷 카페에 온 이유는 아니었다. 디지털카메라로 찍은 다수의 대출자 사진과 첫 대출자 프로필을 키바 베타 사이트에 업로드하기 위해서 온 것이다.

며칠 후 샌프란시스코 집으로 돌아간 후에도 스탠퍼드 경영대학교에서 온 이메일을 받지 못했다. 그러던 어느 날 오후 전화벨이 울렸다. 경영대학교 입학처장인 데릭 볼튼의 목소리였다. 스탠퍼드 경영대학원의 지원자라면 누구나 데릭에게서 온 전화가 무엇을 의미하는지 알고 있다. 드디어 2007년 MBA 입학생이 된 것이다.

나는 의심한 점 없이 스탠퍼드 경영대학원에서 받은 교육이 키바의 성공과 그 이후 내 행보에 유익했다고 말할 수 있다. 내 출신 학교와 리더십, 졸업생 공동체, 그곳의 프로그램이 상징하는 모든 것에 입이 마르도록 칭찬해도 부족하지 않다. 그러나 내 MBA 학위가 키바를 론칭한 것은 아니다. 사실 내가 2006년에 MBA 프로그램에 입학했다면 아마 나는 한 단계 더 나아가 내 꿈을 좇기 위해 누군가의 승인을 기다리지 않는 중요한 교훈을 배울 기회를 날렸을 것이다. 더욱이 솔직히 말해 너무 바빠 키바 론칭과 MBA 학업 병행은 힘들었을 것이다.

아무리 공부를 많이 해도 새로운 것을 시작할 준비가 되었다는 마음은 잘 들지 않는 법이다. MBA를 마친 뒤에도 나는 소액금융에 대한 특별한 지식을 쌓고 싶었고, 재무 관련 전문성도 더욱 필요하다고 확신했다. 그다음에는 관리 경험이 필요했다. 그러고 나서는 컴퓨터 프로그래밍을 배워야 했다. 공부할 목록은 늘어나는 법이다. 우리는 항상 스스로 준비하기 전에 '하나만 더', '한 가지 경험만 더'라고 말할 수 있다. 그러나 대체로 지금 모습 그대로 우리는 준비돼 있다.

—

키바의 공식 출범

맷과 내가 바로 그 첫 이메일을 수십 명의 친구들과 가족에게 보내면서 일곱 명의 기업가들에게 3,500달러를 보내달라 요청하던 순간으로 돌아가보겠다. 우리는 보내기 버튼을 눌렀고 기다렸다.

기다리는 데에 그리 오랜 시간이 필요하지는 않았다. 그 돈은 사실상 하룻밤 사이에 들어왔기 때문이다. 우리는 그 돈을 즉시 우간다의 모세에게 보냈다. 당시 모세는 우리의 첫 번째 임시 대출 담당 직원 역할을 해주고 있었다. 그가 돈을 받으면 그 돈을 마을의 각 기업가에게 빌려주는 형식을 취했다.

다음 몇 주가 전개되면서 모세는 비즈니스 성장과 대출 상환 과정, 기업가들의 일상을 담은 다채로운 세부 내용의 업데이트를 자주 보내왔다. 장마철이 누군가의 움막에 어떤 영향을 미쳤는지, 왜 무역 센터가 평소보다 바빠졌는지, 부활절 만찬 행사 때 식구들이 정확하게 뭘

먹었는지 깨알같이 적어 보내왔다. 그 업데이트는 내 친구들과 가족, 우리의 첫 투자자들 사이에서 화제가 되었다. 이 덕분에 그들은 갈수록 자신이 자금을 대준 기업가들에게 애착을 느꼈다.

몇 달 후 경영대학원의 첫 수업이 시작됐고, 키바의 첫 대출금이 상환됐다. 생선 장수 캐서린은 대출금 500달러 덕분에 더욱 다양한 생선을 팔 수 있었고, 그녀 말마따나 "아이들을 학교에 보내고, 소 두 마리와 염소 다섯 마리를 사고, 저축 계좌도 열었다". 그녀는 자기 사업만으로 무려 식구 열한 명을 먹여 살리고 있었다. 이처럼 내가 시작한 실험이 분명 사람들에게 실질적인 영향을 주고 있었다.

때는 2005년 10월 중순이었다. 나는 모세에게 전화를 걸어 사이트에 게재할 좀 더 많은 차용자를 찾는 일을 그가 도울 수 있는지 물었다. 그다음 며칠 동안에는 다음번 차용자들의 프로필을 업로드하기 위해 모세와 함께 일했고 다시 친구들과 가족에게 도움을 청했다. 또한 우리는 웹사이트에서 '베타' 버전이라는 꼬리표를 떼어내고 우리 자신을 공식적으로 선언했다. 친구인 크리스타 반 르웬이 간략한 보도 자료를 사이트에 게재했다. 드디어 키바가 공식 출범한 것이다.

처음에는 아무 일도 일어나지 않았다. 똑같은 수십 명의 친구와 가족 들이 충실하게 우리 웹사이트를 방문한 것이 전부였으며 이미 대출 경험이 있는 똑같은 투자자들의 새로운 대출 내역 몇 건이 전부였다. 그러나 몇 주 내에 이런 상황은 바뀌었다.

11월 초에는 소수의 블로그에서 우리 프로젝트에 대한 내용을 게재했다. 그다음에는 좀 더 많은 사람이 우리 내용을 다뤘다. 그리고 나서 수백 명이 그렇게 했다. 11월 중순 즘음에는 두 개의 유명 블로그 '데일리 코스Daily Kos'와 '보잉보잉Boing Boing'이 키바를 소개하면서 웹사이트 전송량이 폭주했다. 그 바람에 단 몇 시간 만에 대출 한계가 초과됐다. 우리는 서둘러 공지 화면을 만들어 내보냈고 모세에게 한밤중에 전화를 걸어 당장 더 많은 기업가를 찾을 수 있는지 확인했다.

블로그스피어('블로그'와 공간을 의미하는 '스피어'의 합성어로 수많은 블로그가 촘촘히 연결된 가상 공간 – 옮긴이)에서 퍼진 입소문의 맹렬한 기세는 순식간에 《월스트리트 저널》, CNN, BBC, ABC, NPR 등 주류 언론의 보도로 급물살을 탔다. 소액금융 업무를 추구하려던 내 소망에 영감의 근원이 됐던 무하마드 유누스는 몇 달 후 노벨 평화상 수상의 영예를 안았고 우리는 나란히 기사에 언급되었다.

다음 몇 달에는 전 세계에서 지원 물결이 쏟아졌다. 기술계와 비영리 부문의 총망받는 리더들, 즉 불과 몇 달 전만 해도 우리가 만날 수도 없던 인사들이 키바의 업적을 추종하며 나섰다. 우리가 신청한 501(c)(3) 비영리 단체의 승인도 마침내 떨어졌다. 링크트인LinkedIn 창립자인 레이드 호프먼Reid Hoffman도 우리 이사회에 합류했다.

공식 론칭 1년 뒤에는 PBS의 〈프론트라인/월드〉에서 15분짜리 다큐멘터리를 촬영했으며 당시 엄청난 전송량이 웹사이트로 몰리면서 3일 동안 우리 사이트는 먹통이 되었다. 한번 궤도에 오르자 일주일 만에 25만 달러의 투자금이 들어왔다(쉽게 말해 전년 한 해 동안 우리가 간신히 모은 금액이 50만 달러였다). 그다음 달이 끝나기 전에 100만 달러의 기금이 모였다.

엉성할 수밖에 없는 시작

키바가 투자금 수백만 달러의 문턱을 넘을 당시 그렇게 짧은 기간에 일어난 엄청난 양의 성과를 보며 놀라던 기억이 난다. 어떤 면에서 보면 모든 것이 주저앉지 않은 사실이 믿기지 않아 피식 웃음이 난 적도 있다. 맷과 나는 열심히 일했지만 시작할 당시 상황은 엉망이었다. 그러나 우리는 이러한 초기 혼란에 당황하지 않았다. 사실 우리는 겸손하면서도 투지만만하던 첫해를 애지중지했다. 온갖 것이 부족했지만 헤쳐나갈 방법을 마련했다는 사실이 자랑스러웠다.

가령 첫 번째 대출자들을 생각해볼 때 당시 우리는 아직 그 금액을 온라인으로 진행할 웹사이트도 만들지 못했다(우리 할머니같이 컴퓨터를 사용하진 않지만 여전히 동참하고 싶어 했던 사람들은 그저 내게 20달러짜리 지폐 몇 장을 건네주며 다른 사람에게 빌려주라고 말씀하셨다). 현재까지 쓰고 있는 키바 로고는 친구 한 명이 디자인해주었다. 당시 디자인 비용을 지불할 능력이 없던 우리는 낡은 기타와 로고 디자인을 교환해 값을 치렀다. 인터넷 서비스가 다운되었을 때, 즉 이 말을 해야 할지 모르겠지만 우리가 이웃에게서 '빌려 쓰던' 그 인터넷이 다운되었을 때는 해 뜨기 전에 일을 마치기 위해 24시간 무료 와이파이가 되던 도너츠 가게로 한걸음에 달려갔다. 초반에 누구에게도 급여를 줄 여력이 없던 우리는 실리콘밸리에 있는 기술 대기업에서 일하던 친구들에게 부탁해 주말 동안 웹사이트를 만들어달라고 부탁하고 그 대가로 피자를 쏘기도 했다. 사실 초기 직원 중 누구도 수개월 동안 월급을 받아 간 사람은 없었다. 설상가상으로 나는 2년 동안 한 푼도 받지 못했다. 그런데도 우리는 어떻게든 꾸려나갔다.

어떤 모험도 초반에는 다듬어지지 않은 구석이 있게 마련이다. 많은 스타트업의 초창기가 그다지 화려하지는 않다. 우리는 필요한 모든 것을 다 가질 수는 없다. 그리고 아무도 앞날을 내다보거나 미리 계획을 세울 수 없다. 대부분의 나날을 그저 현장에 나가 일을 시작하고, 기꺼이 배우고, 앞으로 발걸음을 성큼 내디뎌야 한다.

초안을 새로 잡든, 첫 단계를 밟든, 무슨 일이든 처음 하는 일을 보고 당황하지 말라. 스티븐 프레스필드 Steven Pressfield 는 자신의 영감 있는 저서 《행동하라 Do The Work》에서 시작이 엉성할 수밖에 없는 것이 자연스럽다는 사실을 일깨워준다. "아기는 피를 뒤집어쓰고 혼란스러운 가운데 태어난다. 별과 은하계도 태고의 대규모 폭발 같은 대격변이 발생하는 가운데 탄생했다." 온갖 거대한 것이 한때는 작게 시작했고 이러한 작은 시작이 자주 혼돈 가운데 전개된다. 무질서를 두려워하지 말라. 괜찮다. 사실 괜찮은 것 이상이다. 이는 우리가 정말 시작했고 스스로 배우고 자라도록 자신을 채찍질한다는 의미다. 만약 익숙한 속도보다 조금 빠르게 가는 느낌이 든다면 아마도 완벽한 속도로 가고 있다는 증거다.

이 모든 것을 알아낼 즈음 자신을 남과 비교하는 함정에 빠지지 말라. 키바의 초기 몇 달 동안 우리가 오로지 차용자 일곱 명과 3,500달러의 대출 시범 라운드를 다른 온라인 마켓플레이스나 플랫폼, 또는 다른 소액금융기관과 비교했다면, 우리는 스스로 작고 초라한 느낌이 들었을 것이다. 용기도 잃었을 것이다. 산더미같이 쌓인 해답 없는 질문과 검증되지 않는 가설을 크고 성공적인 조직의 경영대학원 사례 연구와 비교했다면, 우리는 바보가 된 느낌이 들었을 것이다. 우리가 깨달은 사실은 오직 일부만이 진실이라는 것이었다. 그 외의 모든 것은 실험 대상일 뿐이었다. 이 과정은 시작 단계라면 으레 치러야 할 통과 의례였다.

지카와 레일라는 자신들의 부엌에서 시작해 아무런 사전 지식도 없이 헤어 제품을 혼합했다. 두 여성은 일이 엉망이고 혼란스러울 때든, 최초 혼합물이 실패했을 때든 멈추는 법이 없었다. 벽돌공 패트릭도 마찬가지다. 그는 자신 앞에 있던 것을 움켜쥐었고 말 그대로 아이디어를 응용해 현실로 만들었다. 그는 한 번에 한 움큼씩 진흙을 이겨 벽돌을 빚어가며 방법을 찾아냈다. 우리가 옴짝달싹 못 할 때나 어찌 시작해야 할지 눈앞이 캄캄할 때 이 기업가들을 떠올리라. 어떤 자원이 앞에 있든 움켜쥐고 빚으라. 정의를 시작하라. 어느 단계에 있든 목표를 정해 구체적으로 한 걸음 한 걸음 내딛도록 채찍질하라.

지금 당장 할 수 있는 일을 무엇이든 하는 편이 아무것도 안 하는 것보다 낫다. 오늘 어떤 일을 시작하면 내일은 좀 더 많이 할 수 있다. 상황이 엉성하고 불완전해도 그 상황을 끌어안으라. 소매를 걷어붙여 손에 흙을 묻히고 시작하라.

CLAY
WATER
BRICK

헌신과 확신

——

농부 콘스탄스

케냐 나이로비 서부, 2004년

나는 남부 케냐에서 어느 4월의 찌는 듯한 오후에 콘스탄스Constance를 만났다. 먼지투성이 티셔츠에 추레한 요가 바지를 입은 나는 온통 땀 범벅이었지만 콘스탄스는 눈이 부셨다. 그녀는 때 묻지 않은 순박한 얼굴로 밝은색 캉가(동아프리카 여성이 몸에 걸치는 화려한 무늬의 얇은 면 포-옮긴이)를 입고 여기에 어울리도록 머리를 틀어 올리고 치마를 입고 있었다. 그러나 그녀가 두드러져 보인 이유는 화려한 색조의 옷 때문이 아니라 자신감 때문이었다. 그야말로 그녀는 자신감을 발산하고 있었다. 사실 약간은 거만하게 보일 수도 있었다! 그러나 나는 그것이 좋았다. 고개를 약간 숙이고 서서 눈길을 피하며 겨우 들릴락 말락 한 모깃소리로 입을 여는 일부 여성과는 대조적으로 이 얼마나 새롭고 유쾌한 모습인가? 콘스탄스는 나를 만나자마자 양손으로 내 손을 덥석 잡아 꽉 쥐고는 똑바로 응시하며 열정적으로 잡은 손을 흔들어댔다. 말할 때도 어찌나 에너지가 넘치던지 소리를 지르듯이 큰 소리로 말했다. 마치 자신의 입에서 나온 모든 말이 탁월하지는 않더라도 적어도 옳다고 여기는 듯했다. 특히 뭔가를 말하기 바로 전에 그녀는 스스로 영리하다고 믿는 듯 보였다. 그럴 때면 마치 혼자 비밀이라도 아는 사람처럼 입가 한쪽이 도드라지면서 보조개가 드러났다. 또한 목청을 가다듬고 손가락을 빳빳이 들어 재빨리 흔들고 나서 말을 내뱉었다.

콘스탄스에게는 아이가 많았다. 아이들은 진흙과 나무를 이겨 만든 집 문간에서 치켜뜬 눈으로 나를 빤히 보던 세 명을 제외하면, 우리가 대화를 나누는 중에 너무 빨리 뛰어다녀 몇 명인지 셀 수도 없었다. 아이들은 낯익은 엄마의 미소를 지녔다. 그러나 아이들에게서 아직 콘스탄스의 자신감까지 엿보이지는 않았다. 아이들은 나를 빤히 쳐다보며 자기들끼리 소곤소곤거렸다. 내가 자신들의 눈길을 인식했다는 듯 작은 몸짓이라도 해 보이면 아이들은 금세 까르르 웃음을 터트리며 몸을 홱 수그렸다. 콘스탄스가 내게 인사하라고 아이들을 불러 모으자 온통 정신을 쑥 빼놓던 상황이 끝났다. 내게 다가온 아이들은 언제 그랬냐는 듯 얌전했고 수줍어했다. 나를 응시하던 아이들이 저마다 조그만 손을 내밀며 자신들이 아는 유일한 영어로 "안녕하세요. 처음 뵈어요"라고 속삭였다. 그러고는 날쌔게 악수하고 나서 다시

키득키득 웃으며 후다닥 달아났다.

콘스탄스는 계속 이곳에서 살았다고 했다. 그녀의 가족과 조상들도 늘 이곳에 살아왔다고 했다. 이곳은 그들의 땅이었다. 어떤 증서나 문서가 있어서가 아니었다. 한번은 궁금해서 땅의 법적 소유인이 누구인지 콘스탄스에게 물어본 적이 있다. 콘스탄스의 집에는 남자도 없는 데다 당시 땅을 소유한 여성도 너무 드물었기 때문이다. 콘스탄스는 부드러우면서도 단호한 미소를 지으며 호리호리한 손가락을 내저었다. 그녀는 이 땅이 자기 소유라고 했다. 지금 자신의 가족이 살고 있고, 예전부터 늘 살아왔고, 앞으로도 절대 떠나지 않을 것이기 때문이었다. 소유라는 말에 콘스탄스가 말한 의미 외에 다른 뜻이 더 있겠는가. 다른 의미는 콘스탄스에게 상상조차 할 수 없는 일이었다. 그녀의 조상과 가족이 대대로 이 땅에서 났고, 이 땅에서 먹고살았으며, 외지에 나갔다가도 이내 오두막 외곽의 이 작은 땅으로 돌아왔다. 집 마당의 가장자리에 늘어선 큰 바위들은 콘스탄스의 남편을 비롯해 많은 조상과 친척의 묘를 표시하는 상징물이었다. 이곳은 명실공히 콘스탄스의 땅이었다.

콘스탄스는 그 땅을 샅샅이 꿰고 있었다. 온갖 바위와 구석구석 쌓인 흙더미를 알고 있었다. 빗물이 어디로 흐르는지 알고 있었고, 귀중한 개울 물길을 돌리기 위해 얕은 도랑을 어디서 팔지 또는 흙더미를 어디에 쌓을지도 알고 있었다. 콘스탄스는 정확한 용어를 사용하지 않고도 땅의 경사가 땅 위를 흐르는 빗물의 양과 침식에 어떤 영향을 미치는지 설명해주었다. 그녀는 그 땅을 너무나 속속들이 알고 있어서 땅에 무엇이 부족한지도 설명해줄 수 있었다. 콘스탄스는 다양한 조건에서 땅의 상태를 지켜봤고, 계절마다 오는 변화를 목격했으며, 자신의 살뜰한 보살핌에 땅이 어떻게 반응하는지도 알고 있었다.

콘스탄스는 자신의 땅에서 나는 바나나 나무와 유칼립투스의 중요성을 상세히 설명했다. 특히 자신의 주력 품목인 바나나 나무를 자랑스럽게 여겼다. 이따금 카사바(남아메리카가 원산지인 다년성 작물로 덩이뿌리에 20~25퍼센트의 녹말이 들어 있는 식물 – 옮긴이)를 팔기도 했지만(대개 다른 작물은 콘스탄스와 가족이 끼니를 때우는 용도였다), 계속 바나나 나무에 집중했다. 콘스탄스는 자신의 바나나가 최상급이며 이웃 중에 가장 많은 바나나 나무를 보유하고 있다는 사실을 강조했다.

이웃들도 콘스탄스의 말에 동의했다. 콘스탄스는 아이디어도 모으고 재배 작물도 조직화할 겸 인근에 사는 다른 농부들과 허물없이 모임을 이뤄가며 일했다. 농부 모임에서는 비즈니스가 어떻게 돌아가는지 논의할 뿐 아니라 모범 사례를 공유하고 시장 트렌드를 논의하는 등 많은 활동을 전개했다. 일부 농부는 지역 소액금융기관의 교육 강좌에 참석해 땅에 물을 대는 방법에서부터 잡종 종자와 천연 비료에 이르기까지 다양한 주제를 배워 와 콘스탄스에게 전수했다. 콘스탄스도 자신의 지식을 일반에게 널리 알리게 돼 자랑스러워했다. 그러면서 한때 그 모임에서 가르친 내용, 즉 씨를 대중없이 흩뿌리는 대신 한 줄로 심는 방법뿐 아니라 고르게 간격을 두고 심는 방법을 어떻게 가르쳤는지도 설명해주었다.

엄밀히 말해 모임의 멤버들은 똑같은 시장에서 똑같은 고객을 상대하며 서로 경쟁했다. 그러나 콘스탄스는 이런 부분에 대해 예전부터 멤버들과 허심탄회하게 터놓고 의논했으며 모두 협력하기로 분명히 합의했다고 귀띔해주었다. 콘스탄스는 모임 사람들에게 '서로 양보하고' 자신의 특정 농산물 판매에만 주력하자고 설득했다. 그 모임에서 저마다 팔고 싶은 품목을 제안하는 사람들에게 콘스탄스는 누가 무엇을 팔지 협의를 끌어냈다. 아무도 강제하지 않았지만 그들은 서로 존중했을 뿐 아니라 시작은 미약해도 끝은 창대하리라는 사실을 확실히 믿었다. 콘스탄스 말에 따르면, 그들은 전문화를 희생으로 보지 않고 이 기회가 저마다 특정 품목에 집중할 터전이 되리라는 사실에 기뻐했다. 콘스탄스는 자신의 땅뙈기에 서서 이웃들이 재배하는 품목을 적고는 이웃 농장을 가리키며 말했다. "그녀는 카사바예요. 그는 옥수수고요. 그리고 그들은 기장이에요." 그렇게 계속 읊어댔다. 그러고 나서 콘스탄스는 눈썹을 추어올리며 크게 웃다가 웅장한 마무리라도 하듯 큰 목소리로 알렸다. "그리고 제가 바나나예요."

바나나가 된다는 것은 굉장한 일이었다. 바나나는 1년 내내 재배할 수 있어 콘스탄스는 계절마다 팔 수 있는 주식 작물을 소유한 셈이었다. 그녀의 바나나 나무 중 일부는 이미 10년이 넘었고 유지에 드는 비용도 거의 없었다. 무엇보다 마을의 모든 사람이 바나나를 먹었고 많은 가족이 저마다 바나나 나무가 있어도 수요는 계속 증가했다. 그래서 바나나 시장은 재배하는 족족 모두 내다 팔 수 있는 큰 시장이었다. 그녀는 단호하게 자기주장을 폈고 동료들 사이에서 중요하고, 유명하고, 견고하며, 재배하기 쉬운 바나나 작물의 문지기로서 자신의 역할을 공고히 했다. 바나나 재배는 거대한 혁명이었다. 그야말로 콘스탄스는 대박을 터뜨린 것이다.

과연 다른 사람들도 지역 시장에 와서 바나나를 팔았을까? 물론이다. 콘스탄스가 그런 일이 일어나지 않도록 차단할 수는 없었다. 그러나 결정을 내렸고, 자신의 임무를 선택했고, 그 임무를 위해 싸웠으며, 그 임무에 매진했다. 또한 바나나 작물을 볼 때면 자신을 선도적 위치에 있도록 지지해준 마을 사람들에게 책임감을 느꼈다. 그래서 콘스탄스는 강하면서도 헌신적이며 확신에 찬 모습을 유지했다. 이런 자신감(마을의 모임 가운데서 최초로 바나나 주 판매상으로서 콘스탄스의 입지를 공고히 해준 자신감) 덕분에 콘스탄스는 다른 바나나 판매 상인들 사이에서도 시장의 리더로 부상할 수 있었다.

나는 콘스탄스가 자신의 임무와 경쟁을 대하는 방식에 영감을 얻었다. 그녀는 자신이 되고 싶은 대상이 누구인지 알았다. 그렇다고 해서 다른 주위 사람들을 무시하지도 않았다. 그녀는 앞으로 나아갔고, 경쟁자들을 불러 모았으며, 경쟁자들에게서 배운 다음에 경쟁자들이 자신에게서 배우도록 했다. 그런 뒤에야 콘스탄스는 자신의 영역을 주장했다.

당신의
사명에
집중할 때

—

우리의 사명은 우리의 정체성인 동시에 지침이다. 이것은 세상에 정확하게 우리는 누구인지를 알려주고 일깨워주는 역할을 한다. 탄탄한 사명을 만들어낼 수 있고, 이것을 세계와 공유할 수 있고, 팀 내부로 체질화할 수 있으며, 이것을 토대로 힘든 결정을 내릴 수 있는 조직은 진정으로 특별한 영향력을 미칠 기회를 얻게 된다.

CLAY WATER BRICK

키바의 단순한 사명

고등학교 입학을 몇 달 앞둔 1992년 여름의 일이었다. 아빠와 나는 도로에서 차고에 이르는 진입로에 주차해놓은 자가용 안에 앉아 창문 틈으로 들어오는 따뜻한 미풍을 쐬고 있었다. 나는 조수석에 앉아 있었다. 다리를 쭉 뻗으니 내 발이 계기판에 닿았다. 아빠는 운전석에 앉아 머리 뒤로 손을 포갠 채 뒤로 약간 기대어 계셨다.

이 차는 아빠와 내가 기나긴 대화를 나누러 가는 장소였다. 이곳은 우리가 함께 나누는 특별한 공간이었다. 우리가 어디를 가든 나란히 앉아 차창 앞 유리 너머로 펼쳐진 수평선을 바라보는 일에는 아빠와 내가 서로 무엇이든 얘기할 수 있게 하는 어떤 특별한 힘이 있었다.

"그래, 이사하고 나니 기분이 어때?" 아빠가 물었다.

우리는 내가 두 살 때부터 펜실베이니아 피츠버그 외곽 교외의 집에서 죽 살았다. 당시 나는 8학년이 되었고, 일주일이면 학기를 마칠 예정이었다. 학교 마지막 날에 우리 남매는 수업 중이었고 우리 집은 차로 30분 거리의 인근 지역으로 이사를 가기 위해 이삿짐을 차에 싣고 있었다. 단지 마을 반대편으로 가는 짧은 거리의 이사였지만, 나는 내가 알던 모든 것에서 멀어지는 듯한 기분이 들었다.

"괜찮은 것 같아요. 다만 새 학교에 적응도 해야 하고, 새 친구들도 다시 사귀어야 하니 조금 어색할 것 같긴 해요."

"제스, 넌 잘해낼 거야. 네 모습대로만 행동하면 늘 그랬듯 모두 너를 좋아할 거야." 아빠는 대수롭지 않게 말씀하셨다. 우리 부모님은 두 분 다 나를 옳은 가치관으로 이끄셨다.

"네, 그럴 것 같아요."

"잘할 거야. 다만……." 그런 다음 아빠는 우스꽝스러운 목소리로 이렇게 말씀하셨다. "네가 누구인지만 기억해두렴."

나는 한숨을 쉬었다. "아빠, 지금 《라이온 킹》의 라피키 흉내 내신 거예요?"

아빠는 웃으며 순순히 인정했다. 그렇다. 아빠는 정말로 디즈니 이야기에서 나오는 그 현명하고 작은 개코원숭이, 미어캣 티몬에게 '하쿠나 마타타(잘될 것이다)'의 뜻을 가르쳐준 그 개코원숭이 흉내를 내고 계셨다. 그러나 이내 다시 진지한 말투로 말씀을 이어나갔다. "사실 경영 서적 중 한 권을 테이프로 듣고 있었거든. 그런데 여기서 말만 좀 어렵지, 똑같은 말을 하더구나. 그러니까 기본 개념은 말이지……." 그러면서 아빠는 신이 나서 자신이 최근에 영감받은 내용을 요약했다. 나는 미소를 지었다. 아빠는 그런 분이었다.

아빠는 경영 서적을 많이 읽는다. 내가 어릴 때도 조언할 때면 이런저런 저자의 아이디어를 자주 늘어놓으셨다. 스티븐 코비 Stephen Covey 는 숙제와 과외 활동 사이에 균형 잡는 일에 대해 뭐라고 이야기할까? 데일 카네기 Dale Carnegie 는 학교 수업에서 뒤떨어지는 소녀에게 뭐라고 이야기할까? 앤서니 로빈스 Anthony Robbins (아빠는 마치 본인의 친한 친구라도 되듯 그를 '토니'라고 불렀다)는 전체 반 아이들 앞에서 발표할 때 어떤 요령을 알려줄까? 나는 고전 그림 명작 시리즈나《베이비시터 클럽 Baby Sitters Club》에 나오는 등장인물이나 이야기와 함께하던 시기에도 이런 대가들의 이름에 익숙했다. 시간이 훨씬 흐른 나중에야 나는 세상의 모든 아빠와 딸 들이 리 아이아코카 Lee Iacocca (샐러리맨에서 시작해 40대에 포드자동차 사장으로 승진하며 포드의 황금시대를 열었고, 파산 직전의 크라이슬러 회장으로 취임해 기적적인 회생을 이끈 인물 – 옮긴이)와《사업의 철학 The E-Myth》(기업 경영자들에게 성공적인 사업의 노하우를 전수한 마이클 거버의 책으로 경영서의 고전 – 옮긴이)과 같은 이야기를 나누지 않는다는 사실을 깨달았다.

아빠 덕분에 기억하는 한도 내에서 나는 기업이나 조직의 사명이 무엇인지 알고 있었다. 나는 이제 아빠의 그런 행동이 우연이 아니었다는 사실을 안다. 우리가 자주 나눴던 동기 부여를 주는 대화가 당시에는 자발적이고 자연스러운 일로 보였지만, 이제 아빠가 당시 얼마나 많은 생각을 하시고 그 순간의 타이밍에 맞추어 그 말을 쏟아부었는지 안다(이제 두 아이의 부모로서 나도 아이들이 적정 나이가 되면 아빠의 대화 기술을 본받아 적용하고 싶다). 가령 여름마다 아빠와 나는 자리를 잡고 앉아 다가올 해의 학교생활을 토론하는 일종의 의식을 치렀다. 새 학년 시작을 기념해 우리는 해당 학년의 주제를 선정했다. 8학년 때 우리가 정한 주제는 이른바 "침착하라"였다. 이것은 내가 또래 집단에서 겪는 압박감의 위험 요소를 막아주는 만트라(힌두교와 불교에서 사용되는 신비한 주문 – 옮긴이) 역할을 해주었다. 고등학교 2학년 때 대학 진학 문제로 골몰할 때 우리는 직관에 반하는 "적절한 질문을 하라"라는 토론 주제를 택했다. 이 주제는 내가 장래의 많은 선택 문제에 직면할 때 사전 대책을 마련할 뿐만 아니라 모든 방안을 탐구하도록 일깨워주었다. 당시에는 몰랐지만 이러한 토론은 사명을 준비해나가는 하나의 과정이었다. 이 과정 덕분에 삶에서 맞닥뜨릴 여러 가지 일과 상황에 어떤 의지와 목적의식을 갖고 대응해야 할지 알게 되었다.

견고하고 명확한 정체성을 갖추는 동시에 비즈니스나 벤처 사업, 모험, 특별한 해, 심지어 인생에서도 탄탄한 토대에 바탕을 둔 적절한 목표를 설계하는 능력이 얼마나 중요한지는 아빠가 읽었던 모든 경영서의 핵심 덕목이었다. 어린 시절 내내 그리고 대학을 갔을 때조차 아빠는 끊임없이 내 목표를 돌아보는 중요성을 일깨워주었고 인생에서 필요한 일을 끝까지 해나가는 데 적합한 목표를 세우고 지켜나가는 것의 중요성을 일깨워주었다. 남의 선택이나 기대치가 아니라 자신만의 사명을 추진하도록 격려했다. 아빠는 인생에서 남의 기준이 아니라 내 포부에 어떻게 맞추느냐가 중요하다고 말해주었다.

내 직업의 사명은 계속 진행돼왔고 이런 사명을 갖게 된 지도 꽤 오랜 시간이 흘렀다. 즉 내 사명은 남을 사랑하고 모든 사람에게 있는 기업가 정신을 위해 싸워나가면서 희망을 불어넣는 일이다. 키바와 다른 벤처 사업을 통해 나는 이러한 사명을 분명히 드러내는 것을 목표로 설정해 기업가들을 가용 자원과 향후의 성공 터전인 공동체와 연결했다. 이 사명을 갖게 되면서 나는 시간을 어디서 어떻게 사용할지 결정할 수 있었다. 그리고 내가 맡은 일(정규직이든 시간제든, 계속 진행하는 일이든 프로젝트든, 유급이든 무급이든)의 모든 부분이 어떻게 전체적으로 서로 어우러지게 할지 점검할 수 있었다(그리고 남들에게도 분명히 말할 수 있었다).

그래서 처음 키바가 할 수 있는 일이 무엇인지 생각했을 때, 우리의 가치와 비전이 담긴 명확한 사명을 설정하는 것이 조직의 정체성을 정의하는 데 아주 중요한 단계가 되었다. 2005년 여름 동안 우리는 사명으로 표현하고 싶은 말과 아이디어와 관련한 작업을 하며 몇 주를 보냈다. 마침내 우리는 키바의 목적이 담긴 단순한 사명을 내놓았다. 이 사명은 바로 가난을 완화하기 위해 대출이라는 방법으로 사람들을 연결하는 일이었다.

이 사명은 간단해 보이지만 그 안에 많은 의미와 중요성이 담겨 있다. 이것은 키바의 '무엇'과 '어떻게', '왜'를 정의한다. '무엇'은 사람들을 서로 연결하는 일이다. 어떤 경계나 한계를 넘어 모든 것이 사람들을 서로 더욱 가깝게 끌어당기는 키바의 역량에 달려 있다는 의미다. '어떻게'는 대출을 이용하는 일이다. 우리는 기부보다는 대출이 도움을 주는 사람과 받는 사람 사이의 연결성과 영향력에 탄탄하고 흡인력 있는 수단을 제공한다고 믿는다. '왜'는 당연히 빈곤을 완화하려는 일이다. 이것은 우리가 하는 일의 동기이자 처음 키바를 만든 촉매제다.

이 사명은 키바의 첫 10년을 정의했고 다른 수천 개의 소액금융 관련 조직과 키바를 차별화하는 데 톡톡히 한몫했다. 이 강령 덕분에 키바는 다른 대형 대출 기관을 위한 자금 모집만 하거나 소액금융 단체의 규모 있고 탄탄한 네트워크가 되는 것만을 목적으로 존재하지 않는다는 사실을 명확히 할 수 있었다. 우리 사명은 대출을 통한 가난 완화를 위해 한 번에 한 사람씩 연결하는 데 집중했다. 이 사명은 수년간 키바 팀을 한데 모으고 이끌어주는 역할을 감당했다. 나는 조직이 언제 성공하고 언제 궤도를 벗어나는지 또는 언제 가장 중요한 사안을 보지 못하는지 조직이 알도록 해준 점이 사명의 핵심이라고 믿는다.

집중력과 명확한 방향 감각

때로 조직이 직면하는 가장 힘겨운 적수는 조직 자체의 다른 버전이다. 조직의 우선순위가 달라지면 그 여정도 달라진다. 객관적으로는 좋아 보이지만 가장 중요한 본래 이상과 동떨어진 다른 기회를 좇다가 목표한 여정에서 벗어나는 유혹과 맞서 싸우라. 사명의 표류, 즉 애초 선택한 길에서 서서히 벗어나는 일련의 선택을 하지 않도록 경계하라. 처음에는 이 대안이 명확한 재앙을 가져오지 않지만 사명과 일치하지 않는다면 최상의 잠재력을 끌어내지 못할 수 있다.

키바를 설립한 지 1년 반 정도 뒤 우리는 애초 사명에서 표류할 첫 번째 큰 유혹의 순간을 맞았다. 그 유혹의 전화벨이 울릴 당시 소규모인 우리 팀은 방 한 칸짜리 사무실에 빼곡히 들어차 있었다. 당시 우리는 전화를 하나(고객 서비스용, 언론 관계용, 언론 홍보와 기타용)로 통일해서 썼다. 그래서 그 전화기에 가장 가까이 앉아 있던 내가 수화기를 집어 들었을 때는 누가 전화를 했을지 최소한의 예상도 하지 못한 상태였다. 전화 상대방은 다름 아닌 새로 신설된 자금력 있고 잘 알려진 기술 기업의 사회공헌부서 임원이었다.

그는 활기 있는 목소리로 자신을 소개했고 이내 용건을 설명했다. "키바가 하는 일은 그야말로 환상적입니다." 그는 말했다. "여러분이 하시는 사업을 돕고자 1,000만 달러를 투자하고 싶습니다."

나는 순간 꿀 먹은 벙어리가 되었다. 1,000만 달러는 키바가 존속한 1년 반 동안 모금한 금액과 맞먹는 액수였다. 그런 정도의 돈이 있으면 키바의 판도를 바꿔놓을 수 있었다. 그러나 대화를 하면 할수록 꿍꿍이가 있는 것이 명확해졌다. 그는 자신의 회사가 키바의 운영 비용으로 돈을 기부하는 일에 관심이 없을뿐더러 나아가 자신의 회사 직원과 고객이 우리 사이트에서 대출하는 데 사용하도록 1,000만 달러를 25달러, 50달러, 100달러로 쪼개고 싶지도 않다고 말했다. 그는 이 방법에 시간이 너무 많이 걸린다고 했다. 그의 회사는 단지 우리가 구축해놓은 시스템에 돈을 털썩 쏟아붓고 전 세계의 가난한 기업가들에게 그 돈을 분배한 뒤 다시 돌려받기를 원했다. 나는 수십여 개의 방법을 동원해 그가 다른 해결책(특히 그 회사를 대표하는 수천 명의 직원과 고객의 관심을 끄는 일)을 받아들일 여지가 있는지 물었다. 그러나 그는 도통 관심이 없었다. 그는 이런 데 쏟을 시간이 없다고 했다.

그의 말대로 하면 차용자는 이 자금을 잘 활용했을 테지만 교환 측면에서 보면 실제 투자자도 없이 자금이 지급되는 모양새였을 것이다. 투자자와 차용자 사이에 어떤 연결 고리(우리 사명의 핵심 요소)도 없을 것이다. 투자자는 사이트에서 차용자의 프로필을 검색해 누구 이야기가 가장 마음에 와 닿는지 선택하지도 않을 것이며 자금을 빌려준 뒤에 차용자의 사업 상태를 업데이트받거나 차용자에게서 상환받는 일도 하지 않을 것이다. 더욱이 키바는 아직 비교적 작은 신생 기업인 데다 그 사이트에 차용자들 이야기를 게재할 소액금융기관만 아주 많은 상태였다. 이런 상태에서 그 얼굴 없는 돈 1,000만 달러를 한 번에 한 기업가씩 전해주는 데 걸릴 그 많은 달 동안에 키바에 참여하고자 목말라 있는 많은 투자자는 하염없이 차례를 기다려야 할 판이었다. 키바는 아직 신생 기업이었지만 갈수록 신속하다 못해 벅찰 정도의 성장세를 보이고 있었다. 우리가 처리할 수 있는 양보다 많은 투자자가 참여하기를 희망했으며 사이트상에서 대출을 받으려는 차용자의 신청량은 계속 바닥나고 있었다. 당시 넘어야 할 가장 큰 장애물은 더욱 많은 기업가를 사이트에 게재할 수 있는 소액금융기관을 발 빠르고 책임감 있게 찾아내 이러한 투자 수요의 속도에 맞추는 일이었다.

그래서 나는 마른 침을 꿀꺽 삼키며 애써 말을 전했다. "죄송하지만, 어렵겠습니다." 그러고는 더욱 적합해 보이는 다른 훌륭한 조직을 소개해주었다. 그는 어리둥절해했다. 내가 어떻게 1,000만 달러를 거절할 수 있었을까? 내 머리가 어떻게 되었던 것일까? 나는 한 번 더 차근차근 키바에 적합한 옵션들을 짚어줬다. 그러나 그는 역시 콧방귀도 뀌지 않았다. 그래서 나는 확신에 차서 그에게 이야기했다. "저희를 생각해주셔서 정말 감사합니다. 그러나 키바는 사람들을 연결해주는 곳입니다. 선생님의 기부금으로 말씀하신 대로는 해드릴 수 없을 것 같습니다. 너무나 관대한 제안이지만 저희와는 맞지 않을 듯합니다."

툭 까놓고 말하자면 그런 엄청난 돈을 거절하다니, 약간 미친 짓같이 느껴졌다. 그 회사가 조금만 융통성이 있었다면 우리에게는 엄청난 기회가 되었을 테지만 당시 사정으로는 우리가 그 기회를 받아들일 수 없었다는 것을 안다. 1,000만 달러를 받고 그 돈을 단순히 시스템에 쏟아부으면 우리는 핵심 사명에서 멀어져 표류하게 되었을 것이다. 사실 그 돈을 받아들였을 때 얻는 잠재적 비용은 40만 명의 투자자를 외면하는 결과를 낳았을 것이다(1,000만 달러를 각 25달러 대출로 나눈다고 하면).

아무리 유혹적인 기회라 해도 자신의 사명에 맞지 않는 기회에 대고 '노'라고 말하는 것은 이미 자신을 쏟아붓는 목표에 우렁찬 목소리로 '예스'라고 말하는 것과 같다. 콘스탄스가 "제가 바나나예요!"라고 자랑스럽게 외쳤을 때 그녀가 의미했던 것이 바로 이것이다. 콘스탄스는 바나나 판매에 집중하기로 결정했고 그 외 모든 사항은 이러한 사명에 부수적인 요소일 뿐이었다. 즉 바나나 외에 다른 작물을 판매한다는 것에 '노'라고 말하는 것을 의미했다. 분명 그녀도 다른 작물을 팔고 싶은 유혹을 느꼈던 시기가 있었다. 그러나 이런 마음에 굴복하지 않고 콘스탄스는 자신의 사명을 굳게 지키는 길을 택했다. 이렇게 하여 콘스탄스는 주변 모든 사람의 인정을 받고 번영해 자신만의 확고한 정체성을 구축했다. 나는 결국 콘스탄스의 이러한 집중력과 명확한 방향 감각이 전보다 나은 삶을 누리도록 한 원동력이었다고 믿었다.

우리의 사명은 우리의 정체성인 동시에 지침이다. 이것은 세상에 정확하게 우리는 누구인지를 알려주고 일깨워주는 역할을 한다. 탄탄한 사명을 만들어낼 수 있고, 이것을 세계와 공유할 수 있고, 팀 내부로 체질화할 수 있으며, 이것을 토대로 힘든 결정을 내릴 수 있는 조직은 진정으로 특별한 영향력을 미칠 기회를 얻게 된다.

자신만의 길과 최상의 전략

릭샤 운전사 라즈
인도 자이푸르, 2013년

한 손으로는 자이푸르로 가는 지도를 꽉 움켜잡고 다른 한 손으로는 릭샤(인도나 방글라데시를 비롯한 동남아시아에서 이용하는 흔한 이동수단으로, 보통 자전거를 개량한 '사이클릭샤'와 소형 엔진을 장착한 삼륜차인 '오토릭샤'로 나뉜다. – 옮긴이)의 좌석을 꽉 붙든 나는 운전사 라즈[주]에게 열 번째로 이 질문을 던졌다. "이 길이 가장 좋은 길 맞아요?" 그는 내 쪽을 돌아보더니 재빨리 생긋 웃고는 '맞는다'라는 의미의 인도식 버전으로 고개를 약간 흔들어 보였다. "맞아요." 그는 열 번째로 대답했다. 나는 지도 상에서 할 수 있는 확인은 교묘하게 모두 해둔 터라 미소로 화답하며 감사하다고 말했다.

자이푸르에 온 지 일주일도 채 안 된 나는 여전히 주변 지리에 어두웠고 우리가 어디쯤 있는지 감도 못 잡았다. 그래서 나는 지도를 덮고는 의자 뒷좌석에 기대앉아 한숨만 쉬고 있었다. 나의 유일한 선택권은 그저 라즈를 믿고 드라이브나 즐기는 것이었다.

처음에는 이렇게 하는 것이 그다지 어렵지 않았다. 라즈는 믿을 만한 사람으로 보였다. 사실 내가 일련의 다른 대중교통 수단을 마다하고 라즈를 선택한 이유는 그가 채근하지 않았기 때문이다(내가 막 어떤 교통수단을 탈지 결정하고 있을 때 우연히도 수십여 대의 다른 릭샤, 오토바이, 택시, 셔틀버스는 물론 대형 버스까지 코앞에 멈춰 섰다). 내 옆에 섰던 지인 몇 명은 모두 호텔로 돌아가는 커다란 승합차에 올라탔다. 모두 전날 자이푸르 문학축제에 함께 참여했던 지인들이었다. 마침 우리를 모두 태울 공간이 나지 않았던 터라 나는 손을 흔들어 인사하고는 겸사겸사 라즈의 릭샤에 올라탔다. 라즈는 자신의 릭샤가 최고라고 우기거나 할인해주겠다고 닦달하지 않는 유일한 운전사였다. 그는 참을성 있고 예의 발라 보였고 나는 성실한 사람을 택하기로 결정했다.

아니나 다를까 처음 몇 분은 상쾌했다. 우리는 태양이 지기 바로 전에 여정을 시작했다. 핑크 시티Pink City로 알려진 자이푸르가 이렇게 불린 데에는 이유가 있었다. 일몰이 우리 주변을 분홍빛으로 붉게 물들이더니 하늘과 거리, 빌딩을 따스한 공기로 감쌌다. 그러고는 활활 타오르는 듯한 일몰이 다 타버리고 나서 이내 잿빛의 땅거미에 자리를 내주었다. 내가 탄 릭샤가 작은 상점과 가판 상인 들, 소란스러운 레스토랑을 눈 깜짝할 사이에 휙 지나가는 동안 깜박거리는 불빛과

밤의 유흥이 주변에서 활기를 띠었다. 만물이 생기가 넘치고 콧노래가 절로 나왔다. 탁 트인 야외에서 목격한 더할 나위 없이 사랑스러운 광경이었다.

여정이 계속되고 밤이 찾아오면서 대기가 오염으로 둔탁해졌다. 우리는 길가를 따라 빽빽이 들어찬 보행자는 말할 것도 없고, 자전거 택시들을 비롯한 차량 행렬 사이를 계속해서 누비며 빠져나갔다. 도로의 툭 튀어나온 부분과 움푹 팬 곳마다 모조리 부딪히면서 누비고 있는 릭샤의 금속 좌석에 앉은 내 엉덩이는 서서히 아파왔다. 릭샤가 느닷없이 방향을 틀어 휘청거릴 때면 손잡이를 너무 꽉 잡은 탓에 손도 얼얼하고 감각도 없어졌다.

속도가 차츰 느려지면서 릭샤가 멈췄다. 배기가스를 하도 마셔서 머리가 지끈거려오기 시작했다. 릭샤를 탄 일이 후회됐다. 왜 그냥 택시를 타거나 호텔의 왕복 셔틀버스를 기다리지 않았을까?

나는 라즈에게 차량이 긴 줄로 늘어서 있는 이유를 물었다. 왜 우리는 멈췄을까? 사고라도 났을까? 라즈가 빙그레 웃었다. "여기는 인도예요, 손님." 그가 내게 말했다. 라즈에 따르면 인도에서 이런 일은 부지기수로 일어나고 저녁에는 특히 그랬다. 나는 조바심이 났다. 호텔로 돌아가 한 시간 내로 시작하는 공식 만찬에 참석할 채비를 해야 했다. 공식 만찬은 이 도시와 완전히 다른 지역에서 열리는 큰 이벤트였다. 나는 우려를 내비치며 라즈에게 어떻게 해야 좋을지 물었다. 큰 도시의 차량 흐름이 중단된 채 택시에 꼼짝없이 갇히는 상황이 여러 번 연출되었다. 이 상황에서 최상의 해결책은 차 밖으로 나가 걷든지

지하철이나 다른 대중교통 수단을 찾는 일이었다. 나는 달리 탈 버스가 있는지 물었다. 또 자동차로 마을을 가로질러 좀 더 빨리 갈 수 있는지도 물었다. 라즈가 소리 내어 웃었다. "아뇨, 아뇨. 이게 최선이에요. 모셔다 드릴게요."

나는 딱딱한 좌석에 기대 숨을 깊게 들이쉬고는 적어도 몇 분간은 라즈가 더 옳은지 지켜보기로 했다. 조급한 마음을 애써 참아가며 어차피 한동안 타고 가야 할 터이므로 라즈를 좀 더 알아가는 편이 낫다고 생각했다. 그는 자이푸르에서 태어났을까? 아이들은 있을까? 릭샤는 얼마나 오래 운행해왔을까? 이 일을 즐겁게 하고 있었을까?

라즈는 거리낌 없이 활기차게 자신의 이야기를 공유했다. 그는 네 명의 어린 자녀들에 대해 이야기했다. 일할 기회와 가족을 부양할 기회를 얻어서 감사하다고도 했다. 라즈는 다른 지역에서 온 사람들과 만나는 것이 특히 즐겁다고 했다. 그래서 일부러 호텔이나 레스토랑, 방문객을 유치할 수 있는 장소에서 손님들을 태우려 한다고 했다. 그는 내가 로스앤젤레스에 산다는 사실을 알고는 반가워했다. 캘리포니아의 다양한 장소에서 온 승객 여섯 명을 만나보기는 했지만 로스앤젤레스 출신은 처음이라고 했다. 왠지 라즈가 모으는 수집품을 완성하는 데 내가 일조라도 한 느낌이었다.

라즈는 자기 일에 만족하는 듯 보였다. 척박한 여건(릭샤의 모든 부분이 녹슬고, 움푹 패고, 뒤틀리고, 삐걱삐걱 소리가 나며, 흔들려서 어찌 보면 허물어지고 있는 듯했다)에서도 라즈는 품위 있고 꼼꼼하게 릭샤를 몰았다. 굽이를 돌고 돌면서 라즈는 최대한 삐걱거리는 소음을 내지 않으려고 브레이크를 밟으며 속도를 늦췄다. 릭샤를 멈춘 라즈는 다시 릭샤를 가속하려고 자신의 모든 무게를 페달에 옮겨 실었다. 그때 간신히 부여잡은 핸들이 단단히 부착되지 않은 듯 덜컹거렸다.

라즈에게 말을 걸다 보니 마음이 한결 나아졌고 어느새 릭샤는 다시 움직였다. 라즈는 더디긴 했지만 확실하게 고속도로에서 차량과 버스 사이를 누비며 나아갔다. 차량 대부분은 옴짝달싹 못 하는데도 우리는 전진했다. 이윽고 대로에서 벗어나자마자 라즈는 좀 더 작은 도로를 탔다. 이 길은 교통량이 적어 갈지자형으로 다른 큰 차량을 추월하면서까지 능숙하게 더 빠른 속도로 릭샤를 몰았다.

몇 분이 더 흐르고 라즈는 차량이 훨씬 드문 작은 길의 도로를 탔다. 우리는 차량과 불빛이 좀 더 드문 자이푸르의 거리를 따라 내려갔다. 이 남성이 나를 어디로 데려가고 있을까? 인파와 차량에 밟고 밟혀 다져진 길을 벗어나니 완전히 생소한 도시의 고립 지대에 있는 느낌이 들었다. 우리가 나누던 친근한 대화를 뒤로하고 별안간 불안하고 의심스러운 마음이 엄습해왔다. 거리가 한산해질수록 긴장감은 더욱 커졌다. 이윽고 가로등도 없고 차량도 거의 없는 샛길로 들어섰을 때 이 긴장감은 그야말로 공포로 돌변했다.

인도의 대부분 삼륜차는 운전사가 승객 앞에 앉게 돼 있다. 라즈의 차량도 마찬가지였다. 그래서 그가 내게 말하려고 돌아보거나 백미러를 들여다보지만 않는다면 행여나 그를 화나게 할 위험성 없이 비교적 몰래 지도를 들여다볼 수 있었다. 나는 라즈가 힐끗 돌아보고 웃을 때까지 여념 없이 그렇게 했다. 공포에 질린 모습도 들키지 않으려고 안간힘을 썼다.

내가 물었다. "다 왔나요? 지금쯤 도착했어야 하지 않나요? 이 길이 가장 빠른 게 정말 맞나요?" 라즈는 그저 다시 미소 지으며 대답했다. "네, 제일 빨라요."

나는 라즈를 자세히 관찰했다. 라즈는 키가 작고 마른 남자였다. 라즈는 자신의 몸에 비해 훨씬 품이 큰 낡은 셔츠와 바지를 입고 있었다. 신고 있는 샌들도 자기 발보다 한참 컸다. 분명 나는 그보다 몸무게가 많이 나갔다. 만약에 그가 나를 끝내 유괴하겠다는 의도가 확실해지면 싸워서 그를 쓰러뜨려야 할 듯했다. 아니면 달아나는 편이 나을 것도 같았다. 그런데 다시 생각해보니 그는 현지인이었고 나는 여기가 어딘지 천지분간도 못 하는 신세였다. 내 머릿속에서는 몸싸움과 탈출이 서로 공방을 벌이며 상상의 나래를 펴고 있었다.

우리는 꽤 한참을 달려왔다. 나는 여전히 라즈의 심기를 건드리고 싶지 않았지만 공포감이 엄습했다. "라즈, 대로로 돌아가주셨으면 해요." 그는 내 말을 듣지 못했다. 아니면 듣고도 모른 척하는 듯했다. 나는 너무 무서워 요청을 반복하거나 진위를 파악할 엄두도 내지 못했다.

그로부터 단지 몇 분 만에 우리는 대로로 돌아왔다. 우리는 중심 대로로 들어가 인파 속에 묻히는 대신 교차로를 가로질러 옴짝달싹 못하고 서 있는 차량 틈새를 유유히 누비며 지나갔다. 그리고 바로 그때 정말 놀랍게도 호텔 앞에 도착했다.

라즈는 릭샤를 멈췄다. 그러고는 그렇게 오래 페달을 돌린 남성이라고는 믿어지지 않을 만큼 활기찬 동작으로 좌석에서 훌쩍 뛰어내렸다. 라즈는 미소를 지으며 내 지도를 손짓으로 가리켰다. 라즈가 운전하는 동안 확실히 숨겨두지 못한 것이 분명했다. 내가 라즈에게 지도를 건네자 그는 자신의 손가락으로 우리가 타고 온 경로를 짚어주었다. "제일 빨라요." 라즈가 다시 한번 말했다. 라즈가 타고 온 길은 우회로였지만 밝혀진 대로 제일 빠른 길이었다.

셔틀버스를 탔던 내 지인들은 어떻게 되었을까? 나는 그들을 그날 밤 매우 늦은 시간에 만찬에서 보았다. 그들은 거의 이벤트 끝에 나타났고 나보다 한 시간 늦게 호텔에 도착했다.

라즈가 자신만의 길로 릭샤를 운행했을 때 나는 의아해했다. 그는 때로는 군중의 요구를 접어두고 자신만의 길을 찾는 것이 목적지에 도달하는 최상의 전략이라는 것을 내게 일깨워주었다.

자신의 길

—

자신과 아이디어를 믿는다면 이 세상 모든 사람이 설령 우리보다 그들이 낫고 강하다고 말해도, 또한 우리는 틀리고 그들은 옳다고 말해도, 남의 지지를 얻는 노선으로 갈아타지 말라. 홀로서기가 필요하면 그렇게 하라. 두려워하지 말라. 의도가 진실하고, 입지가 확고하며, 비전이 명확하다면, 우리는 홀로서기를 오래 하지는 않을 것이다.

CLAY WATER BRICK

영향력 있는 거대 기업 앞에서

키바가 공식 론칭을 앞둔 몇 달 전이자 시범 대출금을 기업가들에게 분배한 직후인 2005년 늦은 봄, 소액금융 분야에서 벤처 기업을 일구려던 기업가 두 명이 맷과 내게 교섭해왔다. 대화 초반에 그들은 우리에게 힘을 모으자고 제안했다.

설립자 중 한 사람은 당시 가장 성공적인 웹 스타트업 중 한 곳의 핵심 배후 세력이었다. 그는 똑똑하고 박식해 보였고 자신의 이전 이력을 토대로 실리콘밸리의 최고 엘리트 집단과 교류하고 있었다. 나머지 설립자 또한 연줄이 좋고 비영리 단체 세계에서 경험이 탄탄한 사람이었다. 카리스마가 넘치던 그녀는 마치 자신의 참여 여부가 아이디어의 성패에 영향력을 미치는 듯 행동했다.

파트너가 되자는 두 사람의 제안에 우리는 으쓱하면서도 혼란스러웠다. 그들은 이미 모든 면에서 궤도에 오른 듯 보였고 우리는 이제 겨우 첫 출발을 한 상태였기 때문이다. 그러나 두 사람과 손발을 맞추는 일은 아주 흥미로운 기회가 될 터이므로 우리는 그들의 제안을 무시하지 않았다. 두 사람이 하던 일과 협업이 가능한 영역에 관해 더욱 많은 질문을 던졌다. 실제로 우리 사이에는 유사점이 있었다. 한편으로는 양쪽 모두 소액금융 부문의 혁신을 원했고, 기업가가 자립할 수 있도록 권한을 줄 수 있는 새로운 선택권을 사람들에게 매일 부여하고 싶어 했으며, 두 벤처 기업의 시작 타이밍도 범상치 않았다.

그러나 다른 한편으로는 양 조직 사이의 이러한 유사점이 어쩐지 피상적으로 보였다. 우리의 핵심 가치가 일치하는지 명확하지 않았고 스타일도 분명 달랐다. 가령 우리는 일을 이야기할 때 상당히 다른 언어를 사용했다. 그들의 언어는 매우 비즈니스 중심의 세련된 언어였고, 우리의 언어는 좀 더 단순하고 친숙한 언어였다. 그들은 사용자를 말했고, 우리는 사람들을 말했다. 그들은 거래를 이야기했고, 우리는 관계를 이야기했다. 그들은 미개발 시장과 소비자 트렌드를 이야기했으며, 우리는 그저 우리의 기업가들이 생선이나 채소나 식용유를 파는 그런 시장을 이야기했다. 우리는 비전에서도 큰 차이점을 보였다. 키바의 비전은 모든 사람이 매일 기업가에게 직접 투자하는 관문이 되는 것이었다. 그러나 그들의 비전은 마치 사람들이 증권 시장에 투자하듯 소액금융기관에 투자하는 증권 시장을 만드는 일이었다.

두 벤처 기업은 명백한 차이가 났지만 우리는 그런 만만찮은 사람들과 일할 가능성에 강한 호기심이 일었고 그들과 계속 대화를 이어나갔다. 그러나 두 사람을 알아갈수록 드러나는 그들의 모습에 겁을 먹었고, 어느새 정신이 번쩍 들면서 깨닫게 되었다. 우리가 그들을 아주 많이 알게 된 지금 단계에서 파트너 제안을 거절하면 두 사람은 화가 나 우리에게 등 돌릴 것 같았다. 파트너십의 거절은 곧 경쟁을 선택한다는 의미였다. 이와 같은 단계에서 그들과 같은 스타트업에 정면으로 맞서는 발상은 믿기 힘들 정도로 벅찬 일이었고 어김없이 손해를 보는 짓 같았다. 그들은 놀라운 자원을 이용할 수 있을 뿐만 아니라 강력한 개인과 회사를 잇는 방대한 네트워크를 이용해 자신들의 노력을 뒷받침하고 있었다. 감히 적으로 둬서는 안 되는 인물들이었다.

두려운 마음이 앞서 우리는 함께 일해야겠다고 결론 내렸다. 단기적으로 작은 지배권을 내주는 편이 장기적으로 봤을 때 더 큰 자원을 이용한 이득 창출의 길이라고 판단했다. 그럼에도 '예스'라고 말하는 순간조차 마음이 편치 않았다. 계속해서 그 기회를 날리는 것은 미친 짓이라고 자기 최면을 걸었다.

그 벤처 기업과 함께 일하기 시작한 지 며칠 뒤 잠결에 고등학교 때 슈퍼스타 미식축구 쿼터백이었던 제임스 매컬리스터James McAllister가 데이트 신청을 하던 날이 떠올랐다. 제임스는 방과 후 텔레비전 특별 프로그램이 만들어낸 교외 지역의 우상 같은 존재였다. 큰 키와 근육질 몸매, 금모래빛 머리카락과 어른거리는 청록색 눈빛을 가진 제임스가 으스대며 내게 걸어왔다. 그는 숙제가 아니라면 통상 내게 말을 걸 친구가 아니었다. 내 말에 오해는 없었으면 한다. 그가 완벽하게 근사하긴 했어도 그렇다고 내가 최하층민은 아니었다. 우리는 단지 다른 부류의 사람이었다. 제임스와 같은 사람들은 나와 데이트는커녕 나 같은 부류하고는 정말로 어울려 다니는 법이 없었다. 제임스의 이상형은 키 작고 갈색 머리인 공부 벌레보다는 키 크고 금발에 치어리더 같은 매력적인 여자일 것 같았다. 그래서 그가 어느 날 쉬는 시간 분수식 식수대에서 데이트 신청을 해왔을 때 나는 충격에서 가까스로 정신을 차리며 상황을 파악하기가 무섭게 얼떨결에 '예스'라고 말했다. 이것은 생각할 필요도 없이 쉬운 결정이었다. 마치 대본의 한 부분 같았다. 매력적인 남자가 여자에게 데이트 신청을 하고 여자는 당연히 '예스'라고 말한다. 이성이 있는 사회적 동물이라면 그런 제안에 '노'라고 말하지 못했을 것이다.

쿼터백과 데이트를 나가라. 그러면 동창회의 여왕 수락 연설은 따 놓은 당상이다. 모든 사람이 제임스를 좋아했다. 그래서 나도 제임스를 좋아했다. 당연한 것 아닌가?

제임스와 데이트하는 일은 처음에는 재미있었다. 조금 벅찬 느낌이 들 정도로 재밌었던 것 같다. 제임스는 다소 서둘렀다. 나는 통금 시간을 계속 어겨야 했다. 그가 데려간 내 생애 첫 파티 장소에는 부모님은 계시지 않고 술(스물한 살 생일 때까지 나는 술을 입에 대본 적도 없고, 심지어 그때 먹은 술도 할머니와 함께 건배한 샴페인이었다)만 진창 쌓여 있었다. 내가 제임스와 함께한 일은 분명 흥미진진했다. 그러나 제임스와 함께 있을 때면 내가 앞가림을 잘해야만 하는 현실을 깨달았다. 나는 어느 날 갑자기 다른 사람이 돼버린 내 모습을 보고 싶지 않았다. 방과 후 텔레비전 특별 프로그램에 나오는 익히 보아온 그런 캐릭터,

즉 멋진 소녀가 결국 잘못된 선택을 하는 사람처럼 되고 싶지 않았다. 제임스가 나쁜 아이였다는 뜻이 아니다. 단지 시간이 갈수록 그 아이가 내게 맞지 않는다는 것을 확인했고 둘이 잘되려면 나라는 사람의 중요한 부분을 바꾸어야만 했으리라는 뜻이다. 제임스만 생각하면 나는 내가 아닌 다른 사람이 되는 압박감을 느꼈다. 그래서 나는 누릴 만큼 즐거운 시간을 보낸 후, 애초에 보고 싶지 않던 영화를 보는 도중에 제임스에게 이별을 고하고는 극장에서 자리를 박차고 나왔다.

다음 날 여자 동기들은 나를 미쳤다고 생각했다. 어떻게 제임스와 헤어질 수 있었을까? 그는 너무나도 멋졌고, 잘생겼으며, 모든 것을 갖춘 아이였다. 나는 동기들에게 그 이유를 잘 설명할 수는 없었다. 그러나 내가 마땅히 해야 할 선택을 했다는 사실은 알았다.

다시 2005년으로 '빨리 감기'를 해보겠다. 소위 두 명의 잘나가는 실리콘밸리 기업가와 함께 일할 수 있었던 기회는 마치 내가 고등학교 때 쿼터백 남자아이에게 데이트 신청을 받던 일을 전부 다시 하는 느낌이었다. 이성이 있고, 야망이 있으며, 야심이 있는 기업가라면 누구도 그들의 파트너 제안에 '노'라고 대답하지 않을 것이다. 그들과 함께 일하라. 그러면 실리콘밸리의 관문이 우리를 동지로 맞으리라. 그래서 우리는 불 보듯 뻔한 결말대로 두 명의 야망 넘치고 성공적인 기업가에게 '예스'라고 말했다.

다음 두 달 동안 우리는 그들과 합작 투자를 설립하는 일에 막대한 시간과 에너지를 쏟았다. 우리는 숨김없이 새 파트너들이 우리의 모든 것을 이용할 수 있도록 했다. 우리가 배운 모든 내용에서부터 비즈니스 계획의 각 버전, 모든 연구 자료, 기업가들에 대한 상세 정보, 심지어 구축 기술에 이르기까지 온갖 정보를 샅샅이 공유했다.

그러나 그들은 우리에게 숨기는 것이 훨씬 많았고 자신들의 속내를 드러내지 않았다. 그리고 이상하게도 우리가 공유한 모든 것이 무시되든지 그들의 비전으로 잠식되거나 흡수되는 듯했다. 그들은 우리의 아이디어를 이해하지 않는 듯했다. 더 정확하게 말하면, 그들은 모든 것을 이해했지만 자신의 아이디어를 선호하는 것 같았다. 우리는 우리 자신과 전 세계에 대한 우리의 비전에 의구심이 들기 시작했다. 그들 말이 맞았던가? 우리 말이 틀렸던가? 결국 그들은 나이와 경험을 앞세워 왜 자신들이 확실히 리더가 돼야 하는지 매우 설득력 있는 주장을 펼쳤다. 얼마 지나지 않아 그들이 우리 아이디어에 거부감을 느낄 때에도 이것을 반박하려는 노력을 그만뒀고 대체로 우리 자신을 옹호하는 데에도 그리 적극적으로 나서지 못했다. 우리는 기꺼이 리더십을 통째로 그들에게 내주었다. 우리와 만나기 몇 주 전부터 그들은 우리에게 키바 시범 대출을 계속 '하도록' 동의하면서 그때부터 자신들이 새 회사의 얼굴과 목소리가 되고 맷과 나는 배후에서 일하라고 강조했다. 이처럼 우리가 모든 지배력을 내준 이유는 결국 그들의 지원 없이는 생존할 수 없다고 믿었기 때문이다.

어쩔 수 없었던 우리의 동의는 결국 두 사람의 권력욕만 키워놨다. 짧은 몇 주 안에 그들은 총괄을 맡고 싶어 했다. 단지 우리의 참여를 무시해서가 아니라 배제하기 위해 최선을 다한다는 사실이 명확해졌다. 우리를 파트너가 아니라 장기판의 졸쯤으로 여기는 듯했다. 이를테면 우리를 배제한 채 새로운 팀원이 될 사람들과 미팅을 하기도 했고 내가 모르는 사이 내 역할과 지위를 다른 사람에게 제안하기도 했다.

어떤 때는 우리 없이 잠재 투자자와 파트너 들을 내치기도 했고 나중에 우리 이름이 피치덱pitch deck(실리콘밸리의 투자자 앞에서 발표하기 위한 통상 3분짜리 자료로서 제품과 시장, 비즈니스 모델, 성과, 팀 등으로 내용이 구성된다. - 옮긴이)에서 완전히 삭제된 것을 발견하기도 했다. 심지어 다양한 소액금융기관에 키바에 대한 비경쟁 계약에 날인하도록 물밑 작업을 하고 다니는 바람에 결국 그 법적 구속력에 따라 맷과 나는 이들과 향후 협력이 불가능해졌다는 사실도 알게 되었다.

이 합작 투자는 우리 스스로 애초에 꿈꿔왔던 모습과는 딴판이었다. 우리의 비전에 대한 인정과 자금 모금, 강력한 공동 창업자가 제공할 수 있었던 것은 재빨리 매력을 잃어갔다. 맷과 나는 애초 우리 것이던 통제 권한을 되찾기로 했다. 혼자 힘으로 가야 한다 할지라도 우리의 진짜 비전으로 돌아가고 싶었다.

이것이 옳은 결정이라는 것을 알았지만, 당시 일부 단짝 친구와 멘토 들은 우리의 생각에 이의를 제기했다. 그런 힘 있는 사람, 그렇게 영향력 있는 거대 기업에서 벗어나는 선택이 올바른 판단이었다고 확신하는가? 그들의 경고는 이해할 만했다. 그러나 마음 깊은 곳에서부터 이 관계를 깨는 것만이 우리의 정체성과 온전한 정신을 보존하는 방법이라는 것을 알았다.

또한 그 파트너십에서 매우 조심스럽게 빠져나와야 한다는 사실도 알고 있었다. 우리가 갑작스러운 분열을 일으키면 파트너를 자극해 최악에는 보복당할 수도 있었다. 그들은 키바의 아이디어를 훔쳤을 뿐 아니라 자신들이 키바를 운영하는 데 필요한 모든 것을 가졌다. 우리는 이 사실이 두려웠다. 따라서 서서히 무리 없이 벗어나는 전략을 구사해야 했다.

2005년 7월 말, 맷과 나는 밤샘 논의 끝에 우리 전략의 첫 단계가 직관에 어긋나도 묵인을 가장하는 것이라는 데에 동의했다. 우리는 진행 중인 나머지 모든 안건에 대한 논의를 포기하고 일정 기간 이에 대한 지배권도 넘겨주기로 결정했다. 이러한 행보가 그들의 통제를 완화하면서도 오히려 환심을 사 서로 우아하게 다른 길을 갈 기회일 뿐더러 결국 키바를 처음부터 재설립할 기회를 얻는 길이라고 여겼다. 그래서 우리는 한두 주에 걸쳐 그들의 요구 사항에 대한 우리의 권한을 완전히 양도했다. 우리는 그동안 싸워오던 굴욕적 최후통첩의 상당수에 동의해나갔다. 리더십 역할을 내려놓는 것은 물론 맷과 내가 더는 벤처 기업의 공동 창업자 대상일 필요가 없다는 데 동의했고 (그들은 생각해보더니 공동 창업자 네 명은 너무 많은 것 같다고 했다) 다른 여러 가지 우스꽝스러운 조치에도 동의했다. 그러나 이 과정을 통해 우리는 되도록 빨리 그들에게서 벗어나는 데에 해를 가할 어떤 일도 하지 않을 것을 확실히 했다. 이를테면 우리는 권리의 많은 부분을 보호해줄 주요 세부 사항이 담긴 법적 문서같이 우리를 파트너십으로 옭아맬 만한 어떤 법적 문서에도 서명하지 않았다.

한두 주를 그들의 방식대로 일을 처리하는 데에 동의하며 묵인한 뒤에는 우리가 장기적으로 팀 궁합이 잘 맞지 않는다는 것을 그들에게 분명히 보여주려 애썼다. 그들은 잘 응답하지 않았다. 오히려 불만스럽고 불쾌한 마음을 내비치며 훨씬 공격적으로 나왔다. 그들은 우리를 얕잡아 보고 우리의 역할(이미 뭔가를 하는 것 자체가 불가능해 보였던)을 더욱 무력화하겠다고 으름장을 놓기도 했다.

아무리 우리가 그들의 요구를 따라주고 긴장을 완화한다 해도 분명 순조로운 이별 따위는 이루어지지 않을 듯했다. 그래서 우리는 '첫 번째 안'이 실패할 때 진행할 '두 번째 안'을 함께 마련했다. 우리는 뒤로 물러섰고 다시 묵인하는 시기로 돌입했다. 그러나 우리는 그들과 함께 일하는 시간을 제외한 나머지 야간과 주말을 활용해 정식으로 갈라서자마자 즉시 론칭할 수 있도록 족히 자립할 수 있는 본래의 키바 버전을 구축했다. 우리는 될 수 있는 한 강력한 위치에서 다시 시작하도록 우리 자신을 확고히 다지고 싶었다. 결별 과정이 힘들어지더라도 그들이 우리를 따라잡아 경쟁하기 전까지는 잠시 동안 키바의 원래 비전을 추구할 수 있겠다 싶었다. 이 와중에도 행여나 그들이 우리가 하는 일을 모방하고자 한다면 여전히 승리는 그들 편이라는 사실도 잊지 않았다. 그러나 잡아먹히기 전에 몇 달 동안이라도 우리의 꿈을 추구하는 것이 아무 시도도 하지 않는 편보다는 낫다고 생각했다.

2005년 8월 말의 어느 날 밤, 우리 네 명은 함께 저녁 식사를 했고, 그 자리에서 우리는 결별이라는 최종 의사를 그들에게 밝혔다. 우리는 갈라섰다. 그들은 격분했지만 이때는 그들도 우리가 단념하지 않으리라는 사실을 알고 있었다.

맷과 나는 갈수록 가벼워지는 발걸음으로 그 식사 자리를 박차고 나왔다. 다음 날 우리는 초심으로 돌아가 애초 꿈꿨던 키바의 본래 방향을 밀고 나갔다. 우리는 이전 파트너들이 키바의 간단한 초기 버전에 덕지덕지 추가하고 싶어 하던 군더더기를 쳐냈다. 순식간에 기분이 한결 나아졌다. 다시 우리 자신을 찾은 느낌이었다.

두 달 뒤인 2005년 10월, 우리는 공식 론칭을 알리는 보도 자료를 배포했다. 보도 내용은 우리 자신과 단순한 아이디어뿐이었다. 더는 어떤 대규모 협력이나 유명 후원자를 내세울 수 없었다. 팡파르도 없었으며 더는 실리콘밸리 거인의 후원도 없었다. 그러나 여전히 놀랍게도 사업은 급물살을 탔다. 나머지는 모두 다 아는 대로다. 결국 키바는 독립적으로 남았고 누구와도 타협하지 않고 자사 사명을 밀고 나갈 수 있었다. 과거의 파트너 두 명은 실리콘밸리의 거인과 함께 손잡고 마침내 자신들의 조직을 만들었다. 그들은 몇 년 동안 잘 굴러갔으나 출시한 제품이 시장에서 큰 반응을 얻지 못하면서 끝내 2014년에 문을 닫았다. 혹자는 그들이 더욱 큰 규모의 기술 회사와 파트너십을 맺은 것이 양날의 칼이었다고 한다. 기술 회사의 지원과 자원이 오히려 위험을 감수하며 급속히 진화하는 데 걸림돌로 작용했다는 것이다. 만일 우리가 그들과 파트너십을 유지했다면 단언컨대 키바는 절대 존재하지 않았을 것이다.

무엇보다도 맷과 나는 주위 모든 사람의 이목과 관계없이 우리 자신과 여정에 진실한 모습을 유지하는 것이 얼마나 중요한지 강력한 교훈을 얻었다. 자신과 아이디어를 믿는다면 이 세상 모든 사람이 설령 우리보다 그들이 낫고 강하다고 말해도, 또한 우리는 틀리고 그들은 옳다고 말해도, 남의 지지를 얻는 노선으로 갈아타지 말라. 홀로서기가 필요하면 그렇게 하라. 두려워하지 말라. 의도가 진실하고, 입지가 확고하며, 비전이 명확하다면, 우리는 홀로서기를 오래 하지는 않을 것이다.

이제는 그룹에서 벗어나야 할 때

라즈는 우리 숙소로 가는 독특한 길을 찾아냈다. 그는 차량 틈에서 빠져나왔다. 그는 사람들이 붐비는 거리도 피했다. 그는 모든 차량이 큰길로 운행해 앞서 나가려 한다는 사실에 콧방귀도 뀌지 않았다. 그는 자신만의 길로 나아가는 데 두려움이 없었다(물론 나를 태운 동안에 보여준 모습이다).

자신이 속했던 그룹에서 벗어나면 새로운 견해를 얻을 것이다. 이런 태도에서 우리는 특정 문제에 대한 참신한 관점을 얻을 수 있다. 어쩌면 이런 모습은 더욱 바람직하고 더욱 혁신적인 해결책을 찾는 데 필요할 수 있다. 이것이 바로 애초 '내부'에 없었던 사람이 때로 누군가 수십 년에 걸쳐 내놓을 만한 돌파구를 불쑥 내놓기도 하는 이유다. 신인은 흔히 규칙을 모르거나 규칙에서 자유롭다. 그들은 선례 따위를 고집하는 법이 없다. 그래서 자신이 겪은 전 커리어를 토대로 한 특별한 사고방식의 소유자인 전문가가 빠지기 쉬운 케케묵은 생각이나 두려움 없이 브레인스토밍을 할 수 있다.

기업가와 벤처캐피털리스트, 작가이자 키바 이사진인 레이드 호프먼은 2011년 버클리 대학교에서 진행한 연설에서 다음과 같이 말했다. "항상 창의적이고 대담하게 생각하십시오. 굉장한 기회가 어디에서 다가오고 있을까요? 다른 사람들은 보지 못하고 여러분만 보는 그런 변화의 조짐이 어디에서 일고 있을까요? '발상의 전환'과 '공정성'은 성공적인 기업가가 되는 중요한 일면입니다." 호프먼이 기업가들에게 촉구하는 것은 바로 이러한 기회를 좇고, 남들이 보지 못하는 것을 보는 법을 깨달으며, 대담한 세계관으로 현상을 유지하려는 사고에 맞서 도전하라는 것이다.

나는 에기치 않은 곳에서 이 아이디어를 접한 적이 있다. 바로 버크넬 대학교에서 과학론 과정을 듣던 2학년 때였다. 첫 교재는 과학과 과학적 사고 진화에 대한 분석을 다룬 토머스 쿤Thomas Kuhn의《과학혁명의 구조The Structure of Scientific Revolutions》였다. 쿤은 과학자들이 어째서 홀로 일하지 않는지 설명했다. 즉 과학자들은 홀로 일하지 않고 일련의 합의된 의견을 지닌 과학 공동체의 일부로 일한다는 것이다. 정상과학normal science 은 이러한 일련의 신념이나 '패러다임'뿐 아니라, 쿤이 주장하듯 '전문 교육이 제공하는 개념 상자 안에 억지로 자연을 담는 힘들고 헌신적인 시도' 안에서 운영된다.

그러나 과학자들은 때로 기존 패러다임과 맞아떨어지지 않는 것(쿤은 이것을 '변칙anomaly'이라고 불렀다)을 관찰한다. 그리고 이 변칙이 서로 정당성을 입증하는 과정에서 충분히 강하게 세워질 때 새로운 패러다임이 등장하고 기존 패러다임은 무너진다. 이러한 패러다임의 전환은 과학혁명, 즉 '정상과학에서 말하는 기존 방식의 틀을 깨고 보완하는 혁명'을 의미한다. 과학혁명은 서서히 일어난다. 과학혁명의 특성 자체가 현실 체제를 위협하기 때문이다. '지구가 태양 주위를 도는 것이지 그 반대는 아니다'라고 주장해 가택 연금을 당했던 갈릴레오를 한번 떠올려보라.

패러다임 전환과 전체 세계관이 어떻게 변하는지에 대한 쿤의 설명은 과학 공동체를 훨씬 넘어선다. 우리는 모두 합의된 믿음을 토대로 한 공동체의 일부다. 또한 마음속 깊이 인식하든 그렇지 않든 세상이 돌아가는 방식을 알며 생각이 같은 사람에게 끌려간다. 기본 가설에 따르면 우리는 자신의 시각과 믿음을 형편상 제한할 수 있는데도 의문을 제기하지 않고 그저 우리 일을 시작한다. 따라서 통상 우리는 자신과 공동체가 이미 진실로 믿는 것을 영속하는 쪽으로만 세상을 해석하기 쉽다.

다행히도 변칙은 일어난다. 우리는 인생에서 방황하기도 하고, 놀라기도 하며, 좌절하기도 한다. 우리는 세상일이 우리 생각과 같지 않다는 힌트를 얻는다. 이런 힌트는 낯선 상황에 둘러싸여 있을 때 더욱 자주 일어난다. 새로운 것에 몰입할 때 지식 부족이나 경험 부족은 오히려 자산이 된다. 이럴 때는 놀라운 발상이 더 나오기 쉽다. 즉 우리가 모든 것을 처음 본다는 이유로 단지 신선한 통찰력이나 이른바 '예기치 않은' 아이디어가 튀어나올 가능성이 높아지는 것이다.

우리는 이렇게 떠오르는 통찰력을 무시하면서 자신에게 "아니야, 이건 사실일 리 없어" 또는 "나는 미친 게 틀림없어"라고 말하거나, "이건 현실과 달라"라고 주장하는 남 이야기에 귀 기울이기에 십상이다. 그러나 우리는 미치지 않았다. 뿐만 아니라 현상 유지를 실제로 재정의할 만한 새롭고 진정한 무언가를 어렴풋이 감지하기도 한다. 때로는 남이 본 적도 없고 감히 누구도 입에 담지 못했던 것들을 직관으로 볼 때가 있다.

'아하'라는 탄성이 나올 만한 이런 순간을 더욱 많이 누리고 참신한 관점을 지니려면 이따금 다른 길을 택하도록 자신에게 관용을 베풀라. 미지의 영역을 편안하게 탐험하라. 모든 사람이 당신이 미쳤다고 여겨도 걱정하지 말라. 우리 앞에 놓인 새롭고 좀 더 바람직한 길을 발견했다고 믿는다면 그 분야의 선구자가 돼라. 이 길은 단지 훗날에 나머지 인류가 따라갈 새 길을 개척하는 첫 인류가 되는 길일 뿐이다.

신의 위대한 질문
배철현 지음 | 값 28,000원

인간의 위대한 질문
배철현 지음 | 값 24,000원

서울대 종교학과 배철현 교수가 던지는
궁극의 화두!

군주의 거울, 키루스의 교육
군주의 거울, 영웅전
김상근 지음 | 각 권 값 23,000원

우리는 지금 어디로 가야 하는가!
고전에서 찾은 '위기 극복의 인문학'

에디톨로지
김정운 지음 | 값 18,000원

유쾌한 인문학으로 돌아온 김정운의 신작!

창조는 기존에 있던 것들을 구성하고, 해체하고, 재구성한 것의 결과물이다. 세상의 모든 창조는 이미 존재하는 것들의 또 다른 편집이라는 뜻이다. 그 편집의 과정에 저자는 주목했고, 이렇게 명명했다. 에디톨로지(Editology)!

아이의 미래를 바꾸는 학교혁명
켄 로빈슨 지음 | 값 18,000원

10년 연속 1위 TED 최고의 명강연
"타고난 아이의 창의력, 학교가 죽인다!"

세계적으로 최대 쟁점인 교육제도의 혁신에 대한 해결책을 소개하는 책. 시험으로 평가하는 '표준화교육'의 문제점을 적나라하게 지적하면서 어떤 아이라도 외면하지 않는 '개인 맞춤형 교육'을 제시한다.

가끔은 격하게 외로워야 한다
김정운 지음 | 값 18,000원

내 삶의 주인 되는 김정운의 주체적 문화심리학

'고독 저항 사회' 대한민국, 우리는 왜 외롭기를 거부하는가? 100세 시대의 숙명, 외로움과 직면하라! 외로움에 익숙해져야 더는 외롭지 않게 된다. 4년간의 격한 외로움의 시간이 빚어낸 예술적 사유, 인문학적 성찰, 사회분석적 비평을 한 권의 책으로 만난다.

테드 토크 TED TALKS
크리스 앤더슨 지음 | 값 16,000원

'18분의 기적' TED가 공개하는 마법 같은 스피치 노하우!

2,100개의 무료 강연동영상, 전 세계 시청횟수 39억 뷰, '세상을 바꾸는 18분의 기적'이라 불리며 대중연설의 새로운 기준이 된 TED! 이 책은 TED처럼 말하는 화술뿐만 아니라 수석 큐레이터 크리스 앤더슨의 창의적 사고법, 사람들이 알고 싶어하는 TED에 관한 궁금증과 그 뒷이야기까지 흥미진진하게 풀어내고 있다.

하루가 달라지는 오후의 집중력
나구모 요시노리 지음 | 값 15,000원

집중력의 골든타임, 오후의 집중력

집중력을 흐트러뜨리고 건강마저 해치는 '수면, 식습관, 생활습관, 뇌, 마음가짐'의 집중력저해인자에 대한 의학적 소견과 경험을 담았다. 몸도, 마음도 가볍게 비워 건강하게 집중하자. 집중력은 본래 가지고 있는 잠재능력을 발휘시켜 최소한의 노력과 체력으로 충실한 인생을 맛볼 수 있게 한다.

마흔, 논어를 읽어야 할 시간 1, 2
신정근 지음 | 1권 15,000원, 2권 16,000원

대한민국에 '마흔' 열풍을 몰고 온 베스트셀러!

인생의 굽잇길에서 공자를 만나다! 1권은 『논어』 중 101수를 선별하여 인생의 절반을 지나온 마흔에게 필요한 공자의 지혜를 담았고, 2권은 1권의 심화편으로 공자의 사상이 응축된 『논어』 속 네 글자를 통해 자신의 인생을 돌아볼 수 있는 계기를 제공한다.

누구를 위한 나라인가
김형오 지음 | 값 16,000원

김형오 전 국회의장이 바라본 한국 정치의 오늘과 미래

이 책은 지난 2년간 발생한 주요 정치 현안 및 사회적 사건에 대한 정론직필이다. 저자는 우리 사회의 병리와 적폐를 지적하며 이 나라의 주인은 진정 누구인가를 준엄하게 묻는다. 집단 이기주의의 덫에 빠진 줄도 모른 채 변화와 개혁을 부르짖는 이들에게 이 책이 각성제가 되기를 기대한다.

세상에서 가장 가난한 대통령 무히카
미겔 앙헬 캄포도니고 지음 | 값 16,000원

무히카에 관한 모든 것이 담긴 최초의 평전

가장 낮은 곳에서 국민과 함께 울고 웃어주는 대통령, 호세 무히카가 들려주는 인생의 길, 정치의 미래, 참된 삶의 가치! 6개월간의 인터뷰, 무히카의 생생한 육성으로기록한 단 한 권의 책이다.

판사유감
문유석 지음 | 값 14,000원

현직 부장판사가 말하는 법과 사람 그리고 정의

저자 문유석 판사가 법관 게시판과 언론 등을 통해 지난 10여 년간 써 온 글들을 엮은 책이다. 좌로도 우로도 치우치지 않으면서 인간에 대한 신뢰를 담은 그의 따뜻한 시선이 냉소적인 시대를 살아가는 우리에게 위로와 희망을 준다.

한국인만 모르는 다른 대한민국
임마누엘 페스트라이쉬(이만열 지음) | 값 15,000원

동아시아 문명학 전공 하버드대 박사의
대한민국 사회에 대한 통찰

21세기 르네상스를 이룰 수 있는 잠재력과 역량을 갖추고 있는 나라, 대한민국이 문화선도국가로서 국제사회에 영향력을 확대하는 과정에서 유념해야 할 조건을 담았다.

세상에 낯선 사람은 없다

제과 장인 클레이
하와이 호놀룰루, 2012년

반세기 전, 클레이Clay라는 한 소년은 이웃 제과점을 방문하며 항상 거침없이 말했다. "언젠가는 이런 상점을 소유하고 싶어!" 그 후 30여 년이 지난 1996년에 클레이의 꿈은 성취됐다. 그가 하와이 항구 도시 호놀룰루에 위치한 아이나하이나Aina Haina 쇼핑센터에 있는 도팡Doe Fang 제과점의 네 번째 소유주가 된 것이다.

클레이는 14년 동안 한결같이 이 제과점에서 일하며 자신이 하는 모든 일에 열정을 쏟았다. 새로운 음료 혼합물을 발명해 많은 지역 팬에게 자신의 유명한 '매직 아이시Magic ICEE' 음료와 맛있는 먹을거리를 팔았다. 그러나 이 일을 하는 내내 더욱 심오한 일, 즉 단지 사탕을 파는 일보다 훨씬 중요한 일이 일어나고 있다고 믿었다. 그는 상점에서 나누는 소통이 "저마다 다른 배경의 고객일지라도 그들을 서비스하면서 오하나Ohana처럼 사랑하는 법"이라고 믿었다(오하나는 하와이어로 '가족'이라는 뜻이다).

여전히 제과점 운영은 녹록치 않았다. 그러나 손님들에게 애정 어린 '클레이 아저씨'로 불리던 그는 계속 제과점을 운영해나갔다. 제과점 운영이 자신의 임무라고 여겼던 클레이에게 포기란 없었다. 그는 도팡 제과점을 유지하기 위해 소유물을 하나씩 팔아나갔다. 10년 동안 운영하면서 한번은 마지막 남은 중요 자산인 집을 팔기로 결정하기도 했다.

그러고 나서 2007년에 클레이의 조카인 브론슨 창Bronson Chang이 도팡에서 맛있는 '하와이안 슈퍼맨 아이시'를 홀짝거리다 영감을 얻는다. 브론슨은 도팡의 새로운 미래를 마음에 품었다. 자신이 도팡을 확장하는 데에 도움이 된다고 믿었다. 그는 아이나하이나 쇼핑센터 외곽에 새 지점을 열고 언젠가는 하와이를 넘어 전 세계 새로운 고객에게 다가가고자 새 지점을 확장할 꿈을 키웠다. 브론슨은 '하와이의 아름다움과 마법, 알로하를 만끽할 수 있는 전 세계 도팡 제과점에 방문하는 순수한 알로하 전통과 경험으로 맺어진 수많은 세대'에서 도팡의 미래를 봤다. 대부분 미국인은 '알로하'가 하와이에서 인사말로 사용된다는 것을 알지만 알로하에는 이보다 훨씬 큰 의미가 있다. 엄밀히 말해 알로하는 하와이어로 애착과 평화, 동정, 자비를 뜻한다. 브론슨에게 이 알로하는 문화와 삶의 방식을 포함하는 의미다. 이것은 모든 인간에 대한 위대하고 보편적인 사랑을 나타내는 그릇으로 사는 삶을 말한다. 클레이 아저씨는 조카 브론슨을 두 팔 벌려 환영했다.

브론슨은 자신의 비전을 클레이 아저씨와 나누면서 졸업을 하면 곧장 가족 사업에 합류하고 싶다고 말했다. 두 사람은 계획을 세웠다. 그들은 손님에게 하와이의 상징과 같은 스낵인 '셰이브 아이스 shave ice(얼음 속에 아이스크림이나 단팥을 넣고 그 위에 시럽 등을 얹은 팥빙수의 일종 – 옮긴이)'와 함께 무언가를 추가로 제공하고 싶어 했다. 또한 손님들에게 소통 공간을 제공하는 것은 물론 궁극적으로 자신들의 수입을 지역사회에 환원하고 싶어 했다. 당시 사우스캐롤라이나 대학교 1학년이었던 브론슨은 도팡 매장에 대한 자신의 비전을 확고히 하는 데 도움이 될 만한 수업을 위주로 수강 신청을 했다. 순식간에 3년이 지나고 2010년 졸업과 동시에 브론슨은 졸업생 대표 연설자로 선출되었다. 브론슨의 연설 주제는 다름 아닌 자신의 삼촌이 운영하는 도팡 매장에 자신이 품은 비전이었다. 그는 전교생에게 '순수한 알로하 Pure Aloha'라는 제목으로 연설하여 자신의 꿈을 공유했다. 진심에서 우러나온 그의 연설은 열렬한 기립 박수를 끌어냈고 많은 사람의 눈시울을 적셨다. 몇 주 후 브론슨은 하와이 집으로 돌아가 동등한 파트너 자격으로 클레이 아저씨의 사업에 합류했다. 2011년에 두 사람은 도팡 제과점을 '클레이 아저씨의 하우스 오브 퓨어 알로하 Uncle Clay's House of Pure Aloha, HOPA'라는 이름으로 재론칭했다.

내가 브론슨을 만난 것도 이맘때였다. 당시 나는 USC 경영대학원에서 사회적 기업가 강좌를 가르치고 있었다. 브론슨에 대해서는 다른 학생들에게 들은 말이 있었다. 학생 상당수가 카리스마 넘치고 지적인 동기생 브론슨에게 깊이 감명받고 있었다. 모두 브론슨이 HOPA에 대한 비전과 계획을 품은 '순수한 알로하 기업가'라고 인지했고 자신의 비전을 실현하기 위해 투자 자본을 구할 것이라고 알고 있었다. 그러다 내 학생 가운데 한 명이 브론슨에게 프로파운더의 지원을 받을 마음이 있는지 물었다. 프로파운더는 스타트업이나 소규모 기업가들이 친구들과 가족, 공동체에서 투자 자금을 모금하는 일을 돕기 위해 당시 내 친구 대너 모리엘로 Dana Mauriello 와 내가 론칭을 추진하던 회사였다. 나는 브론슨이 프로파운더와 잘 맞을지 대화를 나눠보려고 그를 만났다. 그 뒤 몇 주에 걸쳐 만나면서 브론슨과 클레이 아저씨는 프로파운더의 첫 고객이 되었다!

브론슨과 클레이 아저씨는 프로파운더의 도구를 이용해 자금 모집 사유를 담은 비디오 동영상을 만들었다. 뿐만 아니라 재무 계획, 투자 거래 조건, 그 외 사항을 포함한 온라인 피치 자료도 만들었다. 두 사람은 이 온라인 사이트를 이용해 친구들과 가족, 장기 고객들에게 '하우스 오브 퓨어 알로하' 사업에 투자하도록 권유하면서 투자 답례로 향후 4년간 매출의 2퍼센트는 물론 새로운 셰이브 아이스 시음회 초청과 같은 여러 보너스를 함께 제공하기로 약정했다. 그들은 브론슨의 USC 동창생 여러 명을 포함해 19명에게서 5만 4,000달러의 기금을 성공적으로 모았다. 이후 두 사람은 온라인 공간에 괄목할 만한 개선책을 마련했고 3년이 채 안 돼 10만 명 이상의 손님을 대상으로 서비스를 제공할 수 있게 되었다.

돌이켜보면 어느 모로 보나 HOPA 기금 모금 캠페인은 완벽했다. 브론슨과 클레이 아저씨는 공동체에서 사랑받는 존재였고 성공적인 실적을 거뒀다. 두 사람은 자신들을 믿고 지원하고 싶어 하는 주변 사람들을 매우 인격적이고 사려 깊게 초대했다. 그들은 사업 확대에 대한 자신들의 비전과 자본의 필요성을 논리 정연하게 설명했다. 또 야심이 있으면서도 성취할 수 있는 액수로 기금을 모으기로 했고, 최하위 항목부터 중대한 항목까지 항목별 예산안을 세웠을 뿐 아니라, 목표를 웹사이트에 올려 투명하게 사람들과 나눴다. 그들은 자신들에게는 지속할 수 있고, 투자자들에게는 가치 있는 예산 목표를 설정했으며, 시간을 들여 쉽사리 이해할 수 있는 방식으로 비즈니스와 위험, 수입 예측에 관해 설명했다. 브론슨과 클레이 아저씨는 잠재 투자자를 정중하면서도 끈질기게 설득했고 시간을 할애해 투자자들의 질문에 직접 답했다. 또 두 사람은 투자자 전화 미팅과 매장 오프라인 모임을 주최해 사람들이 편안한 분위기에서 동료 투자자를 만날 수 있도록 했다. 그들이 이러한 모든 과정을 하나하나 이뤄가는 모습을 지켜보면서 대녀와 나는 경이로움을 감출 수 없었다. 우리는 첫 고객에게 많은 도움과 길잡이가 필요할 것으로 내다봤다. 그러나 정말 솔직히 말하자면 브론슨과 클레이 아저씨가 오히려 우리를 도와주었다. 두 사람은 우리에게 어떻게 경이로운 공동체에서 지원을 받고, 만들어가며, 육성해나가는지 큰 가르침을 주었다.

프로파운더를 활용한 HOPA의 모금에서 전문적 투자자들은 극히 소수였다. 대부분 친구와 가족, 고객, 그리고 브론슨과 클레이 아저씨의 비전을 믿고, 가치를 공유하며, 그들이 성공하는 모습을 지켜보고 싶어 하는 이들이었다. 브론슨과 클레이 아저씨는 자신들의 일이 셰이브 아이스를 만드는 것을 넘어 순수한 알로하 정신을 퍼트리는 것에 목적이 있다고 믿었다. 이 정신 덕분에 두 사람은 자신의 일에 독특하고도 전설 같은 대단한 의미를 덧입힐 수 있었고 사람들을 끌어모았다. 동시에 사람들은 두 사람, 공동체, 심지어 전 세계의 중요한 일에 투자한다는 사실에 솔선수범했을 뿐 아니라 고마워하는 마음을 지닐 수 있었다. 주위에 있는 수많은 사람을 오하나, 즉 가족처럼 대하기 위해 시간을 할애하고 마음을 쏟으면서 두 사람은 모든 소규모 비즈니스가 갖춰야 할 가장 중요한 자산을 구축했다. 바로 두 사람의 사업이 성장하도록 돕는 데 열광하는 충성스럽고도 헌신적인 수많은 팬을 만들어낸 것이다. 이 팬들이야말로 클레이 아저씨와 브론슨이 다음 단계 꿈을 성취하도록 돕는 HOPA 공동체의 놀라운 강점이었다.

2012년에 나는 '하우스 오브 퓨어 알로하'를 직접 방문한 적이 있다. 남편 레자Leza와 여섯 달 쌍둥이 아들들과 나는 두 사람을 만나 함께 오후 한때를 보냈다. HOPA에는 정말 뭔가 특별한 것이 있다. 손으로 만져질 듯한 사랑과 가족에 대한 정신이 이곳에 스며 있었다. 쌍둥이 아들 중 한 녀석 사이러스Cyrus가 유모차에서 잠들어 있는 동안 또 한 녀석 재스퍼Jaspar가 브론슨의 손에 의지해 그의 무릎 위에서 깡충깡충 뛰면서 내내 휘둥그런 눈으로 클레이 아저씨를 빤히 쳐다보았다. 그러자 클레이 아저씨는 커다란 미소를 짓고 박수를 치며 재스퍼에게 하와이 노래를 들려주었다.

우리가 매장 안에서 맛있는 셰이브 아이스와 다른 먹거리를 즐기고 있을 때 마침 내게 클레이 아저씨의 성공 비결을 물을 기회가 생겨 그에게 물었다. 성공이라는 것이 들리는 것처럼 그렇게 단순한지 말이다. 클레이 아저씨는 한순간도 주저하지 않고 웃으며 대답했다. "성공 비결은 사람들에게 친절 이상을 베푸는 거예요. 삶에 대해 그들과 연결돼 있다고 깨닫는 일이죠. 이러한 자세는 매장 안으로 처음 들어오는 사람에게도 적용돼요. 하우스 오브 퓨어 알로하에서 낯선 사람이란 없어요. 그저 아직 만나지 못한 가족일 뿐이죠."

클레이 아저씨는 수년 동안 내가 본 공동체 중에서 가장 충성스럽고 열광적인 공동체를 차근차근 구축했다. 그가 이러한 공동체를 구축한 것은 영향력이나 힘을 소유하려는 욕구가 있어서가 아니었다. 또 어느 날 갑자기 도움이 될 것 같아 커다란 네트워크를 구축하는 목표를 세우고 있어서도 아니었다. 클레이 아저씨는 단지 HOPA에 오는 사람들이 한 사람도 빠짐없이 자신의 독특한 가족 구성원이라고 믿으며 그런 대접을 받을 가치가 있다고 믿는다.

레자, 쌍둥이 녀석들, 나는 낯선 사람으로 매장 안으로 들어섰지만 클레이 아저씨 덕분에 우리는 들어서자마자 정말 오하나라는 사실을 깨달았다.

비즈니스의 토대, 동지

—

대부분의 팀은 조직에서 떠오르는 타고난 리더를 목격할 것이다. 그들은 자신들의 행동으로 조직의 가치를 표현하고, 분위기를 화립하며, 모범을 보이는 자들이다. 이러한 타고난 리더에게 권한을 부여하라. 그들의 제안을 승인해줄 뿐 아니라 다른 사람들에게 영향을 미칠 수 있는 여분의 수단과 자원을 제공하라.

CLAY WATER BRICK

가치와 비전을 공유하는 멤버

나는 항상 친구들과 가족이 베풀어준 지원을 감사히 여겨왔다. 그러나 2011년 쌍둥이가 태어난 첫 몇 주와 몇 달만큼 그 지원이 중요했던 적은 없었다. 쌍둥이는 조그맣고 연약했다. 나는 지쳐 있었고 우리는 공동체의 헌신적인 지원 없이는 살아남을 수 없었다. 부모님은 쌍둥이가 태어난 첫날부터 이곳에 오셔서 우리 모두를 보살피고자 할 수 있는 모든 일에 물불 안 가리셨다. 심지어 엄마는 우리를 밤낮으로 돌봐주시려고 6주 휴가까지 내셨다.

그 밖의 다른 많은 사람도 한번 오면 며칠씩 머물다 가면서 한 녀석(또는 두 녀석 모두)을 안아주거나, 먹이거나, 기저귀를 갈아주거나, 심지어 우리가 쌍둥이에 집중할 수 있게 요리도 해주었다. 이처럼 그들이 언제라도 찾아와 도와주려던 이유는 우리를 사랑했고, 우리와 맺어진 관계라고 여겼으며, 새로운 쌍둥이의 삶에 동참할 권한이 있다고 느꼈기 때문이다.

스타트업의 초창기도 아기와 약간 비슷한 양상을 띤다. 즉 스타트업에도 그들을 보살필 헌신적인 가족이 있어야 한다. 젊은 벤처 기업은 통상 작고, 상처받기 쉬우며, 이따금 한밤중에라도 즉각적인 관심이나 도움 같은 것이 필요할 때가 있다. 어떤 사람들은 어떻게든 혼자 힘으로 해내지만 벤처 기업의 성공에 헌신적 공동체와 후원자들의 유무는 생존과 진정한 번영을 가르는 분기점을 뜻할 수 있다.

키바를 초창기에 육성했던 팀은 가족처럼 활동했다. 그들은 돈을 위해 모인 사람이 아니었다. 사실 주고 말고 할 돈도 없었으므로 그 자체도 불가능했을 것이다. 그들은 힘이나 특권을 위해 모이지도 않았다. 힘이나 특권도 우리에게는 없었기 때문이다. 첫 팀원들이 모인 이유는 키바가 이뤄가리라 믿는 키바의 장래 모습을 사랑했기 때문이다. 그들은 미래에 대해 똑같은 가능성을 믿었고 똑같은 가치를 나눴다. 그들은 가치가 입증되기 전에, 많은 보상을 받기 전에 먼저 투자했다. 그들은 의미 있는 일의 한 부분이 되고 싶어 했다. 그들은 자신보다 커다란 것의 일부가 되고 싶어 했다.

우리와 함께한 첫 번째 인물은 맷의 어린 시절 친구 가운데 하나인 첼사 보치Chelsa Bocci였다. 그녀는 최근 금융 산업을 떠나 삶에 새로운 활력과 영감을 주는 세계 일주 여행에서 돌아왔다. 그녀는 가족의 친구들을 통해 우리 프로젝트에 대해 들었고 듣자마자 참여하기를 원했다. 첼사는 우리의 가치와 비전을 공유했고, 위험과 불확실성에 연연하지 않았으며, 언젠가 많은 사람을 도울 뭔가를 창출하는 데 도움을 보탤 기회를 붙들었다. 그녀는 바로 합류했고 함께 만들어가기 시작했다.

키바를 론칭한 지 겨우 몇 주가 지났을 때의 일이다. 우리의 첫 번째 우선순위는 사이트상에서 좀 더 많은 차용자를 모집하는 방법을 알아내는 일이었다. 단순히 우간다에 있는 모세에 국한되지 않고 투자자 측의 수요에 부응하기 위해 우리에게 기업가들을 찾아줄 수 있는 사람들로 구성된 팀을 육성해야 했다. 첼사는 이 일을 주도하면서 닥치는 대로 연줄을 동원하기도 하고 인터넷 검색을 이용하기도 하면서 키바와 손잡을 수 있는 더욱 많은 소액금융기관을 찾아 나섰다. 그녀는 잠재 소액금융기관 파트너의 근무 시간에 맞춰 전화하기 위해 꼭두새벽까지 깨어 있다가 대낮에 밀린 잠을 보충하려고 번번이 야간 근무를 했다. 그녀의 노고 덕분에 키바는 블로그를 론칭한 지 석 달 만에 불가리아와 니카라과, 가자, 캄보디아에서 얻은 이른바 첫 번째 파트너들과 손잡을 수 있게 되었다. 이 성과는 자체로도 엄청났지만 키바가 실적이 전혀 없는 상태에서 이룬 쾌거라는 면에서 더욱 굉장했다.

2006년 초반에 우리 팀에 합류한 두 번째 팀원 두 명은 쓰나미로 황폐화된 태국에서 눈이 휘둥그레질 만한 경험을 하고 막 돌아온 제러미 프라자오 Jeremy Frazao 와 피오나 램지 Fiona Ramsay 부부였다. 그들은 빌리지 엔터프라이즈의 내 전 보스이자 멘토인 브라이언 레넌이 우리에게 소개해준 사람들이었다. 두 번째(이번 도움도 마지막은 아니었다)로 브라이언이 건넨 도움의 손길이 판도를 바꾸었다. 타고난 개발자인 제러미는 즉시 맷과 웹사이트 작업에 뛰어들었다. 그들은 신속하게 주요 기능을 개선했고 초반의 기본적인 세 페이지짜리 웹사이트는 어느새 생동감 넘치는 온라인 장터로 변모했다. 대중을 휘어잡는 개성을 드러내던 피오나는 자연스레 홍보업계 거물이 되었다. 사실 피오나는 그 첫해에 고객 서비스와 재무, 홍보를 모두 담당했다.

몇 달 후에는 프레말 샤Premal Shah가 팀에 합류했다. 프레말은 우리와 아주 비슷한 삶을 살아왔고 페이팔PayPal에서 일하는 동안에도 같은 꿈을 꿨다. 그는 사람들이 실제로 응답하는지 보기 위해 자신이 인도에서 만난 소액금융기관 고객들(대출 응모자)의 프로필을 이베이에 게재하려 했다(이베이의 법규준수 부서는 대출 응모자들이 올라오기가 무섭게 삭제했지만 우리는 모두 프레말의 대담한 시도를 높이 평가했다).

그는 비단 우리 프로젝트를 공유한다는 비전뿐 아니라 일련의 강력한 역량과 경험, 대단한 열정을 가져왔다. 프레말은 또한 놀랍게도 페이팔과 파트너십을 맺어 페이팔이 키바 사이트에서 거래 비용을 포기하도록 하는 중개 능력을 발휘했다. 이러한 전례 없는 공약으로 페이팔은 무료 결제 절차를 키바에 기부하기로 동의했으며 이 관행은 오늘날까지 이어져 키바가 매년 수백만 달러를 절약할 수 있는 길을 열어주었다. 그리고 이 일은 그저 프레말이 행한 공헌의 시작에 불과했다.

바로 그 이후에 올라나 칸Olana Khan이 우리와 한배에 올랐다. 올라나는 소액금융과 시민 참여에 대한 어마어마한 열정, 기술 분야에서 쌓은 경험, 키바에 몹시 필요한 운영 비결을 쏟아냈다. 첫 번째 사무실을 구하는 것에서부터 그녀의 전 고용주 구글에서 사무실 비품을 기부받는 일, 또한 궁극적으로 우리 모두의 건강보험과 양질의 인사 정책, 수없이 많은 성공 사례를 갖추도록 확인하는 일까지, 올라나는 우리 조직을 실질적인 조직으로 탈바꿈한 장본인이다.

오로지 우리 일에 지원하고자 여러 기회를 거절한 벤 엘버거Ben Elberger와 미셸 크레거Michelle Kreger 같은 굉장한 팀원들도 뒤이어 합류했다. 키바는 현명하게도 두 사람을 고용할 예산을 얻자마자 그렇게 했고 운 좋게도 여러 해 동안 그들과 함께 일할 수 있었다.

키바의 첼사와 제러미, 피오나, 프레말, 올라나, 벤, 미셸, 우리의 모든 초기 후원자가 헌신으로 전념해준 덕분에 키바는 나름의 유년기를 버텨냈다. 이들이 바로 키바의 토대를 이룬 가족이었다.

권한을 위임하는 능력

이 최초의 소규모 가족은 곧 성장기를 맞았다. 어떻게 그렇게 했을까? 어떻게 젊은 조직이 갈수록 늘어나는 후원자를 모집할 수 있을까? 후원자들이 어떻게 의미 있게 사람들을 참여시킬까? 후원자들이 어떻게 충성심과 주인 의식을 창출할 뿐 아니라 전 세계에 흩어져 있는 광범위한 사람들 사이에서 가족 의식을 끌어낼 수 있을까?

나는 어느 날 내 닭들에게 모이를 주다가 이 비밀을 터득했다. 아니 정확히는 내 임시 소유인 닭들을 보면서 깨달았다. 이 말의 속뜻은 이렇다.

동아프리카 시골 마을의 가정집에 방문하면 대체로 이런 일이 일어난다. 그들은 손님을 따뜻하게 맞아준다. 모든 사람이 하던 일을 멈추고 인사하러 다가와서는 잘 왔다는 환영의 말을 건넨다. 그들은 대접할 수 있는 최상의 음식을 내놓을 것이다. 식사 시간이 아니어도 통상 한 끼분의 식사는 있게 마련이다. 방문 때마다 이처럼 듬뿍 대접해주는 말도 안 되는 환대에는 몸 둘 바를 모르겠고 적응도 잘되지 않는다. 손님은 음식을 먹는다. 그야말로 계속해서 먹는다. 그러고 나서 배가 땅에 꺼지도록 먹어 더는 먹을 수 없다고 강하게 사양해야 할 시점이 올 때까지 접대는 계속된다.

마침내 손님이 떠날 때 그 가족은 아마도 살아서 날개도 퍼덕이고 꼬꼬댁거리는 닭(또는 수탉이나 칠면조)을 선물로 건네줄 것이다. 그들이 가진 유일한 닭이라도 그렇게 할 것이다. 상황이 이렇게까지 되면 예의상 이 닭을 선물로 받아 들고는 자가용이든, 버스든, 자전거든 집에 갈 교통수단을 타고 가져가는 방법 외에는 달리 뾰족한 수가 없다. 자가용이나 버스로 돌아간다면 닭을 무릎이나 바닥에 앉힐 수 있다. 자전거로 돌아간다면 아마도 집에 가는 내내 닭의 발을 묶어 자전거의 핸들 한쪽에 거꾸로 매다는 것 외에는 도리가 없다. 이미 엎질러진 물인 것이다.

숙소로 돌아가서는 여러 선택권이 있다. 첫째, 저녁 식사용으로 닭을 먹어라. 둘째, 닭을 우리에 넣어라. 죽이고, 씻고, 저녁용으로 먹을 배짱이 두둑해질 때까지 잠시 닭이 노닐도록 해라. 셋째, 그 닭을 곧 방문할 다른 집에 다시 선물로 주어라. 그러면 첫째와 둘째 방법과 같이 닭을 죽이지 않아도 되고 다른 사람에게 대신 그 결정을 미룰 수 있다.

나는 대체로 세 번째 방법을 선택한다. 그러나 이 점을 명심하라. 닭들은 집으로 돌아가는 길을 찾는 데에 매우 능하다는 점이다. 그래서 만약 우리가 닭을 누군가에게 선물로 준다면 첫 번째 선물로 준 사람의 집과 되도록 멀리 떨어진 마을에 사는 사람에게 주라. 나는 선물로 받은 닭을 누군가에게 주는 난처한 실수를 한 번 이상 저질렀고 결국 닭이 도망가서 본래 주인에게 돌아갔다. 이 경우 본래 선물을 준 사람은 우리가 선물을 도중에 잃어버렸거나 선물을 거절해 돌려준다고 생각하게 된다. 두 경우 모두 매우 겸연쩍은 시나리오다. 이런 일이 생기지 않도록 하라.

때로는 충분히 멀리 있는 새로운 마을을 방문하기 전에 닭들을 다시 선물하는 데 잠시 시간이 필요하기도 하다. 그럴 때면 닭들은 잠깐 내 애완동물이 된다. 나는 그들에게 이름도 지어주고, 모이도 먹이며, 서로 어울리는 모습을 그저 관찰한다.

한번은 우간다에 머무는 동안 우량한 닭 일곱 마리를 모은 적이 있다. 당시 머물던 곳은 동아프리카에서 가장 근사한 장소 중 하나로 자그마한 앞뜰이 있는 게스트 하우스였다. 나는 암탉들과 수탉을 앞뜰에 풀어놓고는 어느 날 오후 의자와 일기장을 움켜쥔 채 닭들 옆에 웅

크리고 앉았다. 사색에 잠겨 글을 써 내려가면서도 이따금 닭들이 무엇을 하는지 지켜보았다. 또한 소량의 씨앗을 가져와서는 닭들에게 먹이기도 했다. 내게는 닭들을 구경하는 것과 모이를 먹이는 일이 재밋거리였다. 반대로 우간다의 게스트 하우스 주인들에게는 닭과 그러고 있는 내 모습이 재밋거리였던 듯싶다.

처음에는 닭들이 내게 오는지 보려고 꿇어앉아서 손에 있는 낟알을 닭들에게 주었다. 닭들은 나를 피했다. 그래서 자리에서 일어나 멀리 있는 닭들에게 가볍게 낟알을 던지고는 기다렸다. 수탉이 처음으로 그 낟알에 다가갔다. 꼬꼬댁하고 한번 울더니 주위를 둘러보고는 부리를 이용해 낟알 일부를 주웠다. 그러나 그러고 나서 바로 낟알을 먹지는 않고 땅에 다시 떨궜다. 수탉은 이 행동을 반복했다. 나는 음식이 상하지는 않았는지 수탉이 아프지는 않은지 궁금했다. 내가 사실을 확인하려고 낟알 쪽으로 걸어가자 이내 닭들은 흩어졌다. 그들은 아무 이상이 없어 보였다. 그래서 나는 다시 물러나 기다렸다. 수탉은 다시 하던 일을 되풀이했다. 그러나 바로 그때 다른 닭들이 그 수탉을 쳐다보고 나서 드디어 낟알을 먹기 시작했다. 그들이 낟알을 먹자 그제야 수탉도 따라 먹었다.

그날 밤, 저녁을 먹으며(참고로 저녁 식단에 닭은 없었다) 우간다 친구 마이클에게 내가 본 광경에 관해 물었다. 그는 낄낄 웃으며 아무 일도 아니라고 설명해주었다. 수탉은 제 일을 한 것뿐이었다. "수탉은 리더와 같지." 그는 말했다. 이 말을 필두로 일평생 닭들을 키운 마이클의 수탉 행동에 관한 일장 연설이 시작되었다. 그는 내게 수탉의 행동이 닭들에게 이제 먹을 때가 되었다고 소통하는 것이라고 설명해주었다. 수탉은 그들이 먹는 데에 합류하도록 초대한 것이다. 닭들은 가끔 자신들을 이끌어주고 음식을 지목해줄 수탉이 필요했고 수탉은 이런 역할을 하도록 일종의 프로그래밍이 돼 있었다. 마이클은 또한 수탉이 자기 무리를 위해 부단히 경계하는 보호자라고 했다. 약탈자에 대항해 무리를 지켜주고 공격을 받을 때 보호해주는 보호자라는 것이다. 이렇게 마이클이 다양한 동물과 싸우는 수탉의 현장 목격담을 한참 이야기할 때쯤 나는 어느새 이 이야기에 몰려 있었다. 덕분에 음식 접시에는 손도 못 댔다.

그러나 나는 마이클에게서 엉성하게나마 수탉에 대해 교육받았다는 사실이 기뻤다. 그가 내게 다음과 같은 진실을 일깨워주었기 때문이다. 팀의 안녕을 확실히 지키려면 우선 조직에 합류할 강한 리더를 찾고, 그러고 나서 그들에게 리더 역할을 맡기는 것이 최상의 방법이라는 점이다. 닭들은 내 손에 올려놨던 모이를 바로 먹지는 않았지만 수탉은 따라갔다.

이 말은 언뜻 들으면 어렵지 않다고 생각된다. 그러나 자신이 깊이 관심을 두는 일을 하고 있을 때 그리고 자신이 가장 가치 있게 여기는 일이 세상에 영향을 주고 있을 때 다른 리더들을 끼워주는 일은 어려울 수 있다. 그렇게 하려면 겸손해야 한다. 즉 권한을 위임하는 능력이자 지배를 포기하는 능력이 있어야 한다. 매번 변화를 일으키는 사람이 아닐지라도 긍정적인 변화를 보려는 진정한 갈망이 있어야 한다.

하나의 조직으로서 키바의 가치는 모든 사람이 참여하는 평등과 파트너십에 중점을 두고 있다. 사람들이 키바를 위해 자신의 공동체에서 스스로 기여하고, 나아가 키바의 리더로 자리매김하는 데 필요한 자유와 정보, 수단을 제공하는 것을 목표로 삼고 있다. 501(c)(3) 비영리 조직인 키바가 공공 소유 기관이라는 점을 감안할 때 모든 '소유자'가 조직을 더욱 바람직하고 더욱 탄탄하게 만들어야 한다는 것은 이치에 맞는 말이다. 이를테면 다양한 소셜네트워킹 플랫폼에는 수십 개의 탄탄한 독립 투자 공동체가 활동하고 있다. 이러한 투자자 중심의 수많은 모임은 수년 동안 키바에 소중한 피드백과 새로운 아이디어를 제공했다. 키바의 대출 팀은 키바의 감독이나 관리 없이 조직하거나 가장 많은 투자액을 놓고 경쟁하는 개인 투자자들로 구성된 독립 단체다. 누구든 팀을 구성할 수 있고 팀을 구성한 뒤에는 팀의 공동 대출 과정을 확인할 수 있다. 수만 명의 사람들이 이 단체들을 자체적으로 조직했다. 투자 팀들은 학교와 졸업 동아리에서부터 지역 공동체, 기업, 이벤트 중심의 단체 등에 이르기까지 다양한 제휴와 이해관계로 형성되었는데, 흥미롭게도 상위 두 개 팀은 전통적으로 다음과 같은 그룹에서 나왔다. 즉 '무신론자, 불가지론자(인간은 신을 인식할 수 없다는 종교적 인식론과 인간의 경험으로는 사물의 본질이나 참모습을 인식할 수 없다는 철학적 이론의 두 가지 의미로 쓰인다. – 옮긴이), 회의론자, 자유사상가, 세속적 휴머니즘(종교적 휴머니즘이 초자연적인 존재에서부터 도덕과 인간의 존엄성을 끌어낸다면, 세속적 휴머니즘은 인간이 발 딛고 선 세계만을 유일한 실제로 주장한다. – 옮긴이), 비종교인'과 '키바 기독교인'이 그들이었다. 2014년 12월부로 사이트에서 활동하는 팀은 거의 3만여 명에 달했다.

우리가 세상에서 성취하고 싶은 일에 강력한 비전이 있다면 남에게 지배력을 거저 주는 일은 두려울 수 있다. 특히 다른 강한 리더들에게 거저 주는 일은 그렇다. 그러나 다른 사람들이 돕고자 하는 의욕으로 가득 찼을 때, 그들은 우리의 비전을 굉장하고도 때로는 놀랄 만할 정도로 드러낼 수 있다. 그들은 우리가 상상도 못 한 새로운 아이디어를 내거나 상상도 못 한 일을 행동에 옮길 수도 있으며 우리의 기대치를 초월할 수도 있다. 그리고 우리는 그들이 없었을 때보다 더욱 많은 일을 성취하게 될 것이다.

대부분의 팀은 조직에서 떠오르는 타고난 리더를 목격할 것이다. 그들은 자신들의 행동으로 조직의 가치를 표현하고, 분위기를 확립하며, 모범을 보이는 자들이다. 이러한 타고난 리더에게 권한을 부여하라. 그들의 제안을 승인해줄 뿐 아니라 다른 사람들에게 영향을 미칠 수 있는 여분의 수단과 자원을 제공하라. 리더들이 큰 그림을 이해할 수 있도록 정보를 이용할 권한을 주라. 리더들에게 자금에 관해 결정할 힘과 팀원의 기여에 보상할 자원을 제공하라. 리더들이 배우고 성장하도록 용기를 북돋우라. 리더들이 위험을 감수하고 결과에 따른 실질적 책임을 지도록 하라. 이것이 때로는 리더들이 실수를 할 수도 있다는 의미일지라도 그렇게 하라.

위대한 리더는 조직의 가치를 실현하고 이러한 가치를 자신의 모든 활동을 통해 드러낸다. 그들에게 권한을 부여하면 당신의 조직은 번영할 것이다. 당신이 하는 일에 참여하고 싶은 사람들이 실질적이고 의미 있는 참여 방법을 쉽사리 찾을 수 있게 하라. 또한 리더들에게 실제적인 권한과 책임을 부여하라. 리더들은 가치를 공유할 다른 사람들을 이끌어 우리의 중요 가치에 토대를 둔 공동체를 성장시켜 나갈 것이다.

CLAY
WATER
BRICK

자금 외의 투자

여행 가이드 시시
캘리포니아 샌디에이고, 2011년

브론슨과 클레이 아저씨처럼 시시 세이어CiCi Sayer도 프로파운더의 최
초 고객 중 한 사람이다. 시시는 샌디에이고에 있는 '오프쇼어 블루
어드벤처Offshore Blue Adventures'라는 고래 관람과 생태 관광 사업체를 소
유하고 있었다. 그녀는 남캘리포니아 해안 부근에서 약 6미터 길이
의 콤비 보트Rigid inflatable boat(경식 선체 팽창식 보트. 국내에서 일명 '콤비 보
트'로 불리며 상부는 고무이나 하부는 단단한 선체로 돼 있어 안정성과 성능이
탁월해 레저용, 구조용, 군사용 등 다양하게 사용된다. - 옮긴이)를 타고 즐기
는 고래와 돌고래 관람 여행 서비스를 제공했다. 수용 인원이 여섯 명
인 시시의 보트는 유람 내내 아늑한 분위기를 조성했을 뿐만 아니라

빠르고, 조용하며, 풍랑이 몰아치는 환경에서도 안정적인 운행 서비스를 제공했다.

사업을 시작한 지 수년째에 접어들면서 시시는 새로운 콤비 보트를 장만해야 했다. 그녀는 사업 활성화를 위해 이 콤비 보트와 기타 여러 물품에 대한 자금을 크라우드펀드를 통해 모금하기로 결정했다. 시시는 프로파운더를 이용해 자세한 예산을 편성했다. 자신이 필요한 항목과 비용을 나란히 기재한 목록을 만들어 잠재 투자자가 투자금의 각 사용처를 잘 알 수 있도록 했다. 그녀의 총예산은 9만 달러였으며 그중 6만 5,000달러가 새 보트용으로 할당해놓은 금액이었다.

시시는 자신의 기금 모금 캠페인을 소문냈다. 그러나 투자자들은 이러한 자금 지원 협력에 시큰둥했고, 그때까지 받은 투자액은 소액에 불과했다. 9만 달러라는 돈이 참으로 손에 넣기 어려운 금액으로 보였다. 시시는 낙심하기 시작했고 단념을 고려했다.

나중에 그녀가 내게 당시 심정을 전했다. "우선 투자받는 꿈은 잠시 접어두고, 레이크하바수(미국 애리조나 주 모하비 카운티에 있는 도시 – 옮긴이)에 가서 페리선 선장으로 일하려고 했어요. 그곳에서 5년간 일하면서 돈을 충분히 모은 뒤에 제가 원하는 보트를 사려고 마음먹었던 거죠."

애초 9만 달러를 마련하려 했으나 목표치에 도달하지 못하는 상태로 몇 주가 흘렀다. 어느 날 밤, 시시는 임박해오는 마감일을 보며 실패를 각오한 채 잠자리에 들었다. 이 말은 시시가 투자자에게서 이미 모금한 작은 금액도 돌려줘야 한다는 뜻이었다. 그녀는 침울한 심정으로 잠들었다.

그러고 나서, 오전 5시 30분에 전화벨이 울렸다. 시시의 사업에 많은 돈을 투자할 여력은 없지만 언제나 그녀를 응원해주던 친구였다. 그는 시시에게 새로운 보트가 필요하다는 사실을 알고 있었다. 더욱이 몇 주 전에 그는 시시의 기금 모금 피치를 주의 깊게 읽었던 터라 정확하게 시시가 원하는 보트의 사양을 기억하고 있었다. 그래서 그는 지역 세탁소 광고 게시판에서 6미터 길이 콤비 보트 홍보 글을 읽었을 때, 시시가 원했던 보트를 머릿속에 생생하게 그릴 수 있었다. 홍보 글에는 그 콤비 보트가 '새것과 같은' 상태로 고작 1만 8,000달러에 나와 있었다.

시시는 재빨리 행동에 옮겼다. 그녀가 예산을 조정해 보트의 상당히 낮은 새 금액을 반영하면서 갑자기 자신의 계획대로 밀고 나갈 충분한 투자금도 형성됐다. 그날 바로, 시시는 보트와 새 엔진, 트레일러를 사들였다.

시시는 자신의 꿈 안으로 다른 사람들을 들여왔기 때문에 그들이 전혀 예기치 않은 방식으로 시시가 필요한 것을 얻도록 도울 수 있었다. 이처럼 모든 사람이 자금으로 지원하지 않더라도 그들이 제공할 수 있었던 것은 결국 쓰고도 남을 정도로 충분했다.

예상치 못한
도움

—

다른 사람들이 할 수 있는 독특한 기부를 이해하고 식별하라. 공동체 일원으로서 재정 지원을 하는 사람들은 필요하다. 그러나 각 개인이 제공할 수 있는 다른 것들을 무시하지 말라. 사람들을 참여시키라. 우리 일에 관심을 가지고 돕고 싶어 하는 사람에게서 받을 수 있는 가장 가치 있는 도움은 돈보다 다른 것일 때가 많다.

CLAY WATER BRICK

돈에 대한 조언

2005년에 케냐행 빌리지 엔터프라이즈 기부 여행을 이끌 때 나는 처음으로 밥 킹Bob King과 그의 아내인 도티Dottie를 만났다. 우리는 다른 여섯 명과 함께 빌리지 엔터프라이즈의 현지 업무를 보고 있었다. 일주일 여정 동안 많은 개인이 상당한 액수를 이 단체에 기부했고 그들은 기부금 수령자 몇몇을 간절히 만나고 싶어 했을 뿐 아니라 자신들의 관대한 기부가 일궈낸 결과의 일부를 무척 보고 싶어 했다.

게스트 하우스 정문으로 밥과 도티가 들이닥친 것은 오전 5시가 막 넘은 때였다. 그때 우리 나머지 일행은 장거리 비행기 여행 후 시차 때문에 누가 업어 가도 모를 만큼 곯아떨어져 있었다. 진을 빼놓는 심야 여행 뒤에도 밥과 도티는 녹초가 된 우리와는 정반대로 쩌렁쩌렁한 목소리에 말똥말똥한 눈초리를 한 생생한 모습으로 한껏 들떠 있었다. 두 사람이 등장하고서 나는 이들과 앞으로 며칠간 정말 특별한 경험을 하게 되리라는 직감이 들었다. 당시 70대였던 밥과 도티는 그때껏(지금도) 내가 만난 사람 가운데 가장 열정 넘치고, 열의에 차 있으며, 쾌활한 모습으로 세계 곳곳을 누비고 있었다. 그들은 이 프로그램에 막 합류해 많은 질문을 하고, 사진도 찍고, 우리가 여행 중 만난 기업가들과 몸소 많은 대화도 나누며, 전반적으로 우리 일행에 가장 활발한 기여를 한 사람들이었다.

여정을 떠난 지 며칠째 되던 날, 밥과 나는 끔찍한 나이로비 교통 체증을 뚫고 덜컹거리며 질주하는 승합차에 올라 소액금융 프로젝트를 보러 가는 길이었다. 나는 밥에게 곧 시범 대출을 론칭하는 키바에 관해 얘기했다. 그러면서 가장 뛰어나고 총명한 사람들을 우리 공동체에 영입하려면 어떻게 해야 하는지, 마케팅 전략을 짜려면 어떻게 해야 하는지 등 수많은 질문을 쏟아냈다. 우리는 가장 기억에 남는 자금 모금에 관해서도 의견을 나누었다. 나는 예전 함께 일하던 다른 비영리 단체 기부자들과 얘기할 때 가끔 마음이 내키지 않던 사실을 시인했고 밥은 끊임없이 투자 요청을 받는 자신의 경험에 비추어 현명한 팁 몇 가지를 공유해주었다(당시 나는 밥과 도티의 재산, 또는 두 사람의 기부가 얼마나 놀라울 정도로 관대한지 아는 바가 거의 없었다. 나중에야 부부가 실리콘밸리에서 자선으로 유명하다는 사실을 알았다. 두 사람은 2011년에만 스탠퍼드 경영대학원 내에 스탠퍼드 경제개발 혁신재단 Stanford Institute on Innovation in Developing Economies을 설립하는 데 무려 1억 5,000만 달러를 기부했으며 이 금액은 대학이 받은 최고 기부액 중 하나였다).

밥에 따르면 기부금을 얻으러 접근하는 사람들은 통상 만반의 태세를 갖추어 자신들의 단체를 소개하고 기금 모금 캠페인을 장시간 동안 설명한다. 그러나 대체로 이런 사람들은 밥이 전해야 할 말에는 도통 관심이 없어 보였다고 한다. 오랫동안 놀라울 정도의 성공적인 커리어를 쌓으며 재산을 모아온 밥의 말은 귀담아듣지 않았던 것이다. 밥에 관한 뭔가를 공유해달라거나 밥이 생각하는 비영리 단체의 역할을 묻는 것으로 대화를 트는 사람은 드물었다고 한다. 그들은 통상 밥의 수표책에 곧바로 달려들고자 했다. 명확하게 그들은 밥을 목적 달성을 위한 수단으로 보았다.

이 얘기를 듣고 있자니 나는 어린 시절에 즐겨 보던 바보 같은 만화 영화가 하나 떠올랐다. 워너브라더스의 〈루니 툰Looney Tunes〉(미국 애니메이션 황금기 중 1930~1969년에 워너브라더스에서 제작한 코미디 단편 애니메이션 – 옮긴이)에 나오는 태즈메이니언 데블을 기억하는가? 굉장한 식욕을 가진 조그만 갈색 주머니 모양을 하고 미친 듯이 날뛰다가 돌바람을 일으키며 회전하던 곰을 기억하는가? 태즈메이니언 데블은 배고플 때면 벅스 버니Bugs Bunny(음악을 좋아하고 느긋한 성격이지만 자신에게 시비를 거는 상대에게는 "웬일이셔, 선생What's Up Doc?"이라고 냉정하게 묻는 토끼 – 옮긴이)를 큰 닭다리나 스테이크 같은 큰 먹잇감으로 보았다. 일부 기금 모금 전문가는 잠재 기부자를 이와 비슷한 시각으로 바라보는 듯했다. 즉 닭다리를 노리는 것처럼 달려가 표시된 돈뭉치만 노린 것이다.

밥에게 자신의 전문적 의견이 간과되는 일은 실망스럽고 마음 아픈 경험이었다. 나는 기금 모금 태즈메이니언 데블이 되고 싶지 않았고, 이따금 밥이 느꼈을 불쾌한 기분을 다른 사람도 느끼게 하고 싶지 않았다. 나는 밥에게 조언을 구했다. 무심코 투자자들의 마음을 상하게 하지 않으면서도 조직이 직원 월급과 사무실 전등을 켜기 위해 돈이 필요하다는 사실을 알리려면 모금 활동에서 어떤 노력을 기울여야 할까? 그는 나를 보며 말했다.

"사람들을 목적을 이루기 위한 수단으로 대하지 마세요. 만약 단지 돈만 요청하고 그 돈을 투자하는 사람을 간과하면 대화는 즉시 중단될 거예요. 또는 아무리 잘해야 투자자들은 당신에게 한바탕 충고를 늘어놓겠죠. 그러나 그들의 생각을 먼저 묻고 사람들을 참여시키면 그들이 투자 여력이 있는 한 기부할 겁니다. 돈을 요구하되 조언을 구하세요. 그러나 조언을 구하면서 시작하고 정말로 그 사람을 참여시키려고 노력하세요. 그러면 이따금 그들의 재정적 지원을 비롯해 훨씬 많은 결실을 보게 될 겁니다. 그렇게 되면 모든 것 가운데 알짜배기만 얻을 거예요."

나는 밥의 충고를 절대로 잊지 않았다. 내가 관심을 쏟는 어떤 일에 친구들과 자원봉사자, 직원, 기부자, 벤처캐피털리스트, 참여자(참여 예정자)들과 대화할 때 내가 말하는 대상이 은행 계좌가 아니라 사람이라는 사실을 스스로 상기한다.

다른 사람들이 할 수 있는 독특한 기부를 이해하고 식별하라. 공동체 일원으로서 재정 지원을 하는 사람들은 필요하다. 그러나 각 개인이 제공할 수 있는 다른 것들을 무시하지 말라. 사람들을 참여시키라.

우리 일에 관심을 가지고 돕고 싶어 하는 사람에게서 받을 수 있는 가장 가치 있는 도움은 돈보다 다른 것일 때가 많다.

과감한 도움 요청

키바를 공식 론칭한 뒤, 초창기의 직원들에게 급여를 제공할 수 없던 거의 1년의 기간이 지났다. 우리는 기부, 즉 대출금이 아니라 운영비를 충당하고 직원 월급을 지급하기 위해 기금 모금을 할 때가 왔다고 결정했다. 처음에 우리는 투자자들에게서 온라인으로 기금을 마련하려 했지만 반응이 영 신통치 않았다. 투자자들에게 사이트에서 기부와 동시에 대출할 선택권을 주는 초반의 매우 짧은 실험 후에 투자자들이 혼란스러워하고 있다는 사실이 명확해졌다. 온라인 대출은 매우 새로운 아이디어였기 때문에 '기부'라는 말을 언급하거나, 대출하라는 대신에 "돈을 내세요"라는 요청을 내뱉는 것조차 상황을 혼란스럽게 하는 일이었다. 더욱이 우리의 핵심 제품인 '0퍼센트 대출'에 대해서도 오해를 불러일으켰다. 우리는 원점으로 돌아가 키바는 대출하는 곳이지 기부하는 곳이 아니라고 강조하고 재차 확인하는 데 총력을 기울였다. 그리고 혼란을 피하고자 사이트상에서 기부하는 선택 사항을 전부 들어냈다.

따라서 우리는 가족과 가까운 친구들, 소수의 이사회 멤버와 대화하면서 오프라인에 의지해 기부에 관한 기금 마련을 했다. 아주 소수지만 진심 어린 기부를 한 번에 1만 달러나 그 이상으로 몇 번 받았고 첫해 연말까지 12만 5,000달러의 기부금을 모았다. 그러나 그 돈은 순식간에 바닥났고 그 정도 규모의 수표를 써줄 수 있는 사람도 얼마 되지 않았다. 2006년 10월까지 은행 잔액이 1만 5,000달러밖에 남지 않았을 즈음 우리는 이사회를 열었다. 이 금액은 겨우 1개월 운영비를 충당할 만한 액수였다. 대출금으로 50만 달러를 충당했지만 조직을 꾸려나갈 돈이 곧 동날 판이었다. 우리는 어떻게 해야 할지 난감했다.

이사회 멤버 중 한 명은 우리가 손쓸 방도가 전혀 없어지면 자신의 자산 일부를 현금화할 수 있게 요청하라고 했다. 그러나 우리는 그 방법에 의지하고 싶지는 않았다. 최후의 발악으로 마지못해 투자자가 대출과 동시에 기부하도록 하는 선택 사항을 복원하기로 했다. 즉 투자자들에게 실제 투자액의 10퍼센트를 기부하라고 제안하면서 그들이 기업가에 대출한 25달러 투자금이 나갈 때 2.5달러 기부금이 키바의 운영비로 함께 나간다고 말해주었다.

우리는 투자자들이 행여 기분이 상하거나 실망하거나 혼란이 가중되기만 할까 봐 상당히 걱정했다. 결국 우리는 키바가 대출 플랫폼이라는 사실을 세상 사람들이 다 알도록 동네방네 외쳤고 사람들이 투자자로 참여하도록 최선을 다했다. 한편 기부를 동시에 요청하는 안이 다시 진로에서 벗어나 사람들을 혼란스럽게 하거나 설상가상으로 과한 요구로 비치거나 역효과를 일으킬 수도 있다는 생각이 들기도 했다. 그러나 이 방법이 우리가 쓸 수 있는 유일한 길인 듯했다. 그래서 우리는 조심스레 그 요청에 대한 표현을 가다듬었다. 우리는 샌프란시스코의 미션 디스트릭트Mission District에 있는 우리 사무실, 즉 창 주변 벽돌과 창살이 죄다 허물어진 사무실 사진을 웹사이트에 올렸고, 사무실 비용을 내도록 도움을 청했다. 그러고 나서 사이트에 게재한 뒤 그저 일이 잘되기만을 빌었다.

놀랍게도 이번에는 대출금과 동시에 나란히 진행한 기부 요청이 몇 개월 전보다 효과가 있었다. 혼선이 많지도 않았고, 투자자 대부분이 긍정적으로 반응했다. 그들은 투자도 기부도 기쁜 마음으로 했다. 명백히 대출에 집중한 몇 개월이 효과가 있었으며 대부분은 대출 제품을 명확히 이해하게 되었다. 덧붙이자면 선택 기부에 대한 더욱 세심한 표현은 참여에 대한 혼선도 줄여주었다.

훨씬 놀라운 사실은 이러한 투자자들에게서 나온 긍정적 반응은 일종의 플라이휠 효과flywheel effect(처음에는 움직이는 것조차 큰 힘이 들지만 오랜 기간 일관된 방향으로 계속 힘을 가해 밀면 휠에 추진력이 생겨 스스로 돌아가는 힘을 일으키는 효과 – 옮긴이)를 발휘했다. 그들의 참여는 더욱 큰 규모의 다른 예비 기부자들에게 우리 조직이 더 견고한 조직이 되고 있다는 사실을 보여줄 뿐 아니라 그들에게서도 기부할 가능성까지 높여주는 확실한 본보기가 되었다.

그 후, 키바의 1주년 기념일이 돌아온 지 겨우 2주 뒤에 미국 공영방송의 〈프론트라인/월드〉에서 2006년 핼러윈 밤에 우리에 대한 특별 프로그램을 방영했다. 이 프로그램이 나가고서 급증한 투자 요청은 우리가 바라던 대로 촉매제로서 한몫을 톡톡히 했다. 며칠 만에 사이트상의 일간 대출액이 기존의 열 배로 껑충 뛰어올랐다. 우리의 파트너들은 속도를 냈고 최선을 다해 수요를 맞추기 위해 갈수록 많은 대출자 프로필을 사이트에 올렸다. 이제 전 세계 폭넓은 지역에서 보내오는 각각의 독특한 프로필 덕분에 웹사이트상의 기업가 공동체 페이지는 놀라울 정도로 풍부하고, 다채로우며, 다양해졌다. 이를테면 캄보디아의 시금치 농부, 가자의 목수, 가나의 양봉가, 우간다의 재단사, 니카라과의 핫도그 가게 주인 등 수많은 기업가의 프로필이 올라왔다.

키바는 위기에서 벗어났다. 그런데 하마터면 벗어나지 못할 뻔했다. 다행히 투자자들이 구원 투수가 돼주었다. 투자자들에게 더 요청하는 것이 두려웠는데 오히려 그들이 한 발짝 더 나와주었고 우리를 놀라게 했다. 기대 이상으로 투자자들은 자신들이 키바를 도울 수 있게 돼 행복해했으며 우리에게 필요 사항을 드러내고 도움을 요청하는 데에 절대 두려워해서는 안 된다는 교훈을 일깨워주었다.

대답의 기술

나는 여왕에게서 눈을 떼지 못했다. 화술의 여왕, 바로 오프라 윈프리 Oprah Winfrey 얘기다. 그녀와 맷은 밝은 조명과 스튜디오의 청중 앞에서 마치 오랜 친구처럼 대화를 나누고 있었다. 그리고 이제 그녀는 내게 눈길을 돌렸다. 카메라 두 대가 조용히 내게로 방향을 틀었다. 바야흐로 때는 2007년 여름, 우리가 키바를 론칭한 지 1년 반이 되는 이날은 내 기억에 가장 강렬하고도 압박감 넘치던 순간으로 남아 있다. 나는 몇 초 후 내가 입에 담을 말 한마디, 내가 지을 표정 하나가 세상이 키바를 바라보는 관점뿐 아니라 수백만 시청자 중 누구든 우리 사이트를 방문해 우리가 누군지 살펴볼지를 결정하는 데 엄청난 영향을 주리라는 사실을 알고 있었다.

심장이 요동치면서 피가 거꾸로 솟는 느낌이 들었다. 귀에서는 획획 하는 큰 소리가 들려왔다. 나는 집중하려고 애썼다. 오프라가 내게 방금 무슨 질문을 했지?

나는 그녀의 질문이 일반적이고 포괄적이라고 상당히 확신했다. 이를테면 "이 모든 일을 어떻게 해왔는지 말씀해주세요"와 같은 질문이 그것이다. 이런 질문은 내가 뭐든 말할 수 있다는 면에서는 좋을 수 있지만 바로 그 이유 때문에 나쁠 수도 있었다. 나는 눈꺼풀과 뺨에 두꺼운 방송용 메이크업을 덕지덕지 바른 채 뜨거운 조명 아래에서 내가 감지하는 느낌만큼 과연 긴장한 모습으로 비칠지 궁금했다. 사방팔방 번쩍이는 조명과 오프라가 신은 끝내주는 구두, 함께 무대에 앉은 클린턴 대통령이 내 이름을 거론하면 어쩌나 하는 생각으로 도무지 집중하지 못했다.

쇼 중간에 대뜸 오프라에게 다시 말해달라고 요청할 수는 없는 노릇이었다. 그래서 심호흡을 했다. 애써 웃어 보였다. 눈도 깜박여보았다. 앞을 응시했다. 제시카, 생각을 좀 해, 생각을 좀 하라고!

하포 스튜디오HARPO Studios(미국 방송계의 거물 오프라 윈프리가 직접 설립하고 25년간 자신의 이름을 내걸고 유명 토크쇼를 진행했던 스튜디오 – 옮긴이)에서 오프라 윈프리 쇼에 우리를 초대하기 위해 키바 사무실로 겨우 2주 전에 전화를 걸어왔을 때 우리는 이내 장난 전화라고 생각했다. 그러나 전화를 건 상대편은 이 일이 진짜고 오프라는 진지하다고 전해주었다. 오프라는 키바에 대해 모든 것을 알고 있었다. 키바의 가장 최근 통계치는 물론 우리 멤버들의 사적인 이야기도 알고 있었으며, 2주 뒤 출간될 빌 클린턴 대통령의 새 책《Giving: 우리 각자의 나눔으로 세상을 바꾸는 법》에서 우리에 대한 내용이 다뤄질 것도 알고 있었다. 〈오프라 윈프리 쇼〉는 클린턴 대통령에게 그의 저서에 대해 인터뷰하고 있었고 우리는 그 에피소드의 하나로 초대됐던 것이다.

우리는 그 초대를 수락했고 곧이어 서둘러 준비에 나섰다. 우리는 생각해볼 수 있는 모든 질문에 답변하는 방법을 연습했다. 머리를 손질했으며 새 옷을 사기 위해 쇼핑도 했다. 우리는 오프라의 예전 쇼가 담긴 DVD를 빌려 밤중에 랩톱 컴퓨터로 시청하기도 했다. 심지어 기초적인 미디어 훈련을 받기 위해 매우 유명한 홍보 전문가에게 몇백 달러를 내기까지 했다. 솔직히 말해 그 훈련이 그리 도움 되진 않았다. 그러나 적어도 〈오프라 윈프리 쇼〉 출연에 앞서 우리가 해야 할 일의 목록 하나는 지울 수 있었다.

어느새 쇼 당일 아침이 되었고, 우리는 카메라가 켜지기를 기다리며 무대 뒤 분장실에서 대기했다. 나는 한 사람이 에어브러시로 메이크업을 할 때 분장실의 메이크업 의자에 앉아 있었다. 메이크업과 동시에 다른 사람은 내 머리를 고대기로 말고 동그랗게 다시 말고 솔질하고 한껏 머리털을 부풀려 물결 머리를 완성했다(내 눈에는 전과 똑같아 보였다). 어떤 사람은 내 스커트를 다렸다. 어떤 사람은 스커트에서 보풀을 떼어냈다. 또 어떤 사람은 내게 커피를 너무 여러 번 갖다 주는 바람에 커피 석 잔이 방 안 곳곳 나뒹구는 신세가 되었다. 더욱이, 나는 커피를 입에 대보지도 못했다. 그저 메이크업이 끝났으리라 여길 무렵, 또 한 명의 여성이 클립보드를 들고 비교적 진지해 보이는 얼굴로 분장실에 들어왔다. 그녀는 내게 다가오더니 약간의 세부 사항을 알려준 후 본론으로 들어갔다. "자, 여러분, 곧 방송이 시작될 거예요. 그래서 여러분 각자가 쇼에서 맡은 부분을 짚어보려고 해요. 물론 여기에는 어떤 대본도 없습니다. 저는 윈프리가 질문할 만한 일부 질문을 검토해보고 싶어요. 그리고 여러분에 대해 우리가 조사한 내용을 토대로 예상 답변 초안을 짜봤어요."

나는 황당했다. 이것이 그들이 부르는 소위 '무無대본'이었던가? 무대본이라면 아무도 내가 무슨 말을 할지 간섭하지 않아야 한다! 내가 하고 싶은 대로 말하는 게 '무대본'이다. 퍽이나 고맙군.

내가 이의를 제기할 틈도 없이 그 여성은 윈프리에게서 나올 만한 질문을 읊었고 다른 토크쇼나 인터뷰에서 내가 전에 언급했던 말을 인용해 가능 답안을 제시했다. 이 과정은 내 노여움을 완벽하게 가라앉혔다. 그녀가 가능한 답을 술술 읊는 것을 들었을 때 나는 차분해졌다. 이 방식은 꽤 괜찮았다. 그들의 팀은 내가 전에 했던 말을 짜 맞쥐가며 엄청난 일을 해냈다. 내가 진짜로 하고 싶었던 그런 말을 짜 낸 것이다. 내가 말하려던 요점보다 그들이 정리해준 요점이 나을 정 도였다.

그 순간은 내게 단지 질문하는 것보다 대답하는 기술이 얼마나 중 요한지 교훈을 주었다. 처음에 내가 해야 할 말을 나보다 다른 사람이 잘 안다는 발상에 완전히 언짢았지만 그저 잠시 멈추고 그들의 아이 디어를 경청했을 때 나를 보는 그들의 관점과 지금껏 우리 여정 가운 데 가장 흥미롭게 여긴 것이 무엇이었는지 알 수 있었다.

당연히 쇼가 시작되고 방송이 나가자 윈프리는 내가 분장실에서 검 토했던 질문 중 어디에도 없는 질문을 던졌다. 전혀 비슷하지도 않았 다. 그녀의 질문은 어떤 제약도 어떤 사전 준비도 없이 나왔다. 그야 말로 무대본이었다. 그녀는 내게 이 모든 경험을 어떻게 해왔는지 가 장 보람 있던 일은 무엇이었는지 물었다. 순간 아무 생각도 떠오르지 않고 멍하기만 했다. 그때 그녀를 다시 쳐다보면서 자신감 있는 척하 며 대답했다. 나는 입을 떼어 말했다. "이 일은 하루도 빠짐없이 꿈을 이뤄가는 경험이었어요." 곧이어 말이 청산유수처럼 흘러나왔다. 나 는 많은 사람이 스스로 가난에서 벗어나는 모습을 보는 일이 얼마나 놀라운 경험인지 설명했다. 대부분 문장으로 얘기했다. 적절한 손동 작도 취했다. 눈물을 머금고 잠깐 울기도 했다. 그러나 추해 보일 정 도로 많이 울진 않았다(그런데 이것은 내가 미디어 트레이닝에서 배웠던 그 섬세하게 절제된 감정 반응은 아니었다. 나는 그저 걸핏하면 울기 일쑤인 사람이 었다). 어느새 내 차례는 끝이 났다.

며칠 뒤 이 에피소드가 방송되었을 때 나는 키바를 위한 과제 수행 차 아프리카 남동부에 있는 입헌군주국 스와질란드에 있었다. 나는 피츠버그에 있는 엄마와 통화하면서 거실 텔레비전 스피커에 갖다 댄 엄마의 휴대폰을 통해 그 쇼의 몇 분이라도 들어보려 했다. 그다음 며칠 동안 팀과 연락을 취하면서 〈오프라 윈프리 쇼〉 덕분에 받은 어마어마한 충격으로 사이트가 다운되었다는 사실을 알게 되었다. 드디어 우리가 고대하던 일이 벌어진 것이다. 다음 며칠 동안에는 수백 개의 감동 어린 손길이 10만 달러 이상의 기부금을 건넸다. 다음에 오프라 에게서 또 전화가 올 경우를 대비해 사이트가 다운되지 않도록 더 큰 서버를 사야 할 듯싶었다.

반복과 진정성이 낳은 혁신

▬▬▬▬

조각가 쇼나
남아프리카공화국 케이프타운, 2012년

쇼나 맥도널드Shona McDonald는 자신의 열 살배기 손님인 메리가 그녀만
을 위해 만든 새로운 휠체어에 앉는 모습을 보면서 기쁨에 젖어 환하
게 웃었다. 메리의 뒤에서는 그녀의 부모님이 밀고 옆에서는 메리를
자랑스러워하는 형제자매들이 어린 여동생의 반짝이는 새 휠체어 손
잡이를 잘 붙들어 호위하고 있었다.

불과 며칠 전에는 한 노부인과 장애가 심한 그녀의 다섯 살배기 손
자가 나타나 쇼나의 도움을 구했다. 그 아이는 걸을 수 없었으며 셔츠
아래로 접은 홑이불이 덮인 채 할머니의 등에 업혀 있었다. 쇼나는 내
게 이 가슴 아픈 장면이 흔한 광경이라고 말했다. "이 엄마들은 아이

들이 커져도 아기일 때처럼 그저 아이들을 등에 업고 다녀요. 어떤 엄마들은 아이들이 십대가 될 때까지 업고 다니기도 하는데 이렇게 되면 모든 사람이 매우 안타까운 처지에 놓이게 되죠. 엄마들이 거의 걸을 수 없는 지경이 될 수도 있거든요."

나는 2009년에 가스 샐로너Garth Saloner 교수(지금은 스탠퍼드 경영대학원장이다)의 사례 연구를 작성하면서 운 좋게도 남아프리카 기업 쇼나킵Shonaquip의 통찰력 있는 설립자이자 경영이사인 쇼나를 만났다. 이 사례 연구는 골드만삭스가 진행한 '1만 여성10,000 Women' 프로젝트와 맺은 파트너십으로 개발되었으며, 전 세계 재능 있는 여성의 활동을 촉진할 목적으로 만들어졌다. 우리가 그녀의 케이프타운 집 뒤뜰의 그늘진 정원에 앉을 무렵 쇼나가 놀라운 이야기를 들려주었다.

1981년에 쇼나의 두 번째 딸인 셸리Shelly는 여러 장애를 안고 태어났다. 셸리는 말을 할 수 없었을 뿐 아니라 거의 들을 수도 없었으며 태어난 지 얼마 되지 않아 뇌성 소아마비 진단까지 받았다. 쇼나와 가족은 셸리를 적절히 보살피려면 집에 변화를 꾀해야 한다는 사실을 알았다. 그런데 그들은 셸리의 장래를 바라보는 주위 사람들의 시각이 이렇게나 비판적인지 미처 예상하지 못했다. "저는 충격을 받았어요." 쇼나가 말했다. "의사들은 우리에게 이런 장애가 있는 아이들이 얼마나 제구실을 못 하는지 얘기했어요. 실제로 전문 의사 한 명은 제게 셸리를 집에 그냥 두고 아이를 하나 더 가지라고 권유했지요. 마치 셸리가 아무 쓸모없는 존재인 것처럼 저더러 다시 시작하라고 했어요. 그 말을 들은 저는 억장이 무너지고 주저앉고 싶은 심정이었어요."

쇼나는 즉시 셸리를 돌보기 위해 자신의 일과를 조절했다. 자신이 딸의 필요에 대해 현실적이 돼가는 만큼 쇼나는 의사들이 말한 가능성을 훨씬 뛰어넘어 셸리의 잠재력을 믿었다. 쇼나의 이러한 믿음은 탄력을 받기 시작했다. 딸과 관계를 맺어나가며 새로운 것을 가르쳐주려는 엄마의 노력에 셸리도 갈수록 부응했다. 쇼나는 자신이 찾을 수 있는 도구나 학습 방법은 무엇이든지 찾아냈고, 발달 촉진 놀이와 수화, 기호들을 사용해 집에서 셸리를 교육하기 시작했다.

쇼나는 셸리의 필요 사항에 맞추기 위해 부단히 이러한 도구와 교육 자료를 조정하고 개조해나갔다. 그녀는 딸의 능력에 잘 맞도록 셸리 주변의 기본적인 가정용 물품이나 가구를 조정했다. 가령 셸리가 의자에 앉거나 누워 있는 위치는 그녀가 활동하거나 움직임을 조절하는 능력에 매우 긍정적이거나 부정적 영향을 미칠 수 있었다. "제대로 앉을 수 없는 데다 뭔가를 쳐다보거나 자신을 가르치는 사람을 볼 수 없으면 소통은 이루어지지 않으리라는 사실을 깨닫기 시작했어요." 쇼나가 말했다. "만약 아이가 실제로 자신의 몸을 올바른 자세로 유지할 수 없다면 가르칠 수가 없지요." 셸리의 장애는 너무 심각해서 방석이나 베개를 아래에 놓아 좌석 높이를 바꾸는 것도 적합한 조치가 될 수 없었다. 셸리에게는 훨씬 적합한, 자신의 신체 여러 부분을 단단히 지지해줄 뭔가가 필요했다.

그래서 쇼나는 딸의 필요에 맞는 더욱 바람직한 방법을 찾아 나섰다. 그러나 셸리와 같은 중증 장애인을 위한 재활 보조 기구 상당수가 균일하게 표준화돼 있었기 때문에 쇼나는 그것들을 찾을 수 없었다. 이처럼 이 기구들은 이것들을 가장 필요로 하는 복합적인 장애를 지닌 이들에게 쓸모가 없었다. 장애를 가진 아이들에게는 특히 그랬다. 쇼나의 입장에서 대부분 장애인에게 표준 버팀목이나 표준 기구를 사용하라는 말은 그야말로 말도 안 되는 발상이었다. 쇼나가 말한 대로 이것은 마치 '의치를 슈퍼마켓에서 처방전 없이 사거나, 오직 한 종류의 훌륭한 안경을 모든 시력 장애인이 두루 이용할 수 있게 하라는 것과 마찬가지'인 발상이었다.

쇼나는 예술가이자 조각가로서 자신의 경력을 충분히 발휘해 자신만의 기구를 만들기 시작했다. 처음에는 쇼나가 만든 기구가 셸리에게 항상 들어맞지는 않았다. 또한 셸리가 사용하기에 솜씨가 너무 서투른 것도 있었다. 그러나 쇼나는 적합한 기구를 만드는 과정이 자신이 조각하는 과정과 비슷하다고 믿었다. 쇼나는 조각이 처음부터 조각 같아 보이지는 않는다는 사실을 잘 알았다. 참된 예술은 진흙이나 나무, 바윗덩어리 안의 많은 층 속에 존재한다. 사물 안에 있는 것을 점점 발견해가는 것이 예술이다. 그녀는 마지막 모양을 나타내기 위해 재료에 새기거나, 사포로 재료를 닦거나, 조금씩 깎아내야 했다. 긴 과정을 거쳐야만 재료에서 걸작이 나왔다. 진정으로 아름다운 작품이 나오기 전까지 수많은 불완전한 버전을 만드는 과정을 거쳐야 한다.

쇼나는 이 작업을 계속했고 셸리에게 꼭 맞도록 자신의 디자인을 조정했다. 쇼나는 차츰차츰 셸리에게 잘 맞아 셸리가 앉을 수도 있고, 대화할 수도 있고, 배울 수도 있으며, 잘 자랄 수도 있는 버팀대와 기구를 정교하게 만들 수 있었다.

셸리가 자랄수록 셸리의 필요 사항도 계속해서 변했고 쇼나는 끊임없이 각 단계별 새로운 버전의 기구를 만들어냈다. 쇼나는 올바른 기구를 사용하는 것이 셸리뿐 아니라 셸리와 같은 다른 사람들에게도 더욱 바람직한 인생을 선사한다는 믿음에 더욱 열정적이 돼갔다. 그녀는 앉는 사람의 필요에 맞춰 적절히 디자인한 의자가 자라나는 아이의 성장 발육에 핵심 요소라고 확신하게 되었다. "아이를 그냥 의자에 맞춰 앉게 해선 안 돼요. 아이를 잘 관찰하고 나서 아이들의 필요 사항에 가장 잘 맞춘 의자를 만들어야 하죠. 그 반대가 아니고요."

쇼나는 이러한 장비들을 완벽하게 만드는 데에 의욕이 넘쳐 셸리가 두 돌 반이 될 무렵까지 이미 수많은 의자를 제작했다. 여기에는 그녀가 케이프타운 대학교의 몇몇 친구와 공동 디자인하고 제작해 만든 전동 휠체어도 있었다. 이 전동 휠체어는 남아프리카에서 만들어진 첫 번째 전동 유모차였다.

곧이어 쇼나는 친구들의 장애를 지닌 아이들을 위한 의자와 유모차도 만들기 시작했다. 그런데 수요가 꽤 많아 곧 매일 의자를 만들어야 했다. 그녀는 무료로 일했지만 얼마 후 친구의 등쌀에 못 이겨 자신의 작업에 대한 소정의 비용을 청구하게 되었고 1992년에 공식 등록 단체인 쇼나킵이 탄생하기에 이르렀다.

쇼나의 차고에서 두 명으로 시작한 쇼나킵은 이제 수십 명의 기술자와 재봉사, 치료사 들을 갖출 정도로 상당한 규모가 되었다. 이 회사는 지금 이동 기구나, 신체장애 정도가 보통이거나 중증인 사람들을 위한 보완대체 의사소통 augmentative and alternative communication (언어 표현을 보완하거나 대체하여 의사소통하기 위한 방법 - 옮긴이) 기구를 디자인하고 제조해 공급하고 있다. 지금껏 쇼나킵은 직접적으로 7만 명의 아이를 도왔다. 뿐만 아니라 쇼나킵이 지원하는 공동체에서 장애인에 대한 이해도를 높이고 인식을 변화시킨 공로를 인정받고 있다.

그러나 내가 이 회사를 존경하는 이유는 무엇보다도 그 유래에 있다. 쇼나는 자신의 딸에 대한 위대한 사랑에 영감을 받아 딸에게 최상의 것을 주려고 헌신하면서 오직 한 사람을 위한 최상의 해결책을 만들어내는 일부터 시작했다. 딸을 극진히 아끼며 보살피려 했기 때문에 쇼나는 모든 세밀한 주의를 기울였고 하루도 빠짐없이 소소한 개선을 꾀했다. 시간이 갈수록 이러한 노력은 다른 기구와는 현저히 다른 제품을 디자인해내는 원동력이 되었다. 그녀는 반복하는 디자인 과정의 거장이었고 이 과정은 진정한 혁신 제품뿐 아니라 남아프리카 전역과 그 너머에 걸쳐 수만 명의 아이를 돕는 강력한 조직을 탄생시켰다.

반복하고 또
반복하는 이유

—

우리가 성공을 재정립할 때 '최종 목적지'가 아니라, 끊임없이 신중한 반복을 비롯해 창출과 실행 과정을
운영하고 이에 전념하는 '방법'으로 접근한다면 우리는 지속적 성장을 가로막는 자기만족의 굴레에서 벗
어날 수 있다. 가장 혁신적인 팀은 당면한 문제를 해결했든 못 했든 하루도 빠짐없이 나아지기 위해 노력
한다. 그들은 시간이 거듭될수록 최상의 해결책을 찾아 계속해서 이끌어갈 자들이다.

CLAY WATER BRICK

끝없이 되풀이하는 과정

2007년 봄, 키바는 창립 1년 반이 되었고 나는 스탠퍼드에서 가장 치열한 2년째를 맞았다. 나는 이른바 '디스쿨d.school'로 알려진, 스탠퍼드 대학교의 디자인 스쿨이 제공하는 '최대한 누구나 누릴 수 있는 제품 개발을 위한 디자인Design for Extreme Affordability'이라는 특별 신설 과정의 시작을 손꼽아 기다리고 있었다. 디스쿨 졸업생들 사이에 애칭으로 '최대한Extreme'이라고도 불리는 이 과정은 반년 동안 진행되며 전 세계 극빈층을 위해 학생들에게 많은 전문 분야에 걸쳐 프로젝트 중심으로 제품과 서비스의 디자인 과정을 가르친다. 학생들은 실제 세계의 문제를 해결하기 위해 외부 조직과 직접 일하고 현장에서 프로젝트를 적용하는 것으로 과정을 마친다. 나는 디자인 씽킹design thinking(2009년 로저 마틴이 자신의 저서에서 통합적 사고법으로 제시한 개념으로, 고객 중심 사고를 통해 혁신적인 서비스와 상품은 물론 전반적인 비즈니스 프로세스를 개발하는 기법 – 옮긴이)과 디자인 원리를 배우기 위해 이보다 완벽한 방법을 꿈꿔본 적이 없었다. 게다가 예전 스탠퍼드에서 일할 당시 알게 된 디스쿨 리더 짐 파텔Jim Patell의 수업을 듣는다는 열망으로도 한껏 부풀어 있었다.

　수업은 경영대학원과 공학, 인문 전공 학생들로 구성된 일곱 개의 다양한 팀으로 나뉘었다. 우리에게는 모두 미얀마 시골에 사는 농부들을 위한 혁신적이면서도, 철저하게 비용 효과적이며, 사회적으로 영향을 주는 제품을 만드는 업무가 맡겨졌다. 처음에 우리 팀은 물 펌프를 재디자인하는 작업을 조사하기로 했다. 우리는 곧바로 많은 아이디어를 도출해냈다. 그러나 아이디어는 나오는 족족 그럴듯한 이유로 채택되지 않았다. "여성들에게 이런 페달을 이용하라고 할 순 없지." 팀원 중 한 명이 금속과 대나무로 만든 투박한 스테어마스터StairMaster(계단 오르는 동작을 할 수 있도록 만들어진 운동 기계 – 옮긴이) 운동 기구 모양의 밑그림을 가리키며 말했다. "여성이 볼 때 동작이 너무 도발적일 것 같아요. 발을 위아래 앞뒤로 오르락내리락 움직이면 엉덩이가 씰룩거릴 거예요. 아시다시피 이렇게요." 그는 약간의 시범 동작을 해 보였고 우리는 모두 까르르 웃었다. 봄 방학 동안 우리 반 학생 절반은 서비스 제공을 목표로 두고 미얀마에서 농부들을 대상으로 인터뷰도 하고 관찰도 하면서 보냈으며 낄낄거리고 웃으면서도 여기서 얻은 정보를 마음속 깊이 간직했다.

　궁극적으로 우리는 이 안 대신 값싸게 물을 저장하는 방법을 조사하기로 했다. 이 안건은 미얀마에서 적절한 대안이 없어 중요한 문제였다.

대체로 농부들은 우물에서 펌프로 물을 끌어 올려 지하수에서 물이 올라오면 그 물을 일시적으로 저장한 다음 깡통으로 날라 농장 전역의 농작물에 공급해야 했다. 사람들은 물을 끌어 올려 농작물에 물을 주는 그 짧은 시간 동안 물을 저장하려고 땅에 간단한 구멍을 파곤 했다. 이 방법은 단순하면서고 비용이 적게 드는 해결책이었기 때문이다. 그러나 지하에서 물을 끌어 올리는 데 드는 많은 양의 노역은 상당한 물이 땅에 다시 흡수되었기 때문에 낭비였다. 어떤 부유한 가족은 물을 끌어 올린 뒤 콘크리트나 금속 재질의 용기를 사용해 저장하기 때문에 물이 재흡수되는 문제를 거의 겪지 않았다. 그러나 이러한 방법은 시골 농부 대다수에게는 너무 비싼 해결책이었다. 게다가 너무 비싼 해결책은 이미 해결책이 아니었다. 적당한 가격으로 구입할 수 있느냐 하는 것이 우리가 설계할 디자인의 주요 관건이었고 다른 나머지 사항들은 이보다 우선순위가 떨어졌다. 이를테면 내구성, 즉 아무도 부인할 수 없는 대단한 것으로 보이는 특성도 이 과제를 위한 목록에서는 하위를 차지했다. 10년 동안 멀쩡히 썼다 해도 제품 가격이 50달러라면 우리가 목표로 한 고객에게는 부질없는 일이었을 것이다. 그러나 설령 제품 수명이 수개월밖에 안 돼 교체가 필요하다 해도 제품 가격이 5달러라면 유용하게 쓰일 수 있을 것이다. '수명이 영구적으로 만들어졌으나' 비싼 제품은 의도적으로 '수명이 비영구적으로 만들어졌으나' 비싸지 않은 제품보다 못한 법이다.

우리 팀은 물을 저장할 더욱 바람직한 방법을 브레인스토밍하기 시작했다. 전 세계에 걸쳐 여러 다른 저장 방식을 조사했을뿐더러, 다른 환경에서 다른 목적으로 물을 저장하는 방식에 대해서도 두루 범위를 넓혀 생각해보았다. 어떤 날은 아이디어를 위해 장난감 가게 웹사이트를 검색하기도 했다. 물 풍선과 어류 탱크, 물총에서 우리가 배울 수 있는 점은 무엇일까? 우리는 공기 주입형 아동 소형 풀장을 우연히 발견했을 때 영감이 하나 떠올랐다. 풀장은 모양이 둥글고 옆면이 안쪽으로 약간 경사져 있었다. 이를테면 큰 원뿔의 위로부터 90퍼센트를 잘라내면 남는 둥근 아랫부분 같았다. 풀장에 담긴 물의 압력은 풀장의 가장자리가 서도록 도와주었다. 사실 풀장 가장자리는 풀장에 물이 제대로 차 있지 않으면 안쪽으로 털썩 주저앉게 마련이다. 전체 풀장은 부드럽고 신축성 있는 플라스틱으로 만들어졌다. 가볍고, 내구성도 매우 강하며, 운반하기도 수월했다. 우리는 어린이 풀장과 약간의 방수 천을 사서 디스쿨로 돌아가 이 디자인에 토대를 둔 우리만의 시제품을 만들었다.

우리는 방수 천을 잘라 꿰매 첫 번째 저수용 용기를 만들고 어린이 풀장처럼 모양을 잡았다. 제조 과정은 힘들고 진도가 느렸다. 우리는 매우 강하고 두꺼운 실과 큰 바늘을 사용해야 했다. 그런데도 왁스 처리된 천에 억지로 바늘로 들이밀려니 바늘이 툭하면 반으로 뚝뚝 부러졌다. 게다가 내 재봉틀은 걸핏하면 멈춰 이음매를 손으로 꿰매 마무리해야 했다. 우리는 대신에 두 번째 용기부터는 헝겊으로 된 강력 접착테이프를 사용해보았다. 강력 접착테이프 덕분에 이음매가 잘 붙었다. 그러나 모든 이음매의 지점이 다 제대로 봉합되었는지 확인하는 데 시간이 너무 오래 걸렸다. 그러나 우리는 이 버전이 한밤중에 시험해볼 만큼 강력한 시제품이라고 느꼈다. 이 풀장 시제품에 물을 채우고서 우리는 저녁을 먹으러 갔다. 다음 날, 테이프를 세게 눌러 붙이지 않은 지점들에서 약간의 누수를 발견하긴 했지만 전반적으로 확실히 두 번째 버전은 첫 번째보다 개선되었다. 그래서 우리는 지금껏 배운 내용을 토대로 세 번째 버전의 저수 용기를 만들었다. 바늘로도 깁고 테이프로도 두 번이나 봉합한 버전이었다. 이 버전은 이전 버전들보다 훨씬 나았다. 다시 우리는 한밤중에 봉합이 잘되었는지 확인하기 위해 시험을 했다. 봉합은 완벽했다! 과정상 개선이 느리긴 했지만 완벽한 디자인을 얻을 때까지 이 과정은 수없이 많은 날 동안 반복되었다.

전 과정을 통해 각 팀원이 저마다 가장 시급한 일에 독특한 시각을 가지고 자신의 역할을 감당했기 때문에 우리 모델은 순식간에 개선되었다. 팀이 저수 용기의 구조적 문제를 해결하려고 할 때 공학도들은 옆면의 각도 조절과 반대 압력을 생성하는 안을 두고 통찰력 있는 조언을 주기도 했다. 일부 인문학도가 포함된 다른 팀원들은 우리가 미얀마의 문화를 이해하고 농부의 일상에 실질적으로 접근하도록 도왔다. 우리가 농부들이 하지 않을 만한 사실을 추정하거나 행동 양상을 기대할 때면 그들은 우리를 정정해주었다.

이를테면 우리는 성인들만 저수 용기에 담긴 물을 이용하리라고 가정해 저장 용기의 벽을 높게 만들었지만 실제 현장에서는 아이들의 손이 닿을 높이도 고려해야만 했다. 그런 뒤 나와 같은 경영대학원생들은 마땅히 생각해봐야 할 거리를 질문하려 애썼다. 가령 현지에서 구할 수 있는 재료가 무엇인지, 재료 비용은 얼마인지, 어떤 방법이 이 저수 용기를 유통하기에 가장 효과적일지, 이와 같은 제품은 어떻게 마케팅해야 할지 등이 그것이다.

우리는 계속해서 조정했고 마침내 최종 사용자가 몇 달러만 내면 살 수 있는 근사한 제품을 만들어냈다. 우리는 땅에 구멍을 내 물을 쏟아붓지 않고 더욱 효과적인 대안을 만들어냈다는 사실, 또한 무겁고 딱딱한 플라스틱이나 금속 용기보다 훨씬 저렴한 가격의 제품을 만들어냈다는 사실이 자랑스러웠다.

이 제품은 디스쿨 비영리 파트너에 채택되어 미얀마에서 생산되고 수천 명 농부의 손에 건네졌다. 더욱 바람직한 사실은 이 과정을 듣는 장래 학생 팀들이 우리의 아이디어를 계속해서 확대해 초기 저수 용기를 획기적으로 향상시켰다. 첫 번째 저수 용기 디자인이 나온 지 몇 년 뒤에는 또 하나의 디스쿨 팀이 우리가 중단한 지점에 이어 다른 모양과 크기, 재질로 실험을 계속해 종이접기에서 영감을 얻은 놀라운 조립 과정을 고안했다. 이 팀은 종이접기 미술가가 종이를 사용하는 방식과 마찬가지로 방수천 재질을 사용할 수 있다는 사실을 깨달았다. 즉 그들은 자르거나 봉합하지 않고 재료를 접는 방식으로 물을 저장할 수 있는 최상의 삼차원 모양 저수 용기를 만들어냈다. 이 방식은 누수될 만할 이음매가 전혀 없었으며 땅속 수 미터 아래에서 약 450리터를 담아낼 만큼 튼튼했다. 가장 기초적인 누수 문제를 해결했을 뿐 아니라 높이가 약 1미터나 되어 농부가 식물에 물을 줄 때 양동이가 아닌 호스를 써도 될 정도로 그 수압을 감당해냈다. 그들은 이 제품에 '인피니캔'이라는 새 이름을 붙였고 이 제품은 우리가 만든 본래 디자인보다 훨씬 빨리 인기를 누렸다. 그 저장 용기는 지금 미얀마에서 개당 5달러 미만으로 팔리고 있다.

아직 이야기의 끝이 아니다. 디스쿨 팀 가운데 한 팀에서 디자인의 개선을 더욱 꾀하고자 미얀마로 학습과 연구를 지속할 팀원을 한 명 파견했다. 그녀는 재료를 적게 사용하면서도 비용을 낮출 여러 가지 생산 방법을 찾아냈다. 그녀는 통찰력이 뛰어났다. 그러나 그 제품이 소비자에게 완전히 시판되기 전 미얀마를 떠났고 그 후 일곱 달 동안 어떤 추가적 진전도 없었다. 그러고 나서 2008년 5월 2일에 사이클론 나르기스가 미얀마를 강타했다.

이 4등급 사이클론은 엄청난 손실을 입혔고 10만여 명이 넘는 사람들의 목숨을 앗아갔다. 전 마을이 초토화되었다. 수백만 명이 집을 잃고 거리에 나앉아 기아 난민이 되었다. 졸지에 수많은 사람이 깨끗한 식수원을 잃어버렸다. 비정부 기구와 다른 단체 들이 이 문제를 해결할 저렴하고, 튼튼하며, 운반하기 쉬운 물 저장 용기를 찾아내기 위해 팔을 걷어붙였다.

수천 개의 인피니캔이 신속하게 제조되었고 물 펌프와 염소 처리 정제와 함께 현지에 배포되었다. 이것은 대량의 깨끗한 물을 이용하고 정화하고 저장하는 데 필요한 모든 것이었다. 40달러짜리 장비 패키지 하나로 사람들은 하루에 1,000명까지 깨끗한 식수를 얻을 수 있었다. 사이클론이 강타한 지 몇 주 만에 9,000개의 인피니캔이 주문되었다. 몇 주 후 500개가 매일 생산되었고 수요는 여전히 공급을 초과했다. 수년간에 걸쳐 떠오른 영감과 구상, 실험, 실수, 디자인, 재디자인이 수많은 차별화와 다양한 시각과 어우러져 소박한 제품을 수만 명을 돕는 구호품으로 진화시킨 것이다.

우리가 성공을 재정립할 때 '최종 목적지'가 아니라, 끊임없이 신중한 반복을 비롯해 창출과 실행 과정을 운영하고 이에 전념하는 '방법'으로 접근한다면 우리는 지속적 성장을 가로막는 자기만족의 굴레에서 벗어날 수 있다. 가장 혁신적인 팀은 당면한 문제를 해결했든 못했든 하루도 빠짐없이 나아지기 위해 노력한다. 그들은 시간이 거듭될수록 최상의 해결책을 찾아 계속해서 이끌어갈 자들이다.

만들고, 시험해보고, 배우며, 다시 만드는 식으로 이 과정을 몇 번이고 되풀이하라. 최상의 작품을 만들어내기 위해 끊임없이 되풀이하는 과정에 전념하라.

반복은 최상의 해결책

스와힐리어 속담에 '티끌 모아 태산'이라는 뜻의 "하바 나 하바, 후자자 키바바Haba na haba, hujaza kibaba"라는 말이 있다.

소소하고 고집스러운 변화를 만들어가는 일의 중요성을 일축하기는 쉽다. 그러나 이러한 소소한 개선이 쌓이다 보면 무엇보다 크고 의미 있는 진전을 일궈낼 수 있다.

디스쿨 수업에서 배운 대로 반복적 디자인은 만들어보고, 시험해보고, 효과를 조목조목 따져 미흡한 것을 고치는(또는 처음부터 다시 만드는) 과정에 토대를 두고 새로운 것을 만드는 방법이다. 이렇게 느린 과정을 통해 제품이나 아이디어가 다듬어지며 각 변화와 아울러 제품이 향상된다. 연속되는 버전이 때마다 조금씩 나아지면서 간혹 큰 향상을 보이기도 한다.

쇼나의 디자인은 하루아침에 이뤄지지 않았다. 그녀가 자신의 디자인을 상황에 맞게 조정하는 일은 때로는 셸리가 똑바로 앉도록 돕기 위해 베개 대신 돌돌 만 담요를 사용하는 것처럼 매우 사소한 일이었다. 이런 작은 시도는 때로 시판 제품과 차별화된 전적으로 새로운 휠체어를 만드는 일을 의미했다. 가령 도로도 없는 오래된 마을의 거친 지형도 달릴 수 있는 크고 울퉁불퉁한 바퀴를 만들어야 했다.

왜 모든 사람이 계속 시험하고, 배우고, 조정하며, 매일 좀 더 나아지는 식으로 개선해나가지 않을까? 사회적 통념에 비춰 보면, 제품의 새 버전을 대규모로 론칭할 때는 이에 앞서 길고 신중한 사전 준비 과정을 거치는 것이 최선이다. 특히 큰 조직에서는 시간을 갖고 안을 들여다보라는 말을 자주 듣는다. 즉 철두철미하면서도 기존 계획에서 벗어나지 않는 방향으로 제안하라는 것이다. 이와 동시에 우리가 만들고 싶은 변화를 상세하게 설명해야 한다. 또한 그 목표에 도달하기 위해 일어나야만 할 단계가 정확하게 무엇인지 자세히 설명해야 한다. 아울러 이러한 변화나 제품의 새로운 버전이 수익과 비용, 현금 흐름에 어떤 영향을 미칠지도 예측해야 한다. 즉 알 수 없는 미래를 설명하자는 것이다. 이와 같이 일단 필요한 조사를 마치고 연구 승인이 떨어진 후에야 우리는 제품 개발에 대한 허가를 받는다. 이 과정에서 고객 의견은 간과한 채 제품의 론칭을 위해 수십 시간이나 수백 시간, 수천 시간을 준비해나간다. 그리고 마침내 모든 것을 윤이 날 정도로 연마하고 흠잡을 데 없이 완벽하게 마무리하고 나면 그제야 우리는 세상에 새롭고 (이론적으로) 더욱 바람직한 해결책을 선보일 수 있다.

그러나 이러한 사고방식은 구태의연하고 비효율적이다. 기업들은 몇 달이나 몇 년을 새로운 버전의 제품을 개발하려고 시간을 보낸 뒤 고객에게 충분한 피드백을 요청하지도 않고 사람들이 원하지도 않는 물건을 만들어낸다. 설상가상으로 기업들은 너무 많은 자원을 낭비했을 수도 있고, 도를 넘어 잘못된 길로 접어들어 돌이킬 수 없는 상태에 직면했을 수도 있으며, 기업이 총체적으로 힘든 상황에 처할 수도 있다.

쇼나를 비롯해 그녀와 같은 현명한 기업가는 끊임없이 신속하게 반복하는 길을 택했다. 이 과정이 번잡스럽고 내키지 않는 것은 사실이다. 자기 목소리를 내어 아이디어를 통과시키고, 다른 사람들과 함께 시행착오를 거쳐 시험해보며, 서비스를 제공할 사람들에게서 살아 있는 피드백을 얻는 일은 어떤 사람들에게는 불편할 수도 있다. 일이 해결되었다고 생각하기 전까지는 비밀스럽게 일하는 편이 불안한 마음이 적게 든다. 설령 잘못을 해도 아무도 발견하지 못하기 때문이다. 그러나 쇼나는 자신의 디자인을 조정해야 한다는 사실을 일종의 실패로 받아들인 적이 없다. 쇼나에게는 도중에 수정하는 일이 제품을 향상시키고 최상의 해결책을 찾는 매우 간단하면서도 가장 명확한 방법이었다.

내가 참여했던 모든 성공적인 조직에서는 이러한 반복 과정을 터득했으며 모든 팀원이 반복 과정이 중요하다는 인식 아래 일할 수 있는 문화를 창출했다. 소프트웨어와 다른 많은 기술 기업에서는 특히 이런 식의 운영의 묘미를 살리기가 쉽다. 즉 데이터와 작동(그리고 오작동)에 대한 피드백을 얻는 일은 이제 쉽고, 저렴하고, 비교적 간단하며, 변화를 만드는 일은 때로는 자판을 몇 번 두드리는 것만큼 신속하게 진행된다. 모든 벤처 기업도 이러한 원리를 조직에서 활용할 수 있다.

키바의 첫 번째 웹사이트는 그야말로 골격만 갖춘 상태였다. 소수의 대출자 프로필이 담긴 '회사 소개'와 '투자' 페이지가 전부였다. 우리는 이것이 불완전하다는 사실을 알았지만 그냥 이 상태로 시작해 매일 보완하기 위해 피드백을 받았다. 그때부터 사이트는 수십 명에서 수백 명에 이르는 사람들의 참여로 점차 개선되었다. 서서히 사이트는 지금의 탄탄하고 강력한 플랫폼으로 자리매김했다. 위대한 아이디어와 위대한 제품은 스스로 단번에 드러내지 않는다. 많은 걸작은 시간이 갈수록 시행착오와 전진과 후퇴, 끊임없는 반복을 거치며 하나씩 만들어진다.

처음부터 다시 시작

재단사 리

중국 베이징, 2008년

2008년 봄, 나는 스탠퍼드 경영대학원에서 여성 기업가에 대한 사례 연구 작성을 위한 과제를 하나 막 시작했다. 나는 1차 인터뷰 차 중관춘中关村 전역에 있는 기술 기업가들을 만나기 위해 중국에 도착했다. 이 지역은 베이징의 하이뎬취海淀区에서 기업가들의 중심 활동지로서 흔히 '중국의 실리콘밸리'로 통한다.

인터뷰와 사례 연구로 몇날 며칠 기나긴 하루를 보낸 어느 토요일이었다. 이날 나는 상하이로 돌아가기 전 베이징에서 하루 휴가를 냈다. 직물 시장을 방문하고 싶던 차에 몇몇 사람이 무시위안木樨园이라는 지역으로 가라고 말해준 상태였다. 즐비한 가판대가 미로를 형성하는 직물 시장에 이르자 순간 길을 잃었다. 발길이 들어서는 어디든 어지러울 정도로 많은 색상과 질감의 천이 넘쳐났다. 나는 무수히 많은 빛깔에 도취된 채 이리저리 발 닿는 대로 돌아다녔다.

20대 중반의 한 젊은 여성이 다른 노점 상인 사이에서 유독 눈에 띄었다. 다른 사람들은 잡담하며 앉아 있거나 내 환심을 사려 애쓰는 반면 그녀는 완전히 몰입한 얼굴로 재봉틀 앞에 앉아 일을 쳐내는 데만 온통 집중하고 있었다. 그녀를 둘러싸고 있는 산더미 같은 옷감 중 어떤 것은 반듯이 접혀 완벽한 직사각형 모양으로 쌓여 있었고, 어떤 것은 구겨진 채로 아무렇게나 쌓여 있었다. 그녀는 화려한 붉은색과 황금색의 청삼靑衫에 마무리 손질을 하고 있었다. 옷깃이 높고 아래쪽 옆 부분이 트여 있으며 몸에 딱 붙는 중국 전통 원피스인 청삼은 창문 하나 없는 창고의 형광 불빛 아래에서도 빛을 받아 반짝였다. 청삼을 보고 있노라니 그야말로 혼이 쏙 빠진 듯한 기분이었다.

내 존재를 눈치챌 만큼 나는 그녀를 오래도록 뚫어져라 보았다. 그녀가 하던 일을 멈추고 올려다보더니 짧게 물었다. "미국인이죠?" 나는 그저 눈을 깜빡거리다 얼른 정신을 차리려고 머리를 흔들었다. "예, 죄송해요. 어떻게 아셨어요?" 그녀가 찡긋 윙크하며 대답했다. "척 보면 알죠."

우리는 그녀가 만들고 있는 청삼에 대해 이야기를 나누기 시작했다. 그러다가 나는 불쑥 그녀가 하는 일에 대해 이것저것 묻기 시작했다. 이렇게 바느질하는 것은 어디서 배웠는지? 장사는 잘되는지? 다른 사람하고 일해본 적은 있는지?

그 젊은 여성의 이름은 리였다. 리의 엄마도 바느질을 했으며 그녀에게 모든 것을 전수했다. 소녀 리는 밝은 빛깔의 섬유와 황홀할 정도로 우아한 실에 넋이 나간 채 어머니가 일하는 모습을 지켜보며 시간을 보냈다. 제대로 된 교육을 받지는 못했지만 리는 이 과정에서 수많은 잔재주를 익혔다. 가령 한 땀의 끝에 매듭을 짓기 위해 알맞은 고리를 만드는 법이라든지, 닳아 해진 옷의 터진 가장자리를 마무리하는 법이라든지, 일직선으로 곧은 단을 처리하는 법이라든지, 솔기를 덧대는 법 등이 그것이었다.

리의 가족은 간신히 입에 풀칠을 할 정도로 아등바등 살았던지라 그녀는 일찍이 어머니를 도와 바느질 일을 시작했다. 리에게 바느질은 능숙하고도 쉽게 할 수 있는 일이었다. 그래서 날이 갈수록 그녀가 바느질을 한다는 사실은 당연하게 받아들여졌다. 이윽고 어머니의 시력이 나빠지고 손도 약해지다 관절염으로 구부러지자 리는 바느질일을 이어받았다. 그녀는 직물을 팔았고, 맞춤복을 만들었으며, 수선을 했다. 어머니가 자신에게 가르쳐준 것을 활용했을 뿐 아니라 그 위에 자신의 스타일과 아이디어를 접목해 더욱 발전시켰다.

리는 자신이 근래에 구매한 최신 전동 재봉틀에 대해 낱낱이 얘기해주었다. 이 재봉틀은 한쪽 구석에 레이스 모양의 묵직한 금속 페달과 커다란 돌림 바퀴가 달린 정교한 수동의 구식 재봉틀과는 한판 경쟁이라도 하듯 외관이 완전 딴판이었다. 그런데 그녀의 작은 노점에서 신식과 구식의 대조를 이루는 물품이 비단 이 재봉틀만은 아니었다. 면도날같이 날카로운 가위 옆에 닳아빠진 줄자가 빛나고 동그랗게 말려 있는가 하면, 크기별로 쭉 나열된 새로 산 미개봉 플라스틱 바늘통 아래에 누렇게 뜬 종이 옷본이 널려 있었다. 또 재봉틀 아래 바닥에 닳아 해진 천 조각이 널브러져 있는 것과는 대조적으로 뒤편의 선반 위에는 손때 하나 묻지 않은 직물 몇 필이 말끔히 쌓여 있었다.

리는 거의 모든 의복의 수선법을 꿰고 있었다. 이 때문에 리는 두 천을 붙여 깁는 기술보다 중요한 해체한 옷을 원상태로 돌리는 과정에 냉정하게 임했고 이 모습은 실로 신선해 보였다.

리는 내게 의복 수선의 기본 단계를 얘기해주었다. 우선, 그녀는 직물의 특성에 맞서 수선하면 역효과가 난다는 것을 알았다. 그래서 수선하기 전 재료의 구성을 어찌할지를 가늠했다. 때때로 옷감이 뒤틀리고 입었을 때 당기다가 끝내 이상한 모양새가 나오는 것은 직물 자체의 굴곡진 상태를 고려하지 않고서 재단했기 때문이다. 바로 날실과 씨실, 바이어스_{bias}* (어슷끊기)가 직물의 특성을 결정하며 한번 결정된 특성은 바뀌지 않는다. 이러한 특성을 고려하지 않고 꿰매면 직물은 팽팽하게 당기고 닳는 속도가 빨라지거나 심지어 예상치 못하게 찢어질 수도 있다.

다음으로, 리는 안쪽에서부터 바깥쪽으로 의복을 점검하는 법을 알았다. 바느질을 해본 사람은 다 알겠지만 뒷면으로 꿰매면 셔츠나 원피스를 꿰맨 바느질의 지저분한 자국이 숨겨진다. 솔기와 절단면, 매

---

* 옷감을 자른 곳이나 박은 곳 따위가 직물의 올의 방향에 대해 빗금으로 되어 있는 것. 또는 그렇게 자르는 것을 말한다. 날실은 천을 짤 때 세로로 놓인 실로 직물의 세로결을 구성해 직물의 핵심인 몸통과 외관을 형성하고 씨실은 직물의 나머지를 채우는데, 바이어스는 날실에서 비스듬히 45도 방향으로 한다.

듭, 실이 늘어진 끝, 심지어 사소한 실수 등을 눈에 안 띄게 하거나 안쪽 면으로 가게 해 숨길 수 있다. 리는 문제를 파악하기 위해 항상 천을 뒤집었다.

또한, 리는 이따금 의복이 완벽해 보여도 실상은 그렇지 않다는 것을 잘 알았다. 의복을 입을 사람에게는 완벽하지 않기 때문이다. 의복이 몸에 더는 맞지 않는 것이다. 이것을 고칠 유일한 방법은 고객이 그 의복을 입어보도록 하여 줄일 부분과 늘일 부분을 파악하는 것이다. 리는 심지어 아주 사소한 세부 사항까지 맞춰야 직성이 풀렸다. 고객과 작업할수록 더욱 잘 수선할 방법을 찾을 수 있었고 의복의 각 부분이 고객에게 더욱 안성맞춤이 되도록 만들 수 있었다.

마지막으로, 리는 때로는 처음부터 다시 시작하는 것만이 실수한 부분을 수선할 유일한 방법이라는 사실을 알았다. 좋은 재봉사나 재단사는 몇 땀 또는 수많은 땀을 풀어 되돌리는 일이 의복 수선의 유일한 방법이라는 사실을 안다. 때때로 특정 부분에 옷감을 보태는가 하면, 반대로 과도한 부분을 잘라내기도 했다. 이 둘 중 어떤 경우든 솔기를 째서 처음부터 다시 시작한다는 것을 의미했다. 바느질 땀을 되돌리고, 전부 원상태로 돌리고, 다시 고쳐 꿰매는 일이야말로 재봉사가 배워야 할 가장 중요한 기술이다. 즉 이것은 가장 튼튼하고, 가장 잘 맞으며, 가장 아름다운 옷을 만들고자 하는 재봉사가 갖춰야 할 핵심 기술이다.

리의 지혜는 내 뇌리에 남아 있었다.

만일 자신의 성격이나 팀의 성격과 갈등하는 일을 피할 수 있다면 리더로서 실수를 줄일 수 있다. 우선, 직물처럼 얽힌 조직의 구조를 이해하라. 특정 방향으로 옷감을 잡아당기거나 펼치듯이 조직을 쥐락펴락하는 보이지 않은 힘을 인식하라. 이러한 힘의 역학관계에 따라 자신의 위치를 잡아 팀을 구성하라.

다음으로, 툭 까놓고 드러낼 수 있다면 무엇이 잘못되었는지 더욱 빠르고 빈틈없게 알 수 있을 것이다. 문제를 숨기려고 감추지 말라. 무엇이 가장 문제인지 가장 투명하게 파악하려면 곰곰이 생각하며 안을 들여다봐라.

또한, 문제점을 찾기 위해 다른 사람에게서 피드백을 얻고 그들과 협력할 수 있다면 자신이 더욱 단단해질 것이다.

마지막으로, 아무리 고통스러워도 결과가 좋지 않을 때 자신이 구축해놓은 것에 너무 매이지 않는다면 더욱 신속히 헤쳐나갈 수 있다. 이미 최초의 '바느질'을 완성했다 해도 기꺼이 원상태로 되돌려라. 필요하다면 솔기를 터서 처음부터 다시 꿰매라.

정직함과
새로운 변화
앞에서

—

현명한 기업가는 자신을 둘러싼 스스로 통제할 수 없는 힘, 특히 사업 진행을 막을 힘을 인식해 최선을 다
해 이를 대비한다. 그들은 피할 수 없는 폭풍에 대비해 피해를 최소화한다. 호우가 임박할 때는 세심하게
사전 대책을 마련한다.

CLAY WATER BRICK

투명성이 완벽을 이긴다

나는 이따금 키바의 여정에서 가장 어려웠던 순간이 언제였느냐는 질문을 받는다. 그럴 때면 다른 많은 역경 가운데서도 2007년 봄이 가장 먼저 떠오른다.

당시 키바는 승승장구하고 있었다. 3월에 《뉴욕타임스》 칼럼니스트와 키바의 투자자 니콜라스 크리스토프 Nicholas Kristof 가 아프가니스탄 카불에 있는 대출자를 방문하고 나서 이 경험을 신문에 기고했을 때 사이트 전송량은 급등했다. 이 기사는 출간 당일 세 번째로 많이 송고되었고, 사이트의 기금은 72시간 만에 무려 25만 달러가 모금되었다. 2007년 여름까지 키바가 상환한 대출금은 무려 1,000만 달러에 이르렀다. 이때는 바로 맷과 내가 〈오프라 윈프리 쇼〉에 출연한 시기였다. 우리는 그야말로 번영하고 있었다.

그리고 나서 우리는 처음으로 실제 위기 가운데 하나에 직면했다. 우간다에서 키바의 현지 파트너인 WITEP Women's Initiative to Eradicate Poverty (가난 근절을 위한 여성의 자주성)와 일하던 키바 직원 셸비 클라크 Shelby Clark 가 WITEP의 업무 진정성에 의구심이 든다고 보고해온 것이다. 그는 키바 투자자들이 보내온 자금 중에 적어도 일부가 원래 목적대로 대출자에게 전달되지 않았다고 의심했다. 또한 무슨 일이 벌어지고 있는지 정확히 집어낼 수는 없지만 직원 중 한 명 이상이 자신에게 뭔가를 숨기고 있는 것은 아닌지 미심쩍어했다. 그는 뭔가 석연치 않게 돌아가고 있는 구석을 감지한 것이다. 우리는 그에게 확실한 증거가 나오기까지는 자세히 관찰만 하도록 독려했다.

몇 주간의 탐정 노릇 끝에 셸비는 의심을 확증하고도 남을 만한 건수를 발견했다. 이 조직의 리더들이 차용자들에게 빌려주어야 할 자금을 횡령한 증거를 찾은 것이다. 셸비가 파면 팔수록 더욱 많은 거짓말이 만천하에 드러났다. 직원들은 대부분 가명을 쓰고 있었고 모두 셸비에게 매일 거짓말을 해왔다. WITEP의 이사회 멤버에 올라 있던 상당수도 존재하지 않는 사람들이었다. 셸비는 전 조직이 차용자 프로필을 비롯해 겉만 번지르르한 껍데기뿐이라는 사실을 낱낱이 밝혀냈다. 실제로 그는 키바와 WITEP의 차용자들 사이에 존재하는 두 가지 형태의 대출 계약서도 찾아냈다. 하나는 원본이었고, 나머지 하나는 조작이었다. WITEP는 하나의 거대한 사기극이었다.

특히 셸비는 이런 것들을 발견하며 흔히 겪는 트라우마로 가장 큰 타격을 받았고 지켜보는 내 마음도 덩달아 찢어졌다. WITEP의 배후 조직이 키바의 투자자를 이용한 셈이었고 이 점이 내 가슴을 후벼 팠다. 우리는 이런 일이 닥쳐올 줄 몰랐던 자신이 어리석게만 느껴졌다. 당황스러웠다. 그러나 무엇보다도 고통스러웠던 점은 이러한 거대 속임수의 배후 세력이 내가 잘 안다고 여기고 깊이 아끼던 사람이었다는 점이다. 바로 모세 오냥고였다. 그는 내가 2004년에 빌리지 엔터프라이즈와 함께 동아프리카로 떠난 최초 여정 가운데 만난 그 모세였고, 2005년 우리가 첫 일곱 명의 차용자를 찾을 때 도움을 주었던 그 모세였다. 그는 내 막역한 친구였고, 오빠와도 같은 존재였다. 그는 자신이 설교하던 교회에 나를 데려다주기도 했다. 나는 그의 집에 머물면서 그의 가족과 함께 밥도 먹고 자녀들과 함께 놀아주기도 했다. 심지어 그는 자신의 아들 이름을 맷이라고 짓기도 했다. 그와 맺은 관계는 더없이 견고해 보였다. 실제로 우리는 모세를 아프리카에서 우리의 공동 설립자로 인식했다.

셸비가 자신이 찾은 모든 증거를 우리와 공유했을 때 우리는 이사회에 이 일을 보고하고 최대한 빨리 우간다로 향했다. 내가 첫 며칠을 그곳에 머무르다 맷이 바통을 이어받아 사태를 수습할 팀을 소집했다. 그는 모세와 상세히 이야기를 나눴다. 그러나 모세는 12만 5,000달러에 달하는 금액에 대해 꿀 먹은 벙어리로 일관했다. 이 금액은 WITEP를 통해 대출금 명목으로 모은 25만 달러의 거의 절반에 해당하는 금액이었다. 결국 그 돈은 사라진 것이다.

우리는 망연자실했다. 동아프리카에서 우리의 가장 중요한 관계가 두 동강이 났다. 그리고 이제 우리는 수백 명의 투자자들에게 해명해야 할 처지에 몰렸다. 우리는 투명성을 최우선에 두었다. 그러나 지금 껏 투명성 이래 봤자 행복한 일로 투명해질 일만 겪었고 최악 이래 봤자 폭발적인 인기로 사이트가 몇 시간 동안 다운되는 유의 고민이 전부였다. 그런 것들에 대해 솔직하고 투명해진다는 것은 쉽고 즐거운 일이었다. 그러나 이런 사기 건을 두고 솔직하고 투명해지는 심정은 어떠할까? 당연히 그리 즐겁지 않을 터였다.

그리고 단순히 사실을 말하는 것 외에는 아직 별다른 방도도 없었다. 그래서 우리는 자존심을 버리고 WITEP의 관련 투자자들에게 보낼 이메일 초안을 잡았다. 우리는 사건의 경위를 전하면서 그들의 자금이 차용자들에게 가지 않았다는 사실을 알렸다. 그러고 나서 우리는 투자자들의 돈을 환불해주기로 결정했다(이러한 행보는 투자자들이 기본 위험을 감수하도록 한 우리 정책의 예외적인 조치였다. 이 사례가 키바의 첫 번째 사기 사례였기 때문이다). 운영비로 나갈 자금도 은행에 충분히 보유했고 이렇게 하는 것이 옳다는 판단에서 취한 조치였다. 우리는 이메일 초안을 거듭 읽고 나서 마침내 2007년 8월 22일에 투자자들에게 이메일을 보내고 답신을 기다렸다.

나는 투자자들이 잔뜩 화가 난 회신을 보내오리라 예상했다. 아침에 자고 일어나서는 문 앞에 기자들이 쫙 깔려 있고 그들이 우리 얼굴에 마이크를 들이밀며 '당신들은 어떻게 그렇게 어리석을 수 있는지'를 캐묻는 악몽까지 꿨다.

그러나 어떤 일도 일어나지 않았다. 투자자들의 반응은 놀라울 정도로 긍정적이었다. 그들은 우리의 정직성을 고마워했다. 그들은 자신들이 실제 존재하는 조직, 불완전하지만 나날이 발전하는 조직의 일부라고 느꼈다. 우리의 투명성 덕분에 그들은 키바를 오히려 더욱 신뢰하게 되었다. 실제로 투자자들 상당수가 우리의 해명을 받아들였고 우리가 그들에게 반환했던 돈을 다시 대출금으로 내놓았다.

그 후 다른 사기 건도 여럿 있었으나 키바는 각 사안을 솔직함과 투명성의 정신으로 헤쳐나갔다. 우리는 모두 볼 수 있도록 각 사례를 키바 사이트에 게재했다. 이를테면 다음과 같이 공지했다. '처음 몇 해 동안 코트디부아르의 한 파트너가 한번에 300달러를 대출자에게 투자했다. 그러나 투자 규모를 키바 웹사이트에는 1,200달러라고 올렸다. 케냐에서는 키바의 파트너 소액금융기관의 임원 중 하나가 죽자 그녀의 남편이 그 돈을 자신의 빚을 갚는 데 탕진했다.'

각 사기 건에서 키바는 무엇이 잘 돌아가고 있고 무엇이 그렇지 않은지 날카롭게 관찰했다. 때로는 제 기능을 하지 못하고 망가진 키바 절차의 구성 요소를 찾아내어 이른바 더욱 바람직한 것을 구축하기 위해 솔기를 째야 했다. 그러나 우리가 그 상황을 타개한 방법과 관계없이 키바는 모든 사람(대출자와 파트너, 언론)에게 정확하게 우리가 어떻게, 왜 실패했는지를 전달했고 모든 사람이 볼 수 있도록 이와 관련한 내용은 물론 온갖 다른 사기 사례를 사이트에 게재했다.

오늘날 모세가 악용했던 키바는 더는 존재하지 않는다. 그 사건 이후 곧바로 키바는 혁신적인 5성급 시스템을 마련해 각 현지 파트너에게 도사리는 위험 요소를 검토했다. 사기 사례를 일으킨 다른 파트너 관계들은 초창기에 키바가 투철한 주의 의무를 다하거나 실제 감사 회사를 고용할 정도로 충분한 시간과 자금을 갖추기 전에 맷과 내가 맺은 관계였다. 그들은 사건 이후 모두 문을 닫았다. 오늘날 키바의 현장 파트너가 되는 과정은 엄격하다. 길고 철저한 신청 과정을 통과한 파트너만이 웹사이트에 대출 요청을 게재할 수 있다. 키바는 더욱 강력하고, 현명하며, 탄력성 있는 조직으로 진화했다. 전 세계에 걸쳐 파트너십을 찾고, 심사하고, 수락하며, 관리하는 일련의 과정을 크게 개선했으며 이는 결국 사기 사례가 상당히 감소하는 효과를 낳았다.

실수는 여전히 일어난다. 그러나 이제 키바는 이런 일이 일어날 때 더욱 투명성을 다지고 필요한 모든 개선을 취하는 데 전념하고 있어 같은 실수가 반복되지 않도록 하고 있다.

철저한 투명성을 유지하면서 조직을 운영하는 일은 어렵다. 이런 방식은 그 자체로 당신의 겁먹은 조직이 취약하다는 인상을 줄 수 있으며 위험을 수반하기도 한다. 그러나 내 경험상 투명한 조직을 만드는 일은 옳고, 장기적으로 자신과 조직을 위해 가장 유익한 일이다.

오직 잘 돌아가는 것과 돌아가지 않는 것에 정직한 모습만이 조직이 함께 개선할 방법을 찾는 길이다. 투명성은 사람들을 안으로 끌어들인다. 이것은 사람들에게 그들이 외부에 있지 않고 내부에 있으며 해당 조직과 여정을 함께하고 있다는 사실을 보여준다. 아무도 완벽을 기대하지는 않는다. 그러나 모든 사람이 정직을 요구하며(또 그렇게 해야 하며), 회복해가는 과정을 통해 영감을 얻을 것이다.

우리는 모두 실수한다. 그 실수를 받아들이고, 수정하며, 다시 같은 실수가 일어나지 않도록 확실히 조처하고서 앞으로 나아가라.

다음 모험을 찾아 떠날 때

2013년 봄, 나는 가장 다루기 힘든 청중을 마주하고 단상에 올랐다. 강연장을 빽빽이 메운 그들은 강력한 CEO 그룹이 아니었다. 통역사의 통역을 기다리느라 내 농담 타이밍을 상당 부분 놓치기에 십상인 다국적 청중도 아니었다. 나보다 경험이 수십 년 많고 전문성도 높은 매우 식견 있는 사회 기업가나 개발 전문가도 아니었다.

그들은 바로 고등학생이었다. 이들은 앞서 말한 청중과는 달리 강연자가 어떤 사항을 슬쩍 모면하거나 얼버무리도록 놔두지 않는다.

나는 매사추세츠 주에 있는 사립 기숙 학교에서 강연하고 있었고 소액금융 키바와 내 기업가적 여정에 대해 짧게 이야기한 후 막 질의응답 시간을 시작할 참이었다. 안경을 낀 자그마한 체구의 한 여학생이 통로에서 마이크 중 하나에 다가갔다. "안녕하세요. 제 이름은 소피이고, 1학년이에요. 그러니까, 제 질문은요. 키바가 그렇게 대단하다면 왜 대표님께서는 그곳에 계속 계시지 않았나요?"

순간 나는 멈칫했다. 긴 답을 주어야 할지 짧은 답을 주어야 할지 잠시 망설여졌다. 키바의 놀라운 여정이 시작된 지 몇 년 후, 나는 예상하지도 못한 일을 했다. 바로 키바를 떠난 것이다.

처음에는 떠날 의도가 없었다. 내가 키바에 끝까지 머물리라 여겼다. 키바는 급속도로 성장했고 전 세계적인 인지도도 얻었다. 오프라는 단지 시작에 불과했다. 우리는 CNN에서 '유일무이한 비영리 단체'라는 칭송을 받았다. '역사상 가장 빠르게 성장하고 있는 사회 공익 사이트 중 하나' '혁신적' '세계를 바꾸는' 등 우리에 대한 칭송이 쏟아졌다. 호의적인 언론 매체와 수상, 명성이 물밀 듯 쇄도했다.

직업적으로 나는 대단한 자리에 있었다. 그러나 개인적으로는 아니었다. 안팎이 일치하지 않는 상황이었다.

키바가 성장하고 변화를 맞을 때, 나도 마찬가지였다. 키바 초창기 때 광란의 여러 해가 가져온 강렬함은 나와 내 주변 관계에 엄청난 영향을 미쳤다. 일종의 스타트업 인생과 함께 오는 예견된 전형적인 스트레스였다. 불면증은 기본이고, 끼니와 운동 거르기, 휴일 무시하기, 가족과 친구들의 요구 사항 무시하기 등이 빈번하게 일어났다. 좋은 모양새가 아니었다. 거기에 추가로 공동 창립자인 맷과 결혼한 것을 둘러싼 다른 도전거리도 있었다.

결혼은 때로 힘든 과정이다. 급속히 성장하고 있는 스타트업을 남편과 함께 경영할 때는 더욱 그렇다. 업무 문제가 집까지 따라갈 수 있고, 집에서 난 갈등이 업무로 번질 수 있기 때문이다. 때로는 배우자의 의무가 스타트업의 공동 창립자의 의무와 상충하기도 한다. 일과 삶의 균형을 지키기도 훨씬 어렵다. 업무 시간과 개인 시간의 경계가 모호해지기 때문이다. 둘 다 사무실에 있고 싶고 프로젝트를 함께 마치고 싶다면 이것을 데이트로 봐야 하는가? 만약 둘 중 한 사람은 사무실에 남고 싶고 한 사람은 나가고 싶다면 어떻게 될까? 그게 한쪽이 회사를 더 아끼고 다른 쪽은 결혼 생활을 더 아낀다는 뜻일까? 이러한 결정에 매일 여러 해 동안 직면하게 되면 어떻게 될까?

스타트업 인생을 살아가며 두 사람 중 한쪽만 늘 피곤하고 스트레스를 받을 때 나머지 반쪽은 이러한 근심 일부를 완화하고, 부담을 덜 수 있도록 하고, 활력의 균형을 잡을 수 있다. 그러나 두 사람이 끊임없이 이러한 상태에 직면해 있을 때는 아무도 유리한 입장에 서서 더 큰 시각을 가지도록 제안해주지 못한다. 자신이 배우자와 일하고 일하는 중에 스타트업이 성공을 눈앞에 두고 있을 때 이 일생일대의 기회를 잡아야 한다는 헤아릴 수 없는 압박감이 찾아올 수 있다. 그리고 때로는 이 일생일대의 더욱 긴급한 기회가 스타트업인지, 아니면 결혼인지 자신과 배우자 사이의 의견이 엇갈릴 수 있다.

분명 어떤 관계는 압박을 공유할 때 발전한다. 쉴 새 없이 바쁘게 돌아가는 시간 속에서 스트레스를 공유하다 보면 어떤 커플은 더욱 가까워질 수도 있다. 오랫동안 나는 우리 관계가 이렇게 되리라고, 아니면 이래야 한다고 믿었다. 그러나 그렇지 않았다. 물론 명확하게 말하면 키바를 키우는 압박이 맷과 내가 헤어진 유일한 이유는 아니었다. 다른 많은 커플처럼 우리에게도 우리만의 강점과 약점이 만들어낸 독특한 시너지가 있었다. 그 전체를 여기서 요약하려는 것은 온당치 않다(그리고 불가능하다). 중요한 사실은 우리 관계가 결국 이러한 약점의 무게에 못 이겨 무너졌다는 사실이다.

곤경에 처한 우리 관계를 실감하게 되자 문득 맷과 결별하면 곧 키바와도 결별할 위험을 각오하는 것이라는 생각이 들었다. 나는 이런 일이 일어나지 않기를 바랐지만 선택권이 없는 듯했다. 나는 일에서 무엇이 최선일지와는 별도로 개인적인 삶에서 무엇이 최선일지 고려해야 했다. 내가 키바에 애착이 있다는 이유로 맷과 불행한 관계를 유지하는 것은 옳지 않았다. 그리고 만약 키바를 떠나는 것이 우리의 결혼 문제를 해결하리라 믿었다면 기쁘게 키바와 작별을 고했을 것이다. 그러나 그 편도 효과가 없기는 마찬가지였을 것이다.

그래서 맷과 나는 이별 과정을 밟았다. 나는 집에서 이사를 나왔다. 그러나 우리는 여전히 사무실에서 매일 보았다. 나는 우리 둘을 위해 숨 쉴 공간을 마련하기로 결정하고 재택근무를 자원했다. 이것은 도움이 되었다. 동시에 상처도 되었다. 매일 팀원들과 대면할 수가 없었다. 거리가 멀어지자 마음도 멀어졌다. 곧 맷뿐 아니라 키바에서 벌어지는 일에서도 스스로 멀어지는 느낌이 들었다. 그러나 당시 우리 역할을 바꾸는 것, 곧 맷이 나 대신 집에서 근무하는 일은 거의 불가능했다. 각자 역할이 이미 확정돼버린 것이다. 나는 깊이 후회했다. 나도 모르게 의도했던 것보다 훨씬 많이 내어준 셈이었다. 내가 만든 간격이 우리 둘에게 도움을 주려던 의도였고 임시로만 협의한 사항이었다 해도 그 간격을 좁히기란 거의 불가능했다.

갈수록 단절되고 이탈된 느낌이 커져가던 몇 달을 보낸 뒤, 내 미래를 명확하게 선택해야겠다는 결단이 섰다. 나는 키바로 돌아가기 위해 싸우고 다시 정규직으로 일하겠다고 요구하거나 나만의 다른 길을 모색할 수 있었다. 여러 가지 이유로 나는 싸우지 않았다. 당시 맷과 내가 둘 다 키바에 머물 수는 없을 듯했다. 그리고 나는 키바를 놓고 '양육권 같은 이권 싸움'을 하다 행여나 조직에 해를 가하고 싶지도 않았다. 맷과 내가 함께 만든 귀한 키바에서 한 발 떨어져 휴식을 취하는 것이 당시 내가 키바를 위해 할 수 있는 최선이라고 보았다.

이 선택은 내가 한 일 중 가장 힘들었다. 부분적으로는 자초했고 부분적으로는 불가항력이었던 결혼 생활과 스타트업에서 동시에 단절되는 일은 이중으로 살을 잘라내는 고통이었다. 어떤 때는 나 자신이 희생자이자 바보로 느껴졌다. 자아를 잃어버렸고 일순간 나라는 사람을 정의하던 관계와 역할, 공동체에서 단절되었다. 수개월 동안 상실감이 찾아왔고, 외로웠으며, 화가 났다.

그러나 마침내 나는 키바에서 나를 끌어내준 일련의 사건에 감사하게 되었다. 예전 삶에서 갑작스럽게 단절되는 경험을 하면서 나는 온전한 정신을 되찾고, 새로운 자아의식을 다시 일으켜 세우며, 새롭게 성장할 여지를 개척할 활로를 모색할 기회를 얻었다. 이것을 깨닫자 내 앞에 놓인 길을 선택하는 것은 물론 끌어안을 수 있게 되었다. 나는 장래에 무슨 일이 일어날지 진심으로 흥미를 느꼈다. 당시 제때 키바를 떠난 것은 가장 잘한 선택으로 판가름난 것이다.

그래서 그날 1학년 학생 소피가 마이크 단상 앞에 서서 키바를 떠난 이유를 물었을 때 나는 웃으며 대답했다. "다음 모험을 찾아 떠날 때가 되었거든요."

그것은 내 대답의 가장 짧은 버전이었다. 그러나 그것은 가장 긴 버전의 중요한 부분이기도 했다. 고통스러운 전환기의 한복판에서 나는 선택을 했다. 반대편에 또 하나의 모험이 있다고 믿기로 한 것이다.

통제할 수 없는 힘 앞에서

—

농부 아바시

르완다 키갈리 외곽, 2007년

내가 전에 르완다에서 만난 아바시Abasi 는 일기 예보라면 사족을 못 썼다. 지식 면에서만 따진다면 그는 영락없는 기상학자였다. 그는 날씨 변화와 농작물의 성장 주기 사이의 상관관계를 상세히 설명했다. 더운 날이나 불현듯 불어닥치는 시원한 산들바람이나, 짙은 구름이 자신의 농작물에 어떤 영향을 미치는지 거의 직관적으로 꿰고 있었다. 그는 작물을 심는 법과 우기와 건기를 따져 수확하는 법도 잘 알았다. 그는 내게 낡은 석유 드럼통을 떠받쳐 지붕에서 떨어지는 빗물을 모으는 방법에서부터 쏟아지는 빗물이 묘목으로 직접 떨어지지 않도록 주변에 도랑을 내는 방법까지 설명하며, 찬찬히 집중 호우를 관리하는 많은 방안을 전해주었다.

그러나 이러한 모든 지식이 있다 해도 상황을 완전히 통제할 수는 없었다. 때로 그가 할 수 있는 일이라고는 기다리고, 관찰하고, 주어진 환경에 최대한 인내하는 일뿐이었다. 때로는 작물을 심기 위해 제철이 올 때까지 기다리는 것이 잘못된 시기에 심기 시작해 가뭄이나 호우에 모든 것을 잃는 것보다 현명한 처사라는 것을 알고 있었다.

경험 많은 농부는 자신이 경작할 땅을 정적인 관점으로 보지 않는다. 태양과 그늘, 바람, 비, 건조기 등에 따라 좌우되는 변화무쌍한 다차원 관점으로 본다. 그들은 더욱 폭넓은 환경이 작물에 어떤 영향을 미치는지 역동적으로 이해하는 것이다. 이러한 시각 덕분에 그들은 변화를 예상하고, 갑작스러운 위험에서 스스로 보호하며, 환경 변화 중 긍정적인 방향을 이용할 수 있다.

마찬가지로 현명한 기업가는 자신을 둘러싼 스스로 통제할 수 없는 힘, 특히 사업 진행을 막을 힘을 인식해 최선을 다해 이를 대비한다. 그들은 피할 수 없는 폭풍에 대비해 피해를 최소화한다. 호우가 임박할 때는 세심하게 사전 대책을 마련한다. 그들은 빗물이 수로를 따라 흐르도록 계획할 뿐 아니라 될 수 있는 한 폭풍우를 동력으로 전환해 최대 효과를 거둘 계획을 세운다.

PART

12

거듭나는
기술

—

가장 영감 있는 기업가들은 매이지 않으면서도 다른 사람을 섬기는 일에 당당하게 집중했다. 그들은 가능한 많은 사람을 위해 더욱 나은 세상을 만들고 싶어 한다. 그들은 다른 사람들의 인생에 긍정적인 변화를 일으킬 강한 힘이 되려고 기업가의 길을 택했다. 그들이 기업가적인 삶을 선택한 이유는 그것이 이바지하는 길이라 믿었기 때문이다.

CLAY WATER BRICK

낙관적이고 창의적이며 대담한 기업가들

엘리자베스 길버트Elizabeth Gilbert의 베스트셀러인《먹고 기도하고 사랑하라Eat Pray Love》는 저자가 이혼한 후 떠난 세계 일주 여정을 기록한 책으로 맷과 내 결혼 생활이 막 끝나기 전에 출간됐다. 수많은 친구가 내게 이 책을 권했다. 말할 필요도 없이 나는 이 책을 읽어야겠다고 느꼈다.

그 책에는 내가 느끼고 경험한 것과 같은 내용이 많았다. 맷과 헤어지고 연이어 키바를 떠나고 나서 나는 몇 달간 여행을 떠나기로 마음먹었다. 여기저기 옮겨 다니리라 예상한 것과는 달리 나는 결국 한장소에서 머물렀다. 괜찮은 친구들이 살고 있던 멕시코의 매우 아름다운 해변 집에서였다. 책과 정기 간행물로 가득 채운 여행 가방 하나를 꾸리고 내 서프보드와 함께 요가 매트, 소량의 옷가지를 거대한 서프보드 캐리어에 던져 넣었다. 바로 이것이었다. 이것이 나의 재충전 방법이었다. '먹고, 기도하고, 사랑하는' 순서 대신에 나는 '자고, 서핑하고, 글 쓰는' 순서에 좀 더 치중했다. 야근과 과중한 업무, 자아 성찰이 전혀 없는 수년을 보낸 후였기에 나는 잠과 해변에서 매일 몇 시간 보내기, 글쓰기에 우선순위를 두었다(사실 이 책을 쓰기 시작한 때도 멕시코에 있던 기간이었다).

나는 치유받기 시작했다. 육체적으로 매일 강인해졌다. 어디에서든 내가 할 수 있는 한 서핑과 도보 여행, 요가, 산책을 즐긴 덕분이었다. 감정적으로도 거듭났다. 영적으로도 하나님과 새로운 친교를 나눴으며 전에는 경험하지 못한 사랑과 용서, 평화를 누렸다. 일적으로는 내 상황을 점검해보았고 포기한 것들을 생각하며 가슴 아파했다. 나는 실업자였다. 당장은 장래가 불투명했다. 심지어 업데이트해놓은 이력서도 없었다. 제일 나중에 업데이트한 것이라 해봤자 경영대학원 전 버전이었다. 그러나 전에 수없이 많이 배웠듯 나는 다른 사람의 잣대로 계속 점수를 매기면 안 된다는 것을 알았다. 내게 중요한 것을 스스로 결정해야 할 책임이 있으며 이것에 토대를 두고 성공을 측정해야 한다는 것을 알았다. 내가 가치를 둔 것이 분명해지자 이 가치를 중심으로 인생을 재구축할 길을 택했다.

그리고 멕시코에서 몇 달을 지낸 뒤에 기회가 찾아왔다. 매일 몇 분 이메일을 확인하던 그 시간에 내가 가장 좋아하는 스탠퍼드 경영대학원의 가스 샐로너 교수님에게서 온 메모를 발견한 것이다. 나는 경영대학원 재학 시절 내가 조직한 우간다행 봉사 교육 여정에 교수님과 그의 딸 로미가 참여한 일을 계기로 그와 두터운 친분을 맺게 되었다. 동아프리카에 있는 한 주 과정 동안 수십 명의 대학원 급우들과 더불어 우리는 함께 여행했고, 키바의 기업가들을 방문했으며, 소액 금융과 모금 개발에 대해 이야기를 나누었다.

샐로너 교수님은 이제 경영대학원장이 되셨고 경영대학원 사례 연구 작성 사무실에 난 정규직 채용 공고 소식을 내게 전달해주셨다. 이 자리는 개발도상국과 신흥국 시장에서 활동하는 여성 기업가들에 관해 10개월간 사례 연구를 쓸 수 있는 일이었다. 골드만삭스의 '1만 여성' 프로젝트가 자금을 후원하는 이 일은 내가 전 세계를 돌아다니며 조사하고 기업가들을 만나 인터뷰를 할 놀라운 기회였다.

나는 즉시 신청했고 채용 사실을 확인하자마자 비행기 편으로 멕시코를 떠나 새 근무지로 향했다. 더없이 행복하게 빠져들었던 고요한 일상보다 지금은 세계 곳곳을 누비며 가장 좋아하는 기업가들에 둘러싸여 현장 속으로 돌아가는 것이 절실했던 때였다.

그다음 해 대부분 동안, 나는 전 세계 기업가들을 대상으로 자금이나 자원(아니면 둘 다)을 투자하는 어큐먼 펀드Acumen Fund, 인데버Endeavor, 다른 단체들과 함께 일했다. 이 단체들 덕분에 나는 사례 연구에 좋은 후보자가 될 수십 명의 신원을 확인할 수 있었다. 나는 온라인에서 조사하고, 몇 번에 걸쳐 전화하며, 짧게 추린 인터뷰 대상 목록을 만들었다. 그러고는 멕시코에서 집으로 돌아온 지 몇 주 만에, 이러한 기업가들의 인터뷰를 위해 거듭 짐을 싸며 수십여 개국을 도는 쉼 없는 여정에 돌입했다. 나는 남아프리카의 휠체어 디자이너 쇼나에서부터 브라질의 미용 업계 거물 지카, 요르단의 기술 스타트업 CEO, 레바논의 피부 관리 센터 소유주 등에 이르기까지 폭넓고 다양하게 진정으로 영감 있는 여성들을 만났다.

배경과 산업, 문화의 다양성에도 나는 이러한 여성들에게서 차이점보다는 유사점을 보았다. 그들은 창의적이었다. 낙관적이었다. 놀라울 정도로 투지가 넘쳤다. 대담했다. 그들의 사전에 '노'는 없었다. 종합해볼 때 그들은 거의 모든 난관을 극복했다. 그리고 각자 독특한 방식으로 이 난관을 극복했지만 의심할 여지 없이 눈부시게 빛나는 기업가 정신을 지녔다는 면에서는 공통적이었다.

조사와 인터뷰가 끝났지만 나는 어느새 이 여성들과 그들의 삶을 한참 동안 생각하고 있었다. 그들은 내가 키바와 빌리지 엔터프라이즈의 업무를 통해 지난 몇 년 동안 만난 수없이 많은 사람과 함께 내 마음속에 새겨져 있다. 가난한 농부든 대학 교육을 받은 기업가든 상관없이 내가 만난 기업가들은 전염성 있는 기업가 정신을 내게 나눠주었다. 그들은 투사였다. 앞에 어떤 장벽이 놓여 있어도 그들은 건너가든 돌아가서 통과하든 자신들이 원하는 것을 밀고 나가는 방법을 생각해내는 사람들이었다. 어려운 환경에서도 그들은 행동했다. 그들을 주저앉힐 것은 아무것도 없어 보였다. 그들은 희망을 실현했다.

전보다 더욱 그들은 내가 되고 싶은 사람들이었다.

나는 근 7년 전 스탠퍼드에서 임시 직원으로 일하던 초창기 시절 이후 다시 처음 그 자리로 돌아왔다. 이제 세상에 대한 나의 이분법적 사고, 즉 오직 돈에만 집중하는 기업가들은 이기적이며, 영향력에

만 집중하는 비영리 단체 사람들은 선한 사람이라는 사고가 옳지 않다는 사실을 깨달았다. 나는 위대한 기업가들이 세계에서 선한 일을 할 위대한 세력이 될 수 있고 때로는 공감과 봉사, 나눔의 거장이 될 수 있다는 것을 다시 한번 확신하게 되었다.

실제로 내가 만난 가장 영감 있는 기업가들은 매이지 않으면서도 다른 사람을 섬기는 일에 당당하게 집중했다. 그들은 가능한 많은 사람을 위해 더욱 나은 세상을 만들고 싶어 한다. 그들은 다른 사람들의 인생에 긍정적인 변화를 일으킬 강한 힘이 되려고 기업가의 길을 택했다. 그들이 기업가적인 삶을 선택한 이유는 그것이 이바지하는 길이라 믿었기 때문이다. 그들은 스스로 단련하여 남의 문제를 확인하고, 이를 발판 삼아 기회로 만들며, 이를 해결하는 동시에 남을 위한 가치를 창출하기 위해 일사분란하게 움직였다. 그들은 금전적 보상에만 국한하지 않는 가치를 폭넓게 정의하여 이러한 가치가 고객에게만 도달하는 것이 아니라 가급적 많은 사람에게 도달해야 한다고 믿는다. 이러한 종류의 기업가들은 자신을 가리켜 '사회적 기업가'라 부르지만 때로는 자신을 뭐라고 부르든 개의치 않는다. 그들은 그저 자신이 누구인지를 자신이 무엇을, 어떻게 하는지를 통해 표현한다.

전 세계 강인한 여성들과 인터뷰를 나누면서 나는 다시 한번 기업가적으로 사는 삶이 그저 그런 선택 사항이 아니라 유일한 선택 사항이라는 사실을 확신하게 되었다. 키바를 떠나는 것은 기업가가 되는 길을 포기했다는 뜻이 아니었다. 오히려 나는 이제 자유롭게 나만의 기업가적 정신에 마음껏 새로운 활력을 불어넣었고 내 역량이 새로운 목표에 집중하도록 하고 있었다. 내가 멕시코를 떠난 그해 여정 가운데 만난 각 여성이 산 증인이었다. 그들은 이것을 몰랐을 테지만 자신의 기업가적인 여정 이야기를 단지 나와 공유해준 것만으로 그들은 내 안에 생기를 불어넣었다.

—

프로파운더

과제를 끝마치고 스탠퍼드 경영대학원으로 돌아온 나는 샐로너 교수님에게 내 마지막 사례 연구를 제출했다. 이날이 내가 '1만 여성' 프로젝트의 과제를 진행한 마지막 날이었다. 이제 떠날 채비를 하며 사무 용품 상자를 끙끙 나르고 있을 때 친구이자 스탠퍼드 경영대학원 졸업 동기인 대너 모리엘로를 우연히 그 자리에서 만났다. 최근 근황을 묻는 그녀에게 나는 상자를 가리키는 몸짓으로 오늘이 경영대학원에서 일하는 마지막 날이라고 전했다. 그리고 이는 곧 내가 뭔가 다른 일을 할 첫째 날이라고 전했다. 사실 이 말을 해놓고도 그 다른 일이 무슨 일인지는 나 자신도 몰랐다. 그러나 나는 대너에게 팀을 모아 다시 무언가를 곧 시작하고 싶다고 전했다. 아직 어떤 스타트업이 될지 잘 몰랐다. 그러나 내 안에 기업가들에게 힘을 실어주는 도구를 계속 창출하고자 하는 바람이 있다는 사실을 알았다. 다만 모든 여정을 겪고 나니 이번에는 내 집 뜰이 있는 이곳 미국 내 고향에서 기업

278

가들을 위해 뭔가를 해보고 싶다는 점만 달랐다. 내가 이 이야기를 대너와 나누자 그녀는 흥미진진하게 고개를 끄덕이며 나와 의견을 같이했고 기업가들에게 힘을 실어주는 일을 자신도 열망한다고 말했다. 실제로 최근 여러 달 동안 그녀는 자신만의 벤처를 시범적으로 추진하고 있었다. 전 세계 기업가 후보들을 양산해 패션과 미용 업계의 주요 트렌드를 찾고 촉진하는 것이 그 벤처의 핵심 사항 중 하나였다.

대너와 나는 계속해서 이야기하고 또 이야기했다. 그날뿐 아니라, 다음 날도, 그다음 날도 계속 대화했다. 우리는 반복해서 상대방에게 같은 질문을 했다. 자신이 애착을 느끼는 소규모 지역 사업에 투자하고 싶었던 적이 있는가? 혹 친구가 운영하는 유망한 스타트업 주식을 보유하고 싶었던 적이 있는가? 친구와 가족의 자금 지원을 받든지, 아니면 자신의 인맥을 넘어 투자하고 싶어 하는 일반 대중에게서 자금 지원을 받는 크라우드펀딩으로 자신의 사업을 시작하는 꿈을 꿔본 적이 있는가? 우리는 이런 모든 것을 해보고 싶었다. 그러나 이런 일을 현실화하는 방법은 전혀 알지 못했다.

당시에는 위에서 언급한 일은 하나같이 잘해봐야 혼란스럽고, 골치 아프며, 비용이 많이 드는 과정일 뿐이었다. 최악에 이것은 불가능한 과정이었다. 왜냐하면 법이 민간 기업에 투자할 수 있는 사람들(특히 '공인받은' 부유한 투자자들이 아닌 사람들)의 수를 제한했기 때문이다. 어떤 주는 수백 명의 비공인 투자자들의 참여를 허용하지만 어떤 주는 소수만 허락한다. 또 어떤 주는 자기네 주 안에 있는 투자자뿐 아니라 전국적으로 해당 주의 법규가 적용되도록 한다. 이는 법규가 더욱 관대한 주에 사는 다른 투자자들도 더욱 엄격한 주의 법에 응해야 한다는 뜻이다. 가령 비공인 투자자를 소수로 제한하는 주인 코네티컷 주에서 비공인 투자자 한 명을 유치하고 싶으면 추가로 아홉 명의 비공인 투자자, 즉 전체 열 명의 비공인 투자자밖에는 모집할 수가 없다. 코네티컷 주에서만 열 명의 제한이 있는 것이 아니라 전국적으로 열 명으로 제한한다는 의미다. 또한 이번 모금 때만이 아니라 비즈니스를 운영하는 내내 열 명 모집이라는 제한을 받게 된다는 뜻이다.

그래서 많은 기업가가 친구들 및 가족과 대화를 나누다가 장부에 기재도 하지 않은 채 불법으로 오프라인상에서 모금했다. 즉 정확한 투자 조건과 투자자의 명확한 기대 조건도 없이 분명하지 않은 결론을 맺고 그저 모금만 했던 것이다. 그러나 반대로 기업가들이 모금을 합법적으로 하려면 당연히 자신들의 서비스 비용을 청구하는 변호사나 회계사를 찾아갈 수밖에 없었다.

몇 달 후 대너와 나는 또 한 명의 동기인 에번 리스_{Evan Reas}와 함께 이러한 문제를 해결하고자 프로파운더를 구성했다. 우리는 스타트업과 소규모 비즈니스가 자신의 친구들과 가족, 공동체 구성원에게서 아주 작은 비용으로 투자 자금을 모집하도록 하고 싶었다. 영리를 목적으로 설립된 기업인 프로파운더는 미국에서 증권 토대의 크라우드 펀딩을 추진한 최초의 시도 가운데 하나였다. 우리는 사용자들에게 다수의 차별화된 도구를 제공했다. 그들은 우리의 법적 규정 준수 엔진을 이용해 신속하고 쉽게 자신들의 스타트업과 관련된 주법과 연방법을 조사하고 심지어 온라인상에서 필요한 양식을 완성할 수 있었다. 그들은 피치와 자신들의 비즈니스 자금 모금 캠페인을 위해 상응하는 웹사이트도 만들 수 있었다. 그리고 몇 가지 짧은 질문에 답하기만 하면 즉시 자기 자본이나 매출 중 하나를 토대로 한 주요 거래 조건을 만들 수 있었다. 무엇보다도 사용자들은 투자자들을 관리하고 그들과 소통할 수 있었다. 본질적으로 우리가 만든 것은 당시 실제 증권 토대의 크라우드펀딩이 여전히 불법이었던 상황에서 되도록 처음부터 끝까지 모든 서비스를 제공하는 협력적 크라우드펀딩 플랫폼이었다.

미국 각 주에서 모든 법적 규제를 조사하고 프로파운더를 가동하는 데 필요한 소프트웨어를 만드는 데에 1년이 걸렸다. 결국 사이트를 개통하기 전에 에번은 회사에서 물러섰지만 대너와 나는 론칭을 위해 분발했다. 사이트가 개통된 지 몇 달 안 되어 호놀룰루에 있는 '클레이 아저씨' 제과점, 시카고에 있는 신발 회사, 샌프란시스코에 있는 전동 오토바이 회사, 샌디에이고에 있는 시시의 고래 관람과 생태 관광 사업, 파고에 있는 맥주 회사, 덴버에 있는 커피 로스팅 회사 등을 비롯해 이미 수십 명 기업가가 다양한 벤처 자금을 모금하는 활동을 도왔다. 프로파운더는 순조롭게 출발했다.

핵심은 균형이다

—

양계업자 사라

가나 아크라 외곽, 2007년

빳빳한 경영학 석사 학위를 받아 들고 스탠퍼드 경영대학원을 졸업한 지 몇 주 뒤, 나는 사라Sarah를 만났다. 갓 졸업한 MBA 학생들과 마찬 가지로 나는 모든 것을 안다고, 적어도 많은 것을 안다고 느꼈다. 어 쨌든 비즈니스에 대해서는 그랬다.

MBA 학생이 되는 것은 내가 이전에 했던 선택과는 다른 길이었기 에 특히 자랑스러웠다. 대부분의 척도로 따져보면 나는 전형적인 경영 대학원 후보자는 아니었다. 인문계 출신인 데다 비즈니스나 재무, 회 계를 전공하지 않았다. 스탠퍼드 경영대학원에 제출했던 지원 에세이 는 조금도 과장하지 않고 형식에 전혀 구애받지 않고 썼다. '당신에게 가장 중요한 질문은 무엇이고, 왜 그런가?'라는 질문에 나는 '세상에서 사람들의 목소리를 찾는 것에 관한 장문의 시'를 적었다. 지원 과정 후반부에 경영대학원 졸업생과 나눈 인터뷰에서는 엑셀을 전혀 써본 적은 없지만 최근에 스와힐리어를 배우기 시작했다고 당당히 말했다. 나는 상당히 많은 비영리 단체와 자원봉사 경험이 있었으며 빈곤을 완화하기 위해 여러 방법을 도모하면서 개발도상국에서 여러 해를 보냈다. 그러나 그나마 비즈니스 경험과 가까운 것으로는 열두 살 때 했던 신문 배달 일을 제외하고는 고등학교 재학 시절의 몇 가지 여름철 일자리가 전부였다. 가령 고향의 자그마한 강습소에서 미술 교사로 일한 경험, 패밀리 레스토랑에서 종업원으로 일한 경험이 그것이다.

이러한 잡다한 지식과 경험으로 무장한 나는 세계를 어깨에 짊어질 준비를 하고 경영대학원 첫날 성큼성큼 캠퍼스에 입성했다. 그러고 나서 일련의 수업이 시작됐다.

회계 수업은 특히 만만치 않았다. MBA 프로그램의 첫 수업인 회계 수업은 아침 8시에 시작되었다. 대부분 학생은 잠에서 깨어나고 있을 시간이었다. 동기들은 수업 내내 여러 잔의 커피로 졸음을 쫓고 겨우 정신 줄을 부여잡았다. 나는 수업 자체가 하나의 커다란 놀라움의 연속이었기 때문에 깨어 있는 데는 큰 어려움이 없었다. 그러나 우리가 첫날 강의 계획서를 조목조목 들여다볼 무렵, 나는 그야말로 어리둥절한 마음에 실소를 금할 수가 없었다. 대체 이 개념들은 무슨 뜻일까? 복식부기(나는 복식부기가 나쁜 뜻인 줄 알았다!), 현금주의 대 발생주의 회계(현금이 실제 오간 시점을 기준으로 회계에 반영하는 방식을 현금주의, 현금 출납이 없어도 가격 상승이나 하락분을 순자산 변동으로 처리해 회계에 반영하는 방식이 발생주의다. - 옮긴이)(아직도 사람들이 현금을 쓰나?), 선입선출법·후입선출법FIFO LIFO(먼저 매입한 재고 자산이 먼저 판매되는 것으로 가정하는 방법이 선입선출법, 나중에 매입한 재고 자산이 먼저 판매되는 것으로 가정하는 방법이 후입선출법 - 옮긴이)(아동 작가 수스 박사Dr. Seuss의 그림책에 나오는 등장인물인가?), 이외에도 의구심이 드는 많은 용어가 등장했다. 나는 이 용어들이 나올 때마다 흥미로운 동시에 정신이 바짝 들었다.

모든 수업이 끝났을 때 나는 두 개인 교사, 즉 놀라운 스터디 그룹과 많은 공부량 덕분에 이 회계 수업에 통과했다. 그리고 모든 상세한 내용까지는 아니더라도 그 과목에서 중요한 전체적인 개념을 얻었다고 생각한다. 이를테면 정말 놀랍게도 나는 회계가 예술이라고 확신하게 되었다. 간단해 보이는 여타의 많은 과정이 그렇듯이 회계에서도 미묘한 차이가 나는 사항이 많고 사업 도중에 전략적 결정을 도출해야 한다. 나는 대차대조표의 스냅 샷(특정 결산 시점에 기업이 무엇을 갖고 있고 무엇을 빚지고 있는지 한눈에 보여주는 일종의 스냅 사진 - 옮긴이)이든, 시간이 지난 후 결산하는 손익계산서든, 한 페이지에 들어 있는 숫자 목록이 비즈니스의 존폐에 관한 풍부한 이야기를 담고 있다는 사실을 알게 되었다. 또 정보를 활용해 조직의 건전성을 가늠하는 방법도 알게 되었다. 가장 중요한 점은 우리가 무엇을 계산해야 하는지 알아 모든 것을 파악하는 최상의 시스템을 설계하는 일이다.

수업 마지막 때까지 나는 많은 것을 배웠다. 그리고 MBA 프로그램 마지막까지 교육 과정 내내 다양한 사례 연구에 등장하는 이러한 기초적인 회계 원리를 보면서 더욱 많은 것을 배웠다. 겨우 2년이 흘렀지만 스탠퍼드를 떠날 즈음 나는 회계 원리를 상당히 많이 이해하고, 이것을 다양한 상황에 적용하는 방법을 터득하고 있었다.

그리고 나서 졸업과 동시에 새로운 모험에서 순항하던 몇 주 후, 가나에서 사라를 만났다. 그녀와 함께 있으면서 생생한 회계 원리를 꿰뚫는 데에 몇 분도 채 걸리지 않았다.

나는 사라에게 소액대출을 제공했던 소액금융기관를 조사하면서 가나에 있었고 수도 아크라 외곽 시골에 있는 그녀의 집 옆 자그마한 양계장을 막 한 바퀴 돈 직후였다. 닭장은 후덥지근하고, 어두웠으며, 꼬꼬댁 소리, 꽥꽥 소리, 더러운 바닥을 긁고 질질 끄는 소리로 온통 불협화음 천지였다. 또한 닭장은 한 바퀴 도는 내내 몸을 앞으로 절반쯤 굽혀야 할 정도로 매우 작았다. 덕분에 나는 놀란 닭들의 바로 위로 몸을 구부린 상태로 걸어가며 내내 발을 어디다 디뎌야 할지 몰라 노심초사했다. 불현듯 닭들이 퍼드덕 날갯짓을 하자 재빨리 흩뿌려진 바람이 얼굴로 쌩하게 흩날렸고 눈과 코로 먼지와 깃털이 확 날아들었다. 닭장을 전부 둘러보고 나서 바깥으로 나와 햇빛 속으로 이동했는데도 여전히 눈물이 질질 흐르고 콧물도 끊이지 않았다. 그러나 사라가 자신의 어린 닭들에 보여준 풍성한 마음과 자부심을 보면서 함께하는 시간이 내내 즐거웠다.

사라는 닭장 주변에 있는 자신의 작은 집 안으로 나를 안내했다. 거기서 그녀는 차와 음료를 대접했고, 하나밖에 없는 초록색 플라스틱 접이의자를 가리키며 내게 앉으라는 시늉을 해 보였다. 통상 접이의

자는 쉽게 포개어 쌓을 수 있지만, 이 의자는 빈약해 내가 의자에 앉자 활 모양으로 휘었다. 그래서 무게 중심을 옮기거나 다리를 꼬거나 펼 때 의자 다리가 흔들리기도 했다. 나는 최대한 움직이지 않으려고 애썼다.

우리가 마실 차 놓을 공간을 마련하려고 사라가 자그마한 나무 탁자 위를 깨끗이 치웠다. 그때 벽장에 붙은 선반 두 개와 각 선반 위에 놓인 찻잔이 눈에 들어왔다. 위 선반에는 여섯 개의 컵이 있었는데 색과 모양이 모두 조화를 이루고 있었으며, 상당히 신제품 같아 보였다. 사라는 컵 두 개를 꺼내 차를 따랐다. 아래 선반에는 스무 개 정도의 컵이 놓여 있었다. 커피 머그잔을 많이 모으는 미국에서는 흔한 광경이지만 비교적 가진 컵이 적은 사람에게 스무 개란 꽤 많은 숫자였다. 더욱이 재미있는 점은 아래 선반에 있는 컵들은 낡은 데다 이도 빠져 있었다. 어떤 컵들은 너무 심하게 금이 가 사용할 수도 없어 보였다. 더군다나 이 컵들은 이상하게 놓여 있었다. 어떤 것은 다른 컵 안에 있었고, 어떤 것은 똑바로 세워져 있는가 하면 어떤 것은 뒤집혀 있었다. 위 선반의 홍차 찻잔이 완벽한 줄로 나열돼 있는 것과는 대조를 이루는 광경이었다. 컵들에 애틋한 사연이 있었을까? 아니면 수리해 되팔려고 깨진 컵들을 구해놓았을까? 나는 나중에 그녀에게 꼭 물어봐야겠다고 생각했다. 궁금한 것이 많았지만 우선 그녀의 사업과 관련한 말부터 꺼냈다. 대화는 이렇게 진행되었다.

나 닭이 몇 마리나 있어요?

사라 우리가 같이 본 게 전부예요.

나 이 닭들로 뭘 할지 어떤 특별한 계획이라도 있나요?

사라 닭들이 자라면 시장에 내다 팔려고요.

나 그렇군요. 한 마리당 얼마씩 받으려고요?

사라 장에 언제 내다 파느냐에 달려 있어요. 어떤 녀석을 파느냐에
따라서도 다르죠.

나 그런데 수익을 많이 올리려면 얼마나 팔아야 하나요?

사라 엔간히 팔아야 할 거예요.

나 '엔간히'가 얼마큼이죠? 처음에 이 닭들이 병아리일 때 돈이 얼
마나 들었죠?

사라 옥수수자루 몇 개랑 바꿨어요.

나 옥수수 가격이 얼마였는데요?

사라 이 병아리만큼이었죠. 아마 그보다 더 적었겠죠.

나 (질문을 회피하는 것 같아 약간 언짢아하며) 좋아요. 그럼 이렇게 질
문해보죠. 병아리를 샀으니 그 병아리들을 먹이고 돌보는 데 얼마나
들었죠? 처음부터 지금까지 얼마나 들었다고 생각해요?

사라는 한숨을 쉬더니 안타까워하는 얼굴로 나를 쳐다보았다. 내
가 너무 꽉 막혀서 도리어 아주 간단한 것인데도 이해를 못 해 답답
한 모양이었다.

사라 매일같이 그렇게 많이 쓰진 않았어요.

나 네, 그러나 수익과 비용, 그러니까 들어오고 나가는 돈을 어떻게
일일이 파악하나요? 어떻게 계산하지요? 기록은 하나요?

다소 화가 난 듯 보이는 사라가 자리에서 일어나더니 낮은 선반 위
에 있는 찻잔을 가리켰다. "여기요." 그녀가 말했다. 사라는 마치 닭에
게 모이를 주려는 듯이 큰 머그잔 하나를 집어 선반 아래에 있는 모
이 주머니에 넣어 사료를 약간 담았다. 그러고는 다시 사료를 모이 주
머니에 부었다. 그다음에는 이 머그잔을 제자리에 갖다 놓고는 더 작
은 컵 중 하나를 집어 선반 저쪽 끝으로 옮겼다. 그녀는 잠시 멈추고
내가 이해했는지 보려고 나를 돌아보고 나서 다시 그것을 원래 장소
로 가져다 놓았다.
 "저는 이 컵들을 옮겨요. 이 컵들이 모두 여기에 있을 때 닭들을 시
장에 내다 팔아요. 그다음에 돈을 버는 거죠. 그리고 나서 음식을 조
금 사요. 때로는 다른 것들도 사죠."
 사라는 읽거나 쓸 수 없었다. 그녀는 분명 단 한 번의 회계 수업도
들어본 적이 없었다. 그러나 그녀는 자신만의 시스템을 개발했다. 재
고 관리를 위해 일종의 오래된 찻잔을 이용한 주판이 그것이었다. 그
녀는 컵의 위치가 중요할 뿐 아니라 뒤집힌 컵과 바로 놓인 컵이 각자
다른 의미를 지닌다는 것을 내게 보여준 후 인내심의 한계를 느끼는
듯했다. 그래서 나는 고개를 끄덕이며 몇 가지 메모를 하고서 다음 이
야기로 넘어가자고 말했다.
 사라는 자신의 찻잔에서 물러서며 자신감 있게 말했다. "제가 닭을

더 많이 유지할수록 더 많이 팔 수 있어요. 그리고 닭들과 제 가족을 위해 음식도 더 많이 살 수 있고요."

나는 사라의 찻잔 시스템을 구석구석 다 꿰지는 못했다. 그러나 이것이 그녀에게는 먹히는 체계였다. 사라가 자신의 비즈니스를 계속 이어간 덕분에 자신에게 의미 있는 것을 헤아리는 법을 터득했고 삶을 꾸려갈 만큼 채산성을 유지하는 법을 터득했다. 상자 하나에 꼭 들어맞을 정도의 겨우 병아리 몇 마리로 시작한 그녀는 수년 동안 사업을 운영해왔다. 분명 그녀는 자신이 관리한 닭의 수가 서서히 증가할 만큼 수익을 잘 냈고, 수익과 지출 사이에 균형을 잘 맞추고 있었다.

사라는 내가 스탠퍼드에서 배웠던 방식으로 이것을 표현하는 법은 알지 못했지만 자신의 사업이 번영하는 데 필요한 것을 파악해가는 방법을 정확히 알고 있었다. 그녀는 돈이 들어오고 나가는 것에 대한 자신만의 셈법을 만들었을 뿐 아니라 이따금 들어오는 돈이 더 많은지 확실히 확인하는 방법도 찾았다.

실제 숫자는 핵심이 아니었다. 시스템 자체도 핵심이 아니었다. 핵심은 균형이었다. 자신이 쓴 것보다 더 많이 가져오는 것이 핵심이었다. 번 것보다 덜 쓰기가 핵심이었다. 그녀는 자신의 가족을 부양하면서 느리지만 확실하게 자신의 비즈니스를 키웠다. 이것이 사라의 목표였고 그녀의 작은 사업은 바로 이 균형을 성취하도록 돕고 있었다.

그녀는 공식적인 회계를 몰랐지만 현명했고 자신에게 의미 있는 것을 셈하는 법을 알아냈다. 그녀는 스스로 이것을 터득했고 중요한 것을 셈에 넣었으며 그렇지 않은 것은 무시했다.

당신의 목표가
정상일
필요는 없다

—

수많은 기업가가 큰 수익을 내려다 너무나도 큰 대가를 치른다. 그들은 관계를 망치기도 하고, 건강에 치
명적인 손상을 입기도 하고, 수백만 달러를 날리기도 하며, 주변의 모든 사람을 벼랑 끝으로 내몰기도 한
다. 우리는 선택해야 했다. 우리는 되돌아가기로 했다.

CLAY WATER BRICK

—

되돌아가야 할 때

프로파운더는 1년 넘게 서서히 성장했다. 우리는 갈수록 우리 고객을 파악해갔으며 소프트웨어를 개발하는 일도 게을리 하지 않았다. 그리고 서서히 우리가 보유한 기술이 당면한 문제를 해결하는 데 최상의 방법을 제공했다고 믿으면서도 완벽하지 않다는 사실을 깨달았다. 여전히 고객에게 진정으로 제공하고 싶던 기술이 되기에는 부족했다. 이를테면 법률적 이유로 기업가들은 터놓고 자신들이 온라인으로 기금을 모집한다고 광고할 수 없었다. 그들은 오직 지인들에게만 도움을 요청할 수 있었다. 전 세계 누구에게든 자신을 지원해달라 요청하는 식의 크라우드펀딩을 이용할 수 없었다. 이런저런 방식으로 법률망은 우리가 진정 열려 있고 협력하는 제품을 만드는 길을 차단했다.

그래서 시작한 지 3년이 지나서 우리는 프로파운더를 폐쇄하기로 결정했다.

　대부분 사람은 프로파운더의 폐쇄를 다음 두 가지 관점 중에 하나로 보았다. 동료 기업가들이나 크라우드펀딩 트렌드를 직극 옹호하는 사람들은 우리가 최전방에서 싸움을 훌륭하게 치렀으나 악덕 거대 정부가 더 크게 성공할 기회를 빼앗아 갔다고 보았다. 이 관점을 믿는 사람들은 우리 등을 토닥토닥 두들겨주며 말할 것이다. "당신들은 크라우드펀딩의 선구자로서 우리가 쉽게 따라갈 수 있는 길을 터줬어요. 그야말로 다른 사람의 이익을 위해 기꺼이 희생한 거죠." 가장 적극적인 옹호자들은 우리의 여정이 이미 승리를 거둔 희생적인 발자취라고 보았다. 그들의 눈에 우리는 법률 망이 조여와 지속하는 데 위험이 따를 정도까지 할 수 있는 최선을 다했지만 이 과정에서 우리가 다른 사람들이 그 발자취를 따라올 수 있는 길을 열었다고 보았다. 이것 하나만으로 프로파운더가 크라우드펀딩 산업에서 큰 승리를 거둔 것과 같다고 주장했다.

　어떤 사람들은 프로파운더를 명확한 실패라고 보았다. 그들은 기금을 모금하고(우리가 했던 방식대로) 기업 인수나 기업 공개(개인이나 소수 주주로 구성된 폐쇄적 기업이 법정 절차에 따라 주식을 일반 대중에게 분산하고 재무 내용을 공개하는 일)와 같이 약간의 유동성을 통해 투자자들에게 현금화 방안과 재무적 수익을 제공하지 못한 회사는 실패할 것이 불보듯 훤하다고 말했다. 이 말은 사실이다. 성공이 오직 재무적 수익으로만 평가된다면 프로파운더는 실패한 것이 맞다.

　그러나 내 눈에 두 관점 모두 어딘가 2퍼센트 부족해 보였다. 어떤 관점도 프로파운더에 관한 자초지종을 다 담고 있지는 못했다. 이런 내 생각이 사실인 이유를 명확히 말로 표현하기까지 수년이 걸렸다. 구체적으로 말해 프로파운더를 중단한 지 2년이 지난 2014년 봄, 나는 미처 생각지도 못한 사실을 깨달았다. 나는 당시 공공정책 전문대학원인 하버드 케네디 스쿨의 한 강의실에 앉아 있었다. 이날은 리더십에 관한 경영자 교육 프로그램을 듣는 마지막 날로서 수업 시간에 진행한 토론은 여러 대장정에 관해 우리가 읽은 사례를 중심으로 다뤘다. 아무래도 가장 대중적인 사례는 1996년에 발생한 그 유명한 에베레스트 산 재난에 관한 내용인 듯했다. 당시 에베레스트 등정에서 등반가 중 여덟 명은 죽음을 당했고, 다른 여러 명은 맹렬한 폭풍우에 발이 묶였다. 이 사례는 우리가 토론에서 다룰 위험 감수와 전략, 목표 설정에 대한 발판을 제공했다.

에베레스트 등정가들은 정상 등정이라는 명백한 목표에 도달하기 위해 엄청난 위험을 기꺼이 감수하는 중이었다.

수업에서는 이러한 노력에 대해 우리가 받은 모든 세부 내용을 토대로 분석했다. 우리는 일어난 일에 대한 개별 등반가들의 설명을 읽으며 똑같은 상황에서 똑같은 선택의 기로에 놓인 사람들 사이에 그렇게나 다른 결과가 나타난 이유를 이해하려고 노력했다. 어떤 사람들은 집에 살아 돌아갔고, 어떤 사람들은 그러지 못했다. 왜 이런 결과가 나왔을까? 우리는 깜짝 놀랄 만한 가설을 세웠다. 생존자들은 자신의 목표가 최정상 도달이 아니라 안전한 하산이라는 사실을 알았다. 그래서 정상에서 수백 미터도 되지 않는 거리에 있었을 때조차 폭풍우가 닥쳐오는 것을 보았을 때 상황이 더 악화되기 전 산 아래로 되돌아왔다. 이것은 그들이 정상 등정에 뜻을 두지 않았기 때문이 아니다. 그들은 산 정상까지 간절히 가고 싶었다. 그들은 이 목표를 향해 수년의 인생과 셀 수 없는 자원을 투자했다. 그러나 그들은 생존에 더 마음을 썼다. 아무리 역경이 많고 타격이 크다 할지라도 상황이 나빠지자 생존에 우선순위를 두고 정상 등정을 포기했다. 한편 다른 대원들은 폭풍우가 닥쳐오는데도 계속해서 정상 등정을 밀어붙였고 결국에는 살아 돌아오지 못했다.

나는 따뜻하고 안전한 교실에서 에베레스트 재난을 몇 시간 공부한다고 해서 그날 그 산에서 정확히 일어난 일에 대해 전문가가 될 수 없다는 사실을 안다. 그리고 아무도 1996년의 그 숙명적인 등반에 참여한 각 대원의 마음속에 어떤 의사 결정 과정이 진행되었는지 정확하게 알 수 없다. 그러나 우리가 세운 가설은 내게 깊은 반향을 일으켰다. 프로파운더를 폐쇄하려는 결정이 이 결정과 중요한 유사점이 있다고 믿었기 때문이다.

프로파운더의 비전은 야심만만했다. 우리는 아무도 걸어본 적 없는 길을 선택해 나름의 장벽과 위험이 도사리는 여정에 착수했다. 그럼에도 우리는 프로파운더를 창립한 후 1년여 동안 잘 꾸려왔다. 사람들의 관심도 받았다. 앞으로 나아가고 있었다. 마치 우리가 모든 사람이 투자 자금을 쉽사리 모을 수 있게 해주는 대단하고 성공적인 벤처 기업를 만들 수 있을 듯했다. 다시 말해 우리가 자신만의 최정상에 도달할 수 있을 것만 같았다.

그러고 나서 폭풍우가 일어날 조짐이 보였다. 입법자들이 우리가 하는 일에 관심을 가진 것이다. 이것은 우리에게 양날의 칼 같은 영향을 미쳤다. 프로파운더는 복잡하고 제한적이고 비용이 드는 사업에 대한 모금 과정을 고스란히 공개했고, 모든 정보와 지식을 제공했으며, 기존 법을 최대한 활용하기 위해 필요한 것을 갖추도록 해주었다. 규제 당국은 당연히 이 점을 달가워하지 않았다. 아슬아슬하게 법이 허락한 테두리를 탈 수 있는 도구를 우리가 제공한 셈이 되었으며, 이 새로운 정보에 눈뜬 사용자들이 규제 당국을 위협했던 것 같다. 규제 당국은 분명 자신들이 답할 수 없는 질문을 요구받거나, 좀 더 정확하게 말해 아무도 답할 수 없는 질문을 요구받는 것을 달가워하지 않았다. 이를테면 많은 주에서는 비공인 투자자의 수뿐 아니라 '비전문' 투자자들이 실제로 투자할 수 있는지도 규제하고 있다. 도대체 법 용어로 '전문' 투자자냐 아니냐가 무엇을 뜻할까? 이에 대한 명확한 답은 없다. 《월스트리트 저널》의 마켓워치MarketWatch(미국의 경제 종합 미디어 그룹.《월스트리트 저널》 자회사였다가 다우 존스 그룹에 매각됐다.-옮긴이) 기사에 따르면, 전문성sophistication은 "어떻게 해석하느냐에 따라 법적 효력이 있는 기준이 될 수도 있고, 법적 효력이 없는 일상 기준이 될 수도 있다." 누구도 공식적인 '전문' 투자자가 되기 위해 시험을 볼 리 없다. 그러나 우리가 전문 투자자가 아니라고 밝혀지면 자신과 투자받은 회사가 문제에 직면할 수 있다는 말이다. 도통 알쏭달쏭 알 수 없는 개념이 전문성인 것이다.

프로파운더가 밀어붙이는 과정에서 주 규제 당국을 가장 성나게 했던 또 하나의 모호한 영역이 투자금 모금 영역에서 사적 모금과 공적 모금을 나누는 경계점이었다. 큰 회사들은 그들이 주식 시장에 주식 공개(기업 설립 후 처음으로 외부 투자자에게 주식을 공개하고 매도하는 업무 - 옮긴이)를 하면서 '기업 공개'를 한다. 그들이 회사 주식의 소유권을 팔아 대중에게서 큰 자금을 모금할 수 있게 되는 것이다. 그렇다면 사적 모금이란 무엇인가? 소규모 기업은 주식회사가 되지 않을 터이므로 주식 시장에서 주식을 팔지 않을 것이다. 그 과정이 길고, 비용이 많이 들며, 상당한 정보를 공개해야 하기 때문이다. 이것은 대부분 소규모 기업에 맞지 않는 과정이다. 그래서 일반 대중에게 주식을 파는 대신에 소규모 기업(대부분 소규모 기업)은 사적 모금을 택한다. 모금이 사적이기 때문에 투자 기회를 어떻게 공유하고 누구에게 공유할지 제한이 있다. 사적으로 기금을 모집하는 스타트업 기업가는 텔레비전 광고나 옥외 광고를 통해 대중에게 투자 기회에 대한 소식을 퍼뜨릴 수 없다. 도리어 그는 자신이 아는 사람들에게서 자금을 모으는 것으로 국한되거나 통상 '친구와 가족'을 지칭하는 '이미 실제로 맺어진 관계'에 있는 사람들에게서 기금을 모으는 것으로 국한돼 있다. 다시금 여기에는 의문스러운 구석이 많다. 그럼 페이스북 친구도 계산에 넣어야 하는가? 트위터 팔로워들이 소위 적합한 '친구'인가? 아무도 이러한 질문에 답하지 못했다.

한때 캘리포니아 주 관청의 법인담당부서Department of Corporations, DoC는 우리에게 접근해 우리가 앞서 언급한 용어의 일부를 정의한 방식에 우려를 표명했다. 또는 오히려 우리가 고객에게 모든 정보(법률적 지침이 아닌데도)를 제공하는 바람에 고객이 스스로 용어들을 정의하게 된 이 방식에 의문을 품었다.

그다음 몇 주와 몇 달 동안 우리는 캘리포니아 법인담당부서에 우리 시스템을 알려주고 그들의 질문에 답하느라 유감스럽고 불만스러운 시간을 보냈다. 그들은 비즈니스의 운영 방식과 관련한 용어들을 우리 방식대로 정의할 때 우리가 타당성을 느낀 이유를 물었다. 우리는 그들의 질문에 치밀하게 답변하기 위해 법률과 법령을 확인하고 공식 문서를 작성하는 데 많은 시간을 쏟아야 했다. 이런 노력을 기울인 까닭은 자신을 보호하고 향후 취해질 어떤 공격도 미연에 방지하기 위해서였다. 그러나 아무리 많은 정보를 제공해도 그들은 항상 더욱 많은 정보를 원하는 듯했다.

우리는 그들의 관련 지식이 부족할 뿐 아니라 새로운 논의거리가 끊임없이 나와 진행은커녕 지지부진해지기만 하는 상황에 좌절감을 느꼈다. 우리는 예전만큼 자유롭게 실험하고 반복할 수 없었다. 캘리포니아 법인담당부서가 이제 우리의 일거수일투족을 매의 눈처럼 엄중히 감시하는 터라 새로운 것을 시도하거나 중요한 위험을 감수하는 데 제약을 느꼈다. 정의나 범위를 정하는 일을 밀어붙일 때마다 이제 결과는 불을 보듯 뻔한 듯했다. 그리고 캘리포니아 법인담당부서와 우리의 새로운 관계를 생각할 때 먼저 행동한 뒤 나중에 용서를 구하는 식은 우리의 선택 사항이 아니었다. 캘리포니아 법인담당부서와 우리가 소위 '협력적 관계'에 있었기에 때마다 조금이라도 위험하거나 혁신적인 아이디어는 추진하기도 전에 그들의 눈치를 볼 수밖에 없었고, 그들이 어떻게 생각하는지 살필 수밖에 없었으며, 그런 관계이다 보니 수개월이 걸리더라도 그들의 승인을 기다렸다.

더군다나 당시 우리의 상품은 고객의 가장 중요한 요구 사항을 충족시키지 못하고 있었다. 투자 자금을 친구와 가족에게서 모금하는 과정을 가장 단순하고 명확하게 만들었다고 자부했지만 실상은 아직 충분히 단순하지 않았다. 오직 법이 개정돼야만 더욱 우수한 상품을 만들 수 있다는 것이 자명해졌다. 한편 이런 상황에서 우리 은행 계좌는 갈수록 빈약해졌다. 나는 쌍둥이를 출산하러 몇 주간 휴가를 떠났고 마침내 처음으로 엄마가 되었다.

이러한 요인들이 합해지면서 폭풍우가 닥쳐왔다.

우리는 지원이 부족하지 않았다. 세계는 정말로 거대한 크라우드펀딩의 잠재력에 눈뜬 듯했고 우리는 계속 언론의 칭찬을 받았다. 투자자 가운데 많은 사람이 우리에게 계속 전진하라고 격려했으며 심지어 우리 회사에 더욱 많은 자금을 제공하기도 했다. 합법적인 투자를 토대로 하는 크라우드펀딩이 가능하도록 시급히 새로운 입법이 통과되어야 했다. 그러나 여전히 가시지 않은 주요한 의혹이 있었다. 점점 더 통제할 수 없는 사항이 많아지는 사업 환경에서 또 한 번 대규모 모금을 하는 것만이 능사는 아니었다. 우리는 모두 너무 규제 환경에 친숙해졌고 그 변화의 속도를 고려할 때 여전히 고객이 진정으로 원하는 것을 즉각 제공할 수는 없다는 사실을 깨달았다.

불가능해 보이는 아이디어가 성공하는 순간

잠시 사적인 이야기를 하자면 나는 쌍둥이에 대한 모성애가 인생에서 가장 크고 온통 마음을 빼앗는 여정이 되리라는 사실을 알았다. 자그마한 쌍둥이들이 곧 태어날 즈음 몇 주 혹은 몇 달 동안 확실히 아기들에게 헌신할 수 있기를 바랐다. 아기들이 태어날 초기에 아기들 옆에 있어주고 싶었고 그들이 필요로 하는 것은 무엇이든 제공해주기 위해 아이들 옆에 항상 대기하고 싶었다. 이것은 내가 임신한 사실을 알던 순간부터 투자자들과 팀에게 말했던 내용이다.

전반적으로 당시 상황에서는 불확실한 요소가 너무나도 많았다. 그래서 대너와 나는 현 상태에서 멈추고 원상태로 되돌아가는 것이 최선이라는 결정을 내렸다.

우리는 회사의 작은 팀에 이 소식을 알렸고 프로파운더의 폐쇄 계획을 차근차근 설명했다. 직원들에게 지급하던 봉급을 중단했고, 사무실에서 나왔으며, 사무실 집기는 팔았다. 공식적으로 사업을 서서히 줄여가며 종료하는 과정을 밟기 위해 변호사와 의논도 했다. 그러나 완전히 모든 것을 마치기 전에 할 일이 조금 더 남았다. 우리는 미래에 도전하고자 하는 사람들을 위해 더욱 나은 여정을 만드는 데 앞장서지 않고는 되돌아가고 싶지 않았다.

우리는 완전히 새로운 법안인 잡스법JOBS Act의 초안이 의회를 통과하는 데 지원하는 노력을 하루도 빠짐없이 기울였다. 그 법안은 무엇보다도 기업가들이 자신의 스타트업과 소규모 사업을 위해 그들이 원하는 어떤 투자자든 인원에 관계없이 100만 달러까지 투자금을 모금할 수 있도록 허용하는 법안이었다. 우리는 이 법안을 밀고 나가는 것이 크라우드펀딩에 가장 큰 영향력을 미칠 수 있는 길이라 믿었고 이것이야말로 프로파운더의 핵심 가치와 맞아떨어지는 방식이라고 믿었다. 대너는 크라우드펀딩의 장래에 대해 의회 앞에서 여러 번 증언했다. 한편 (임신 중이라 비행기를 탈 수 없어 의회에 가지 못했던) 나는 전화로 기자들의 질문에 답했으며 신생벤처기업육성법Jumpstart Our Business, JOBS의 장래와 관련해 서부 해안의 사례들을 기자들에게 언급했다. 또한 대너는 수많은 회담 장소에서 프로파운더의 비전과 과정을 이야기하며 기업가들이 자신들의 벤처를 론칭하기 위해 커뮤니티의 힘을 활용할 수 있었던 설득력 있고 영감 있는 논점과 실제 사례를 알려주었다. 우리는 정기적으로 입법 의원들과 크라우드펀딩에 대해 상의했고 심지어 잡스법 4항의 내용을 구성하는 데 기여하기도 했다.

마침내 우리를 비롯한 다수의 기업가들, 관심 있는 시민들이 보태준 여론과 법안이 통과되도록 재빨리 불리한 조항을 제외해준 의회 덕분에 잡스법은 법으로 제정되기에 이르렀다. 우리는 그간의 노력에 대한 보답으로 백악관의 초청을 받았으며, 바로 눈앞에서 법이 공식적으로 제정되는 현장을 목격할 수 있었다.

2012년 4월 5일, 나는 백악관의 로즈가든에서 여러 친구와 동료와 더불어 앞줄에 앉아 오바마 대통령이 소수의 관중을 향해 던지는 연설에 귀를 기울였다. "미국의 가장 위대한 면모 가운데 하나는 우리가 실천하는 사람들의 나라라는 것입니다. 실천가는 말만 하는 사람이 아니라 행동하는 사람입니다." 그는 연설을 이어갔다. "우리는 원대하게 생각합니다. 우리는 위험을 감수합니다. 그리고 우리는 견고한 계획과 열심히 일하고자 하는 의지가 있는 자라면 누구나 가장 불가능해 보이는 아이디어도 성공적인 비즈니스로 바꿀 수 있다는 사실을 믿습니다. 이것이 바로 미국이라는 나라입니다."

대통령은 관객 앞 단상에서 옆쪽 책상으로 내려와 열두 개가 넘는 연필 가운데 첫 번째를 골랐다. 그는 그 펜을 들어 올려 보이며 웃고, 그 연필을 종이에 가져다 대어 매우 작은 획을 긋고는 멈춘 다음 나머지 연필들이 있는 자리 옆으로 가져다 놨다. 그는 두 번째 연필을 쥐고 또 다른 글자를 종이 위에 쓰고 나서는 재빨리 탁자 위 첫 번째 연필 옆에 나란히 갖다 놨다. 이렇게 한 자루에 한 글자씩 적어나가는 과정이 계속되었고 마침내 대통령의 이름이 잡스법안 위에 공식 서명되면서 법률이 확정되었다. 관중은 일어섰고 갈채가 쏟아졌다. 대녀와 나는 얼싸안고 울음을 터트렸다. 이러한 역사적인 사건의 현장을 보는 것보다 자랑스러운 일은 없었다. 그야말로 먼 길을 걸어왔다. 프로파운더는 몇 주 전 공식적으로 문을 닫았다. 그리고 나는 두 명의 건강하고 무럭무럭 자라는 사랑스러운 남자 아이들을 낳았다. 세계는 우리 목전에서 변화하고 있었다.

대녀와 나는 프로파운더가 준 영향력, 특히 전국에 걸쳐 우리가 스타트업 벤처 기업과 소규모 기업에 도움을 제공했던 과정에서 프로파운더가 준 영향력을 자랑스럽게 생각한다. 또한 우리는 워싱턴에서 크라우드펀딩 규제 개혁에 영향을 미치는 역할을 감당했던 것과 우리가 떠난 분야에서 다시 시작한 다른 기업가들을 응원할 수 있었던 것에 감사한다. 더욱 폭넓은 대화의 장을 여는 데 일조했다는 사실을 알게 된 점도 기쁘게 생각한다.

나는 돈을 잃은 투자자들조차 그들이 프로파운더와 함께한 경험이 긍정적이었다고 말하리라 믿는다. 또한 우리는 모두 위험을 감수하고 도전했고, 일련의 실험을 실행했으며, 수익과 투자에 토대를 둔 크라우드펀딩의 새로운 기회에 대해 중요한 교훈을 얻었다. 이러한 통찰력은 예전의 우리 투자자들 일부가 다른 투자를 결정할 때도 지대한 영향을 미쳤으며 프로파운더가 떠난 자리에서 다시 시작하려는 신흥 조직들이 어떤 길을 가야 할지 끊임없이 알려주는 이정표 역할을 했다. 프로파운더가 만들어낸 것은 다른 투자자들과 조직이 우리의 기술, 자산, 전문성을 계속 사용하면서 명맥이 유지돼왔다. 모든 정황이 이렇다 해도 우리는 투자자들에게 금전적 수익을 가져다주지는 못했다. 우리도 투자자들에게 그런 수익을 가져다주길 바랐다. 그들은 우리에게 자신의 운을 맡겼다. 프로파운더가 이루어낸 모든 좋은 것들에도 불구하고 당시 프로파운더의 투자자는 기업가들을 통해 수익을 내고 싶었으리라 확신한다.

결국 가장 중요한 사실은 우리가 제때 돌이켰다는 것이다. 나는 너무 많은 기업가가 자신들의 목표를 '최정상'에 두는 것, 즉 대체로 개인적인 사안이든 전문적인 사안이든, 어떤 희생을 치르더라도 금전적인 성과를 좇는 생각에 사로잡혀 있는 모습을 목격했다. 실지로 일부 기업가는 그렇게 해내며 어렵게 폭풍우를 피한 위대한 이야기의 주인공이 되기도 한다. 그러나 그 외의 수많은 기업가는 큰 수익을 내려다 너무나도 큰 대가를 치른다. 그들은 관계를 망치기도 하고, 건강에 치명적인 손상을 입기도 하고, 수백만 달러를 날리기도 하며, 주변의 모든 사람을 벼랑 끝으로 내몰기도 한다. 프로파운더의 폭풍은 실제로 발생하는 일이었고, 우리는 선택해야 했다. 우리는 되돌아가기로 했다.

더 나은 삶과 만족하는 삶

—

숯 판매상 파투마

탄자니아 도도마 북쪽 몇 시간 거리의 마을, 2004년

파투마Fatuma는 자신의 숯 비즈니스 내용을 항상 기록해왔다. 그녀는 내게 그것을 보여주고 싶어 했다. 파투마는 자그마한 몽당연필을 집어 작은 칼로 깎았다. 그러고 나서 한 무더기로 쌓아놓은 열두어 권의 얇은 공책들 중 한 권을 펼쳐 전날 매출을 가리킨 다음, 당일 매출을 적는 모습을 보여주었다. 그 공책들은 내가 대학 다닐 때 중간고사 에세이를 쓰던 이른바 공식 캠퍼스 공책과 같은 종류였다.

나는 파투마가 정성 들여 기록한 것을 차근차근 설명해주는 모습을 보며 진정으로 마음이 따뜻해졌다. 우리는 지난 몇 달간 파투마에게 벌어진 일들과 그녀가 비즈니스에서 일궈낸 수익을 논의했다. 숯

자들을 자세히 살펴봤고 흥분과 놀라움을 감추지 못한 채 두 번째로 숫자들을 들여다봤다. 내 눈을 의심할 정도였기 때문이다. 파투마는 정말 잘하고 있었다. 나는 파투마에게서 매우 특별한 것을 발견했다는 확신이 들었다. 그녀가 정리한 장부 수치가 맞는다면, 눈앞에서 그 야말로 완벽한 인생 역전 이야기를 보고 있는 셈이었으며 심지어 그녀가 더 큰 성과를 내리라는 예감도 들었다. 겨우 100달러 보조금만으로도 이렇게 잘해냈다면 앞으로 그녀가 얼마나 사업을 크게 키울지 누가 알겠는가?(그녀의 보조금은 빌리지 엔터프라이즈에서 제공했으며 파투마를 만난 것은 2004년 봄 여정을 시작한 초반이었다.)

파투마는 양해를 구하고 차를 끓이러 나갔다. 나는 파투마가 돌아오면 바로 인터뷰할 수 있도록 무릎 위에 생활 수준 질문지를 올려놓고 혹시라도 빠뜨린 것이 없나 열심히 살펴봤다. 아하, 맞다. 우리가 그녀의 비즈니스 수입과 비용을 논의했으므로 당연히 파투마가 자신이 올린 수익으로 무엇을 했는지 더욱 듣고 싶었다. 이것은 빌리지 엔터프라이즈의 사명은 차치하고서라도 파투마가 사업을 하는 이유였다. 그렇지 않은가? 사람들에게 사업을 일으키고 일궈갈 권한을 주어 사업으로 생계를 유지할 뿐 아니라 파투마 같은 기업가와 그 가족에게 더욱 나은 미래를 선사하는 것이 그 이유인 것이다.

나는 그때까지의 경험으로 파투마만큼 성공한 기업가들은 내게 보여줄 생활 수준 향상 사례가 매우 많으리라는 것을 알고 있었다. 내심 기대하면서 파투마가 말해줄 긴 목록을 적기 위해 질문지 중에 빈 페이지가 위로 오도록 하여 무릎 위에 올려놓았다.

파투마가 계속 차를 준비하는 동안 나는 그녀의 소박한 방 한 칸짜리 움막집을 자세히 들여다봤다. 그녀가 자신의 수익을 쓰기 시작한 실마리를 찾기 위해서였다. 그런데 전혀 없었다. 모퉁이에 새 자전거를 챙겨두지도 않았고 모기장도 없었으며 딱히 눈에 들어올 만한 것이 하나도 없었다. 바깥도 훑어보았다. 전에 없던 풍요로움을 드러내낼만 한 것이 아무것도 없었다.

차를 들고 파투마가 방 안으로 돌아왔다. 나는 그녀를 훑어보았다. 옷이 낡고 닳아 있었다. 신발 끈은 끊어져 있었다. 난감해졌다. 그녀가 차를 따르고 맞은편에 다시 앉은 후에 마침내 나는 사업에서 올린 수익의 사용처와 장래 희망을 물어보았다. 파투마는 앉아 있던 나무 의자에서 일어나 주위를 두리번거리며 둘러보다 이내 조용히 방 한쪽으로 걸어가 닳아빠진 메트리스 옆에 웅크리고 앉더니 낮은 목소리로 말했다. "여기요." 그녀는 흙바닥을 손으로 가리켰다. 그녀는 내 호응을 기다렸지만 나는 이해하지 못했다.

"있잖아요. 실은 여기다 두었어요." 의미심장하게 잠시 말을 멈춘 후 나를 올려다보던 그녀가 말을 이었다. "세계은행에 묻어놨죠!" 자기가 말해놓고 파투마는 웃고 또 웃었다. 그 바람에 나도 덩달아 웃었다. 아무래도 농담은 반복해야 제맛이라 여겼던 모양이다. "있잖아요. 세계은행, 내 은행요!" 나는 하도 어이가 없어 말문이 막혀버렸다. 재미있었다.

그렇게 한참을 웃다가 웃음이 사그라지고 그녀가 의자에 앉을 즈음 다시 물었다. 아니, 정말로, 그녀가 사업에서 올린 수익을 어떻게 사용했을까? 그녀는 매트리스 옆 바닥의 한곳을 다시 가리켰다.

재치 있는 농담을 건넨 뒤인데도 그녀의 대답은 어느 때보다 진지했다. 그녀는 말 그대로 흙으로 만든 바닥에 돈을 묻어놓았다.

그러나 나는 물었다. 파투마는 돈을 하나도 안 썼을까? 왜 안 썼을까? 나는 알아야 했다. 그녀는 삼시 세 끼를 먹고 옷을 샀지만 이외에는 너무나 많은 기본적인 것들이 없는 상태였다. 그녀는 자신의 삶을 개선할 물건을 사고 싶지 않았을까? 치약은? 담요는? 랜턴은? 해지지 않은 새 신발은? 돈을 번 만큼 휴대전화 정도는 사야 할 것이 아닌가? 오토바이는 어떤가?

나는 이외에도 여러 다른 물품들을 나열하며 물었다. 파투마는 그다지 관심이 없는 눈치였다. 분명 자신의 돈을 캐내 시내로 나가 조만간 그 물건들을 사는 일에는 더더욱 관심이 없어 보였다. "아니에요. 이만하면 괜찮아요." 파투마는 노후 대비용으로 저축해둔 돈이 침대 바로 옆 바닥에 고이 묻혀 있다는 사실을 생각할 때마다 절로 기분이 좋아진다고 했다. "저는 돈을 여기 묻어두는 게 좋아요."

사업을 좀 키우면 어떨까? 원하면 좀 더 빠르게 성장하도록 자금을 제공할 수도 있었다. 그녀는 대답했다. "아뇨, 이 정도면 딱 좋아요."

파투마는 장래를 위한 목돈을 마련하고 있던 것일까? 혹시 한 번에 큰 것을 사려고? 그녀가 대답했다. "아마도요, 하지만 구체적으로는 잘 모르겠어요."

파투마는 인생이 좀 더 나아지기를 바라지 않았나? 그녀의 희망은 무엇이었을까? 장래 희망은? 인생에서 그리던 꿈은? "누가 알겠어요?" 그녀는 별 감흥 없이 대답했다. "이렇다 할 계획은 없어요. 여기 있으려고요. 시간이 갈 거고 그냥 이대로가 좋아요."

나는 자신의 소유에 만족할 줄 아는 사람을 존경한다. 절대로 파투마를 충동질해 그녀에게 걱정하거나 원하는 마음, 물질 만능주의를 불어넣고 싶지 않았다. 그러나 갈등이 생겼다. 그때까지 나는 누구에게든 삶을 개선하는 문제를 놓고 이래라저래라 하지 말라고 배웠다. 그런데 왠지 파투마에게는 그녀가 선택할 수 있게 도와줘야 한다는 책임감이 들었다. 특히 건강 문제가 그랬다. 이것은 파투마가 전에 생각해보지 못했을 수도 있다. 나는 계속해서 다른 아이디어도 읊어봤다. 그러나 어떤 것도 그녀의 관심을 끌지는 못했다.

당혹스러웠다. 그 순간까지 내가 만나본 모든 기업가는 더욱 나은 삶을 바랐다. 통상 훨씬 나은 삶을 바랐다. 그들은 자신의 사업이 번창하기를 원했고, 곳곳이 구멍 나 비가 새는 지붕이 아닌 새집에서 살기를 원했고, 드넓은 땅과 살이 토실토실 오른 가축을 키우고 싶어 했고, 자신의 아이들이 건강하기를 원했으며, 딸자식에게 교육 기회를 주기를 원했다. 또 파티를 자주 열고 싶어 했고, 건강과 치유를 누리는 삶을 원했다. 예쁜 옷도 사고, 먼 곳으로 여행도 하고, 빠른 차량과 새로 산 전자 장치 등도 갖고 싶어 했다. 그때까지 한 번도 자신의 미래를 위해 어떤 꿈도 꾸지 않는 듯한 사람을 만나본 적이 없었다.

그러나 파투마는 어떤 것도 또렷이 말하지 못했다. 자신의 인생이 변하는 것을 원치 않았기 때문이다. 그렇다고 그녀가 여태 만난 사람 가운데 가장 행복해 보이는 것도 아니었다. 파투마는 자신의 인생 여정에서 특별한 한 가지를 맞이했으며 지금 하는 숯 판매가 그것이었다. 그러나 성공적인 소규모 기업을 운영하는 것도 그녀의 마음을 확실하게 바꾸어놓지는 못했다. 파투마는 더 좋은 것을 얻는 것에는 도통 관심이 없었다. 적어도 자신이 묻어둔 보물 옆에 잠들면서 느꼈을 안도감과 맞바꿀 정도는 아니었다.

나는 파투마와 계속 연락하며 지내지 않았기 때문에 내가 그녀에게 전한 정보나 제안으로 건강과 안위를 향상시키고자 무엇을 했는지 알지 못한다. 그러나 파투마 생각이 날 때가 있다. 사실은 꽤 자주 난다. 파투마가 계속 꿈꾸지 못하게 한 것이 무엇이었는지 궁금하기 때문이다. 두려움이었을까? 용기가 없었을까? 아니면 용기에 앞서 오는 욕망이 없었을까? 파투마가 자신을 위해 더는 아무것도 바라지 않는다면 감수할 위험은 없다. 무언가를 위해 용기를 낼 것도 없다. 파투마는 자신이 원하던 모든 것을 소유했다. 즉 항상 소유하던 것과 같은 인생을 소유했다. 그리고 이제 땅에 약간의 돈도 숨겨놓았다. 이것 외에 아무것도 갈망하지 않는다면 실망할 여지도 없는 것이다.

나는 파투마가 마음속 깊이 어딘가에 무언가를 원했다고 믿고 싶다. 파투마를 만난 지도 어느덧 10여 년이 지났기에 어찌되었든 마음속 깊이 어딘가에 있을 열망을 끌어내 이것을 추구하는 길을 선택했기를 바란다. 계속 전진하고 두려움으로 망설이지 않기를 바란다. 꿈꾸는 법을 배워 이러한 꿈을 추구하기를 바란다. 자신을 위해 더욱 나은 미래에 도전하기를 바란다.

희망이 길을
만든다

—

우리의 삶에 펼쳐진 일련의 가능성 앞에서 우리는 어떤 선택을 할 것인가? 우리가 소유하지 않은 것에 집
중할 것인가, 아니면 행동에 옮기는 일을 선택할 것인가? 용기 있는 여정을 택하라. 기업가적인 삶을 사는
길과 자신에게 거는 길을 택하라. 세상은 당신을 원한다.

CLAY WATER BRICK

시간을 과감하게 사용할 용기

나는 파투마를 여러모로 존경한다. 그러나 그녀의 이야기는 내게 영감의 원천보다는 타산지석의 역할을 한다. 객관적으로 파투마는 자신의 벤처 사업에서 성공을 거뒀고 상대적인 부를 얻었지만 자신이 늘 살던 삶을 선택했다.

그녀는 성장해야 했던 영역을 연마하지 않았다.

무엇보다도 파투마는 자신의 저축이 가져다준 안도감에 가치를 둔 듯했다. 그녀는 이전에 저축은 고사하고 목구멍에 풀칠하기도 바빴다. 따라서 만일의 경우를 대비해 비상금을 가지려 했던 점은 이해가 된다. 파투마는 난관이 닥쳐올 때 의지할 대비책을 갖추고 싶어 했다. 그러나 그녀가 묻어놨던 자금은 대비책 이상이었음에도 이 자금을 사용할 계획이 없었다. 그녀는 단지 자신의 돈을 쌓아가면서 기다렸다.

그런데 무엇을 기다린 것일까? 그녀 자신도 알지 못했다.

가난에 대해 내가 내린 정의는 시간이 갈수록 변했다. 한때 나는 가난이 물질적으로 필요한 음식과 물, 옷, 집과 같은 것이 없는 상태만을 의미한다고 믿었다. 그래서 가난의 반대인 부는 이러한 것들을 소유하는 것이라고 믿었다. 그런데 이제 이것은 그저 빙산의 일각일 뿐이라는 사실을 알고 있다.

어떤 면에서 우리는 모두 부유하고 어떤 면에서 우리는 모두 가난하다. 어떤 사람들은 부에 둘러싸여 있지만 이것을 인식하지 못한다. 그들은 멋진 일을 할 수 있고 삶 속에서 뭐든 원하는 대로 할 수 있지만 소심하거나 우유부단하다. 그들은 자유롭지만 갇혀 있는 기분을 떨칠 수가 없다. 가난은 단지 소유한 것이 없는 상태만이 아니다. 가난은 무엇보다도 사신이 성장해야 하는 영역을 연마할 수 없거나 연마할 수 없으리라 여기는 믿음이다.

우리에게는 모두 교훈과 자원, 아이디어가 있다. 우리에게는 모두 마음속에 숨겨두고 입 밖에 내지 않은 꿈이 있다. 우리에게는 분명 눈에 보이지 않는 유형 자산이 있어 이것에 자물쇠를 채워두거나, 손이 닿지 않는 곳에 두거나, 저장하거나, 심지어 땅에 묻기도 한다. 우리는 유형 자산을 이런 곳에 보관할 수도 있고 캐내어 위험을 감수하고 불릴 수도 있다. 우리는 스스로 끊임없이 다독여 재투자하고 계속해서 번영할 수 있다.

우리가 모두 소유한 자산 중에 가장 보편적이고, 귀중하며, 융통성 없는 자산은 무엇일까? 바로 시간이다. 우리의 수명은 저마다 다르지만 하루에 부여된 시간은 같다. 우리는 소유한 시간을 더욱 과감하게 사용할 수 있다. 삶을 개척하기 위한 모든 자원 중에서 시간을 어떻게 사용하는지가 가장 중요하다.

아마 시간을 더욱 효율적이고, 효과적이며, 생산적으로 쓰는 방법이나 멀티태스킹을 잘하는 방법에 대해 들어봤을 것이다. 이러한 것들은 모두 좋다. 그러나 하루를 마감할 때(말 그대로) 가장 중요한 것은 우리 자신에 거는 내기, 즉 아무리 허황된 꿈이라도 우리 시간을 투자하는 내기에 흔쾌히 응할 수 있느냐는 것이다.

우리가 소중한 시간을 보낼 수 있는 가장 가치 있는 방법이 무엇이라고 생각하는가? 시간 낭비가 무엇이라고 여기는가? 우리의 하루는 이러한 질문에 대한 답을 반영해야 한다. 잘 반영이 안 된다면 이는 이미 선택해놓은 더욱 바람직하고 더욱 안전한 투자를 포기하기가 두려워서일 것이다.

이러한 투자에는 돌아오는 것이 있다. 꾸준한 급료든, 안도감이든, 안전한 미래든, 또는 흔히 예상되는 더욱 많은 보상이 그것이다. 그러나 우리가 저마다 꿈을 좇기 위해 기업가적 여정을 간절히 추구한다면 더는 실패 위험을 줄일 수 없는 시기가 찾아온다. 결국 계속 성장하려면 선택과 포기 사이에 소정의 거래를 해야 하는 것이다. 즉 원대한 목표에 도달하기 위해서는 안전도가 크고 작은 목표 대신 안전도가 작고 큰 목표를 택해야 할 것이다.

시간이 좀 더 많기를 바라지 말라. 오히려 더욱 과감하게 사는 편을 택하라. 진정 마음을 쏟는 그 일에 시간과 모든 자원을 투자하고 나머지는 떨어버리라. 이런 것을 포기하는 일에 용감한 사람이 돼야 한다. 이러한 용감한 사람이 돼라. 자신에게 걸라.

에스컬레이터 원칙

사람들은 학자이자 작가이자 기업가이자 교육자인 내 남편 레자에게 이따금 진로 지도를 받으러 온다. 여기에는 그럴 이유가 있다. 레자는 많은 영역에서 눈에 띄는 성과를 이뤘다. 30대 중반에 종신교수가 되었고, 여러 권의 세계적인 베스트셀러를 썼으며, 두 개의 성공적인 회사를 설립했고, 여러 비영리 단체 이사회 일원으로 일하고 있으며, 인기 많은 강연자이자 유명한 미디어 인사다. 레자는 진로에 대해 조언해줄 때면 우리가 지금은 재미있게 불러대는 '에스컬레이터 원칙'에 대해 주저 없이 말한다.

레자는 인생에서 전진하는 일이 하행 에스컬레이터를 거슬러 올라가는 것과 같다고 설명한다. 걷거나 매우 적당한 속도로 뛸 수 있지만 거의 정지한 상태에 있을 것이다. 이때 취할 수 있는 분명한 전략은 무조건 속도를 높여 더욱 빨리 뛰는 것이다. 그러나 이것은 지속하기가 쉽지 않다. 대부분 사람은 꼭대기에 오르기 전에 지쳐 나가떨어지기 십상이다.

우리는 대담해져야 한다. 크게 도약하면서 올라가려면 확실한 몇

걸음을 한 번에 내디뎌야 한다. 이 방법은 조금 무서울 수는 있지만 전진할 수 있는 방법이다. 바로 크게 도약하는 것이다.

레자는 가장 큰 위험을 감수하는 시기를 인생에서 가장 중요한 순간으로 꼽는다. 레자에게 이러한 큰 도약은 온갖 종류의 다른 위험을 감수한다는 뜻이었다. 이를테면 새로운 도시로 이사하기, 직업 바꾸기, 맨땅에서 벤처 기업 시작하기, 네 개(그렇다, 네 개다)의 상급 학위를 위해 말도 안 되는 금액의 학자금 대출 신청하기, 스스로 준비가 잘 안 돼 있을 때 오는 기회에 '예스'라고 답하기, 통지받기가 무섭게 방송에 출연하거나 인터뷰하기, 장거리 여행 떠나기 등이 레자가 감수한 위험이다. 레자의 모든 도전이 성과를 얻지는 못했지만, 많은 도전에서 성과를 냈다. 그리고 이런 도전이 없었다면 레자는 지금 이 자리에 오르지 못했을 것이다. 이러한 도전들 덕분에 레자는 스스로 꿈꿔온 것을 초월해 자신의 분야에서 급속도로 성장할 수 있었다.

내 인생을 돌아볼 때에도 이 에스컬레이터 원리는 사실 그 자체였다. 내가 내린 가장 두렵고도 위험천만한 결정(가장 큰 용기가 필요했던 결정)을 생각해볼 때 이 결정들이 가장 큰 성과를 냈다. 일자리도 없이 국경을 넘는다든지, 실리콘밸리의 중심부로 가는 계획이라든지, 동아프리카 프로젝트를 위해 스탠퍼드에서 일자리를 그만둔 일은 키바를 만들 수 있는 영감을 불러일으켰다. 키바를 떠나는 일은 전에 경험해보지 못한 일에 스스로 도전하는 장을 열었을 뿐만 아니라 단지 한 벤처에 머무는 일을 초월해 한 기업가로서 내 잠재력을 탐험하는 장을 열었다. 프로파운더를 통한 소액 스타트업 투자와 모금을 위해 기존 방식에 도전한 것은 크라우드펀딩의 법 개정에 일조했다. 그리고 이 책을 쓰는 지금도 새로운 벤처를 추진하고 있다. 늘 그렇듯 처음에는 두렵게 마련이다. 그러나 매번 새로운 첫 장을 열면서 정복하고 매번 새로운 위험과 정면으로 맞닥뜨리다 보니 도약하는 일이 갈수록 수월해지고 있다. 또 나 자신을 이런 환경에 내맡기는 것도 새로운 시도를 하는 것도 갈수록 수월해지고 있다.

큰 도약을 하려면 버릴 것은 버려야 할 때가 올 것이다. 즉 원대한 목표에 도달하기 위해서는 안전도가 크고 작은 목표 대신 안전도가 작고 큰 목표를 택해야 할 것이다. 성장에는 늘 대가가 따른다. 파투마가 인생에서 앞으로 도약하는 일은 숨겨둔 돈 덕분에 얻은 안도감을 포기하는 일이었으며, 아마도 자신이 얻은 경제적 안녕에 대한 지배권을 포기하는 일을 뜻했을 것이다. 다른 사람들에게 이 도약은 시간 투자 비용과 재무 비용, 경제적 취약성, 평판의 위험이나 그 외 다른 것일 수 있다.

가진 돈을 캐내라. 가진 모든 것, 즉 귀중한 시간, 독특한 재능, 값진 보물을 아까워하지 말고 선뜻 내주라. 이 세상에서 가장 관심을 두는 곳에 투자하라. 자신에게 걸며 자신의 꿈에 걸어라. 지금 당장 그렇게 하라.

완벽하지 않아도 계속 시도해야 한다

몇 년 전에 나는 거대한 소액금융 조직이 주최하는 큰 세미나 미팅과 콘퍼런스에 참여할 일이 있어 마이애미행 비행기를 탔다. 모임이 열리고 있는 포시즌스 호텔에 들어서자 안에서 차가운 에어컨 바람이 쌩쌩 불었다. 몸도 덜덜 떨리고 이도 딱딱 부딪치는 통에 호텔 안내원이 환영 인사를 건넬 때 어금니를 꽉 물고 간신히 미소로 응하기만 했다.

나는 미팅 장소를 가리키는 흘림글씨 문양과 장갑 낀 손 모양의 아이콘이 있는 광택 나는 래미네이트 간판을 따라 넓은 현관을 더듬더듬 걸어갔다. 여행 가방을 끌고 안으로 들어갈수록 피아노 생음악과 웃음소리가 갈수록 커졌고 플러시 카펫(실크나 면직물을 벨벳보다 털을 좀 더 길게 해 두툼하게 짠 천으로 만든 카펫 – 옮긴이) 위를 가르는 여행 가방의 두 바퀴는 바닥에 두 줄의 작은 흔적을 새겨나가고 있었다. 나는 혼자서 키득키득 웃었다. 가방 안에 든 마이애미 날씨에 걸맞은 옷가지들이 보였다. 이제 창문도 하나 없는 추운 콘퍼런스 룸에서 며칠간을 보내야 한다는 사실을 실감하며 장갑(그리고 모자, 재킷, 스카프도)을 가지고 올 걸 그랬다는 생각이 들었다. 코너를 돌자 화려하게 장식된 대형 콘퍼런스 홀 이중문의 열린 틈 사이로 우리 그룹 사람들이 보였다.

파스텔 색조의 폴로셔츠와 주름 잡힌 카키색 바지를 입은 남성들,

'유원지 복장' 앙상블 광고에서 바로 튀어나왔을 법한 치마와 원피스 차림을 한 여성들이 한데 어우러져 있었다. 대부분 골프나 테니스를 하며 기나긴 한나절을 보내거나 수영장 옆에 앉아 오후 시간을 보내면서 피부가 약간 그을리거나 분홍색이 돼 있었다. 또 거의 모든 사람이 얼음장같이 차가운 칵테일을 들고 있거나 매니큐어 칠한 손으로 와인잔을 들고 있었다. 모두 내게 친근한 얼굴들이었다. 이사회의 일부 동료, 조직의 몇몇 직원, 조직에서 운영비를 지원하는 일부 큰손 기여자 등 모두 조직에 중요한 기부자였다. 콘퍼런스 홀의 참석자들을 자세히 빙 둘러보면서 나는 이들이 아마도 한 해 조직의 운영비 모금의 대부분을 책임지는 사람들인 듯싶었다. 나는 돈보다는 시간에 기여한 이례적인 참석자였다. 경험과 나이 면에서 수십 년이 어리며, 호텔의 세련된 대형 콘퍼런스 홀이 영 불편하고 익숙하지 않은 참석자였다. 그러나 이번 모임은 효과적인 이사회 운영을 위해 관련 인사들을 초청하는 목적과 더불어 참석자들에게 특별한 이야기를 들려주기 위해 세밀하게 기획됐다. 즉 관대하게 기부함으로써 특별한 이야기의 주인공이 된 참석자들을 이 자리에 초청해 모임의 절정을 이룰 이야기꽃을 피우고자 했다.

아직 아무도 내가 온 것을 보지 못했다. 콘퍼런스 홀에 있는 사람들에 대해 진정한 애정과 존경이 있었지만 나는 피곤하고 춥고 목도 마른 상태였다. 누가 되었든 이 사람들과 대화하기 전에 음료대로 갈 최단 거리를 찾느라 사이사이 보이는 홀의 가장자리를 유심히 살펴봤다. 통로가 하나 보였고 기회를 놓칠세라 음료대로 곧장 발걸음을 재촉했다. 몇 초 후 나는 반짝이는 유리 제품이 쌓여 있는 긴 테이블에 이르러 빨간색 유리잔을 하나 움켜잡았다. 안도의 한숨이 나왔다. 나는 이내 그룹을 향해 돌아서서 친근한 얼굴들을 바라봤다.

그런데 내 시야로 검은 피부의 낯선 얼굴이 들어왔다. 그 사람은 콘퍼런스 홀 안의 반대편에서 눈 하나 깜빡이지 않은 채 나를 응시하고 있었다.

사실 낯선 얼굴은 여럿이었으며 콘퍼런스 홀 전체에 골고루 배치돼 있었다. 그들은 모두 내 쪽을 바라보는 듯했다. 애써 전형적인 미소를 지은 채 내 눈을 주시하는 듯했다. 나는 지금 내가 보는 광경이 무엇인지 도통 알 수 없어서 눈만 깜박였다. 그러다가 낯선 사람 중 한 명이 몇몇 사람과 사진 찍는 모습이 보여 발끝으로 서서 목을 쑥 내밀었다. 그 순간 그 낯선 사람의 얼굴에 카메라 플래시가 반사되었다. 이제야 상황 파악이 되었다. 나는 한숨을 내쉬며 손에 들고 있던 와인을 꿀꺽꿀꺽 들이켰다.

홀의 주변을 따라 세워져 있던 것은 다름 아닌 기업가들의 실물 크기 판지 모형이었다. 저마다 소액금융 조직이 지원하는 각 나라를 대표하는 기업가들이자 각기 다른 비즈니스 활동을 대표하는 기업가들이었다. 기업가들의 사진 모형 일부는 버팀대와 지지 장치를 이용해 세워놓았다. 한 모퉁이에 웃으면서 닭을 들고 있는 나이 든 동아프리카 여성의 모형이 눈에 띄었다. 그녀 옆에 있는 소박한 테이블 위에는 누군가 플러시 천으로 만든 봉제 수탉 인형과 나란히 플라스틱 달걀 한판이 담긴 갈색 바구니를 올려놓았다. 또한 중고 티셔츠와 긴 치마를 입은 좀 더 젊고 피부가 검은 여성의 모형이 몇 가지 곡식을 손에 쥔 채 화분 여러 개 사이에 세워져 있었다. 화분 옆에는 지역 식료품점에서 사 온 무거운 쌀자루가 있었다. 반쯤 미소를 띤 또 다른 여성의 모형은 토마토와 양파를 들고 페인트칠이 된 청과물로 가득 찬 포장용 나무 상자 뒤에 세워져 있었다. 남아메리카 어떤 지역의 한 중년 남성 모형은 맨발에 바짓단을 접어 올린 채 상들리에용의 여섯 개짜리 조명 스위치 근처의 벽 중 하나에 기대 서 있었다. 이 모형에는 버팀목이 없었는데 벽에 기대놓을 수 있어 다행이었다.

나는 모형들에서 눈을 돌려 사람들 속으로 들어가 주변에서 살아 숨 쉬는 파스텔 색조 옷을 입은 진짜 사람들과 이야기를 나눴다. 모두 콘퍼런스 홀 내부에 우리를 에워싸고 있던 실물 크기 모형들의 주인공인 바로 그 기업가들을 지원하기 위해 모인 사람들이었다.

내가 처음 교회학교 교실에서 리놀륨 바닥에 앉아 빈곤에 대해 배운 이후 꽤 많은 시간이 흘렀다. 슬프게도 가난 속에 살던 사람들에 관한 이야기 중 일부와 이런 이야기들을 부추기는 생각에 대해서는 별로 변한 것이 없다. 나는 악에서 선을, 거짓에서 사실을, 과도하게 극적인 것에서 현실적인 것을 걸러내려고 노력하고 있다. 아직도 이따금 가난을 왜곡하는 이야기가 나를 엄습하며(실제 사람과 같은 느낌을 주려고 만들었으나 사실상 역효과만 낸 그 상투적인 판지 모형에 둘러싸여 있을 때처럼), 빈곤이 절대 해결될 수 없다고 들었던 어린아이 시절에 느낀 혼동과 근심의 고통이 밀려오기도 한다. 이따금은 여전히 이러한 생각에 사로잡히고 내가 무슨 일을 한다 해도 돕고 싶은 사람들과 나 자신 사이에는 거대한 틈이 있다고 느낀다. 여전히 지구촌에 사는 꽤 많은 사람을 괴롭히는 문제의 중대함에 눌리는 듯한 순간이 찾아온다.

그러나 나는 이러한 것들과 맞서 싸우는 법을 배웠다. 이제 나를 두렵게 하는 문제들에서 절대로 외면하지 않는 법을 배웠다. 어려운 문제와 그 문제로 영향받은 사람들을 구분하는 법을 배웠다. 또한 어려운 문제에 의문을 갖는 법을 배웠으며 스스로 부딪혀 답을 얻는 법을 배웠다. 이제 내가 이해하고 싶은 사람들에게 더욱 가까이 다가가는 일이 항상 가치 있다는 것을 안다. 그들의 진실을 직접 들을 수 있기 때문이다. 내가 열정적인 일을 탐험하거나 배우는 데에 승인을 구하려고 기다리지 않아야 한다는 사실도 안다. 내 노력이 절대로 완벽하지 않아도 이러한 노력을 계속 시도하는 것이 늘 가치 있다는 사실도 배웠다.

무엇보다도 나는 실질적이고도 긍정적인 변화가 가능하다는 사실을 정말로 확신하게 되었다. 결국 가난은 이길 필요가 없는 것이다. 그리고 세상을 좀 더 좋은 곳으로 만드는 데 참여하고 싶은 사람은 누구든 실제로 참여할 수 있다. 가장 '자격이 없는' 개인도 대단한 기여를 할 수 있다. 심지어 가장 소박한 노력을 기울여도 수천이나 수백만 명에 이르는 사람들의 삶을 개선할 수 있다. 나는 이 말이 사실이라는 데에 조금도 의심이 없다. 어떤 상황에서도 우리는 서로 영원히 지속적인 영향력을 미치며 도움을 주고받을 수 있다.

우리 앞에 놓인 길

"희망은 시골에 난 길과 같다.
처음에는 없지만 많은 사람이 그 위를 걸으면 생겨난다."

— 린위탕[*]

미래는 협력하여 함께 만들어가는 것이다. 미래는 함께 공유하는 것이다. 인간은 서로 의지하는 존재다. 저마다 스스로 제안하고 상호 간에 제한하는 길을 선택할 수도 있고, 함께해서 못 할 일은 없다고 믿는 길을 선택할 수도 있다.

우리는 서로를 가장 신뢰할 때 최고의 성과를 얻는다. 우리 자신의 삶과 상호 간의 삶에 대한 이야기를 나누면서 우리 자신이 진실로 위대한 일을 할 능력이 있다는 사실을 스스로 깨닫게 된다. 이것을 하는 우리 공동의 능력, 즉 희망을 품고 서로 나란히 함께 걷는 공동의 능력이 미래로 가는 길을 열어줄 것이다.

나는 이러한 미래 창출의 핵심이 더욱 기업가적으로 사는 자신의 잠재력을 믿는 일이라고 생각한다. 기업가적으로 산다는 것은 용기 있게 산다는 의미다. 다른 사람들이 보지 못한 기회와 가능성을 좇는

---

[*] 중국의 지성을 대표하는 세계적 문학가이자 문화비평가이며 국내에는 《생활의 발견》으로 잘 알려져 있다. 중문 타자기와 치약을 바를 수 있는 칫솔을 처음 개발한 발명가이기도 하다. — 옮긴이

일이다. 또한 우리가 가장 믿는 방법을 동원해 전 세계를 위해 긍정적인 변화를 끌어내는 일이다. 정리해보자면 가장 중요한 일은 이러한 여정에서 우리가 상대방을 존중하고, 존경하며, 격려하고, 지원하는 일이다. 상대방에게서 대단한 일이 일어날 것을 기대해야 하며 희망을 붙들어야 한다.

모든 사람이 존재한다고 믿는 결핍과 상처, 빈곤이나 단절에 집중하는 일을 선택하지 말라. 잠재력과 가능성을 보는 일을 선택하라. 기회를 보는 일을 선택하라. 강점을 보는 일을 선택하라. 어떤 예기치 않은 환경에서도 강하고, 현명하며, 열심히 일하는 기업가들을 보라. 이러한 사람 중에 캐서린과 블레싱, 사무엘, 라즈, 리, 이 책에 등장하는 다른 사람들이 있다. 물론 이들 외에도 셀 수 없이 많은 사람이 있다. 일부는 바로 우리 주변에서 작은 사업을 운영하기도 하고, 스타트업을 추진하기도 하며, 자신의 주어진 사업에서 창의성을 발휘하며 일하기도 한다. 아마도 우리 자신도 이 중 하나일 것이다. 이러한 사람들을 찾으라. 그들에게서 배우라. 그들을 격려하라. 어떻게 해서든 그들을 지원하라.

그리고 무엇보다도 그들에게서 영감을 얻으라. 내가 주저하고 있을 때 새로운 것을 시작하도록 자극을 준 것은 벽돌공 패트릭 이야기다. 내가 장래를 희망하는 내 모습에 솔직해지도록 도전을 준 것은 바나나 농부 콘스탄스다. 휠체어 제작자 쇼나는 하루도 빠짐없이 소소한 개선 방법을 모색하도록 자극을 준다. 염소몰이 사무엘은 평범한 장소에서 비범한 것을 보도록 영감을 준다. 숯 판매상 파투마는 내가 계속 꿈을 꾸며 퇴보를 용납하지 않도록 일깨워준다. 미용사 지카는 내가 어떤 일이든 준비돼 있다는 용기를 북돋우며, 레일라는 말할 필요도 없이 내가 일어나 춤을 추듯 전진하도록 일깨워준다.

　나는 이러한 기업가들과 같은 삶을 살기를 간절히 바란다. 그들은 생각하는 방법, 일하는 방법, 세상을 바라보는 방법, 나 자신을 믿는 방법을 보여주는 내 롤 모델이다. 그들은 자신이 소유하지 않은 것이든, 모르는 것이든, 지배할 수 없는 것이든, 이러한 것들 때문에 위축되는 법이 없었다. 그들은 기업가로서 성공하는 일이 자신의 소유가 아니라 자신의 여정을 따라 실천으로 옮기기로 한 행동에 달려 있다는 사실을 알고 있었다. 다시 한번 나는 그들이 하워드 스티븐슨이 언급한 말, 즉 "기업가 정신은 현재 보유한 자원에 구애받지 않고 기회를 추구하는 것이다"를 선천적으로 알고 있었다고 믿는다. 그들은 자신을 막고 있는 불이익이나 위험, 장벽이 무엇이든 상관없이 앞으로 나아가는 능력에 집중했다.

　이러한 기업가들을 아는 일, 그들과 같은 매우 많은 다른 기업가들을 아는 일은 내 인생의 가장 큰 선물 중 하나였다. 그들은 내가 기업가적인 삶을 살 수 있을 뿐 아니라, 항상 내 앞의 장벽이 무엇이든 주저앉기보다 헤쳐나갈 수 있도록 확신을 심어주었다. 이것이 바로 내가 매일 시도하려는 선택이다. 인생은 잘 풀릴 때도 있고 안 풀릴 때도 있다. 그러므로 이러한 선택에는 끊임없이 재해석과 재발견이 뒤따라야 한다. 기업가의 삶을 사는 일은 모든 단계에서 쉽지 않다. 그러나 이 여정을 통해 자신의 잠재력을 최대한 끌어올릴 수 있다고 믿는다.

우리의 이야기는 어떻게 전개될까? 우리의 삶에 펼쳐진 일련의 가능성 앞에서 우리는 어떤 선택을 할 것인가? 우리가 소유하지 않은 것에 집중할 것인가, 아니면 행동에 옮기는 일을 선택할 것인가?

용기 있는 여정을 택하라. 기업가적인 삶을 사는 길과 자신에게 거는 길을 택하라. 소중한 시간과 재능, 에너지를 최상의 꿈을 꾸는 데 집중하라. 자신과 주변에 더욱 많은 희망을 품으라. 꿈의 나래를 펼치고, 잠재력을 믿으며, 스스로 꿈꾸는 미래를 만들라.

세상은 당신을 원한다.

사람과 사람을 잇다

기록에 남지 않은 소통의 시간

지난 15년 동안 나는 전 세계를 다니며 수백 명의 기업가를 만나는 기쁨을 누렸다. 이 책에 선보인 기업가들은 지역, 직업, 지적 수준, 교육 수준, 성, 나이, 생활 수준, 이외에 많은 관점에서 내가 그간 관찰해온 여러 다양성을 보여줄 목적으로 선정했다.

　일부 기업가에 대해서는 있는 그대로 정확하게 묘사했다. 나는 최근 이 책을 쓰기 위해, 또한 다른 목적을 수행하기 위해 이 기업가들을 빈틈없이 조사했다. 가령 쇼나 맥도널드와 벨레자 내추럴의 설립자들은 스탠퍼드 경영대학원에서 가스 샐로너 교수의 감독 아래에 쓰인 사례 연구에 대한 내 연구 주제였다. 스탠퍼드에서 내가 맡은 일은 골드만삭스의 '1만 여성' 프로젝트에서 자금 지원을 받아 개발도상국과 신흥국 시장에서 지원을 잘 받지 못하는 여성 기업가들에 대한 비즈니스와 경영 교육에 초점을 두는 일이었다. 내가 이번에 쓴 쇼나와 다른 사례들은 광범위하다. 이 책에 포함된 내용보다도 훨씬 많은 이야기를 더 알고 싶어 하는 모든 사람이 이용할 수 있도록 공개해놓았다. 키바와 연관된 일부 사례에서는 기업가들의 사생활을 존중하기 위해 신원에 관련된 세부 사항을 생략하거나 변경했다.

마지막으로 사무엘, 라즈, 여러 다른 기업가들의 일부 이야기는 오직 내 기억에 의지해 회상한 내용이다. 나는 어떤 메모장이나 카메라도 담지 못한 내 여정 전체에서 이루어진 소통을 소중히 여겼다. 실제로 이런 대화가 제약 없이 가장 솔직하고 진실한 소통이었다.

내 첫 투자자였던 엄마와 아빠에게, 모든 면에서 내게 영감을 주고 파트너가 돼준 남편에게, 우리가 일군 가장 성공적인 벤처 기업인 사이러스, 제스퍼, 아사에게 사랑한다는 말을 전한다.

영감을 준 모든 사람들

이 책을 쓰는 전 과정에 걸쳐 나를 격려해주고 피드백과 편집, 검토를 진행해주며, 자신들의 이야기나 인용구를 포함할 수 있도록 협조해준 사람들뿐 아니라 모든 면에서 이 책이 나올 수 있도록 지원해준 수많은 개인에게 감사의 말씀을 전하고 싶다. 나 혼자서는 절대 이 일을 해내지 못했을 것이다.

무엇보다도 책을 쓰는 가장 좋은 지침을 선사해준 내 남편 레자에게 감사의 마음을 전한다. 그는 매일 나를 북돋아주었고, 영감을 주었으며, 격려해주었을 뿐만 아니라, 직접 보여준 예를 통해 내게 세상에 중요한 무언가를 글로 쓰는 일이 그리 어렵지 않다는 사실을 일깨워주었다. 레자는 이 책이 어떤 책이 되리라는 것을 나보다 일찍 감지했다. 그리고 이 책을 쓰는 과정에서 여러 마감일이 닥쳐올 때마다 나를 대신해 집에서 수많은 나날 동안 일을 봐주는 큰 몫을 감당했다. 레자는 책을 쓰는 단계별로 내가 알아야 하는 내용을 참을성 있게 가르쳐주었다. 그리고 읽기를 반복하며 수고를 아끼지 않고 수없이 이 책 전체를 편집해주었다. 더욱이 내가 가장 정직한 목소리를 낼 수 있도록 도와주었다. 이 과정이든 내 여생이든, 이보다 좋은 파트너는 찾을 수 없을 것이다. 사랑하는 남편에게 고마운 마음을 전한다.

이 책 모든 버전의 단어 하나하나에 애정을 기울여준 엄마와 아빠에게 감사한 마음을 전한다(그분들은 나를 옳은 가치관으로 이끄셨기 때문이다). 부모님은 내가 기억하는 모든 것을 쓸 수 있도록 격려를 아끼지 않았으며, 내가 힘들 때나 기쁠 때나 모든 단계에서 내 편이 돼주었다. 내게 조건 없는 사랑을 베풀어주신 점에 감사한 마음을 전한다. 또한 수백만 번 이 책을 읽어줘서 고맙고 내 인생에서 내 편이 돼주어서 감사한다. 부모님께 내 사랑을 전하고 싶다.

이 책이 그저 아이디어 단계였을 때 이 책의 잠재력을 믿어준 말리 루소프Marly Rusoff에게 감사한다. 나를 믿어주고 이 책을 출판해준 셀리나 슈피겔Celina Spiegel과 줄리 그라우Julie Grau, 통찰력 있는 편집을 해준 제시카 신들러Jessica Sindler, 이 책의 출판과 나에게 신뢰를 보내준 전 슈피겔&그라우Spiegel&Grau 팀에게 고마운 마음을 전한다.

스탠퍼드 대학교 경영대학원의 교수진과 직원, 행정부서 식구들에게 감사를 전한다. 나를 경영대학원 식구로 받아주어 세상을 바꿀 기업가 정신의 힘에 눈뜨게 해준 줄리 위르겐스에게 고마운 마음을 전한다. 나를 지도하며 멘토링을 해주었을 뿐 아니라 수많은 우여곡절을 겪는 과정에서 좋은 친구가 돼준 페기 레이드Peggy Reid에게 감사한다. 2003년 가을에 강연을 통해 인생의 궤도를 틀어준 무하마드 유누스 박사에게 감사한 마음을 전한다. 내가 2004년 봄 인생의 큰 도약을 놓고 조언을 구했을 때 주저 없이 "여기를 떠나라! 아프리카로 가라!"고 대답해주고, 전문가들을 대할 때 조심해야 할 사항을 가르쳐주며, 작은 칼과 강력 접착테이프만 있으면 거의 모든 것을 수선할 수 있다는 사실을 가르쳐준 짐 파텔에게 고마운 마음을 전한다. 제니퍼 아커Jennifer Aaker는 내 인생에서 다른 누구보다 소중한 친구이자 멘토였다. 수년에 걸쳐 나를 꾸준히 격려해줘 고맙다. 내가 기업가 여정에서 다시 영감이 필요했던 정확한 그 시기(알고 한 것이든 아니든)에 전 세계에서 가장 엄청난 기업가들에게서 영감을 얻는 한 해를 보낼 수 있게 해준 가스 샐로너에게 감사한 마음을 전한다. 처음에는 거절했지만 2007년 입학생으로 나를 받아준 데릭 볼튼에게 고마운 마음을 전한다. 그야말로 타이밍이 완벽했다.

처음부터 나와 키바라는 아이디어를 믿어준 모든 사람에게 감사한다. 브라이언 레넌은 내게 처음으로 '결정적인 기회'를 선사해주고, 그 자신은 물론 그의 조직을 걸고 키바가 자립해서 운영될 수 있도록 해주었다. 그는 우리가 만난 이래로 줄곧 가장 훌륭한 멘토이자 친구가 돼주었다. 그에게 감사한 마음을 전한다. 밥과 도티 부부에게 감사를 전한다. 그들은 동아프리카 전역에 걸쳐 커다란 흰색 사파리 승합차를 타고 길고 험난한 여정을 떠난 초기부터 내게 충고와 격려를 선사했고 그 이후로도 가족과 같이 대해주었다.

초기의 키바 지원자와 팀원 들에게 감사한다. 우리의 첫 번째 이사회 멤버들, 특히 초창기에 키바를 육성해준 레이드 호프먼과 알렉스 에델스테인 Alex Edelstein, 타브리즈 베르지 Tabreez Verjee, 레슬리 크러치필드 Leslie Crutchfield, 제프 데이비스 Geoff Davis에게 감사한 마음을 전한다. 그이후에 키바에 합류해 키바의 성공에 너무나도 많은 공헌을 한 줄리하나 Julie Hanna와 존 D. 뮐러 John D. Muller, 에이미 클레먼트 Amy Klement를 비롯해 다른 이사회 멤버들에게 감사한다. 언제나 변함없이 그만이 할수 있는 방법으로 키바를 이끌어주었으며 우리와 특별한 우정을 나눈 프레말에게 고마운 마음을 전한다. 그리고 내 전체 인생의 진로를 바꿔준 맷에게 고마운 마음을 전한다. 지금의 성공한 키바가 있기 선에 키바는 우리의 여정이었고, 나는 키바와 함께한 이 모든 여정에 감사한다.

내 사랑하는 친구들에게 전한다. 전체 프로파운더 식구들인 대너 모리엘로와 라이언 가버 Ryan Garver, 올라나 칸, 데이비드 랭 David Lang, 레이첼 토바이어스 Rachel Tobias, 애덤 앤더슨 Adam Anderson, 사샤 세캐런 Sathya Sekaran, 케이트 캐러스 Kate Karas에게 놀라운 여정을 함께해준 것에 대해 감사한 마음을 전한다. 아울러 이 여정이 가능하도록 해준 우리의 초기 조언자와 투자자 들에게 감사한다.

좋을 때나 나쁠 때나 그 자리에 있어주고 내게 가장 진실한 친구가 돼준 섀넌 Shannon에게 감사의 마음을 전한다. 그녀를 알게 된 것은 내인생의 훌륭한 선물 가운데 하나다. 내게 깊고 충실한 우정을 선사해준 첼사에게 고마운 마음을 전한다. 키바 덕분에 내 인생에 찾아왔던 모든 굉장한 것 중에서 그녀를 만난 것이 가장 큰 축복이었다. 내게 격려가 가장 필요할 때는 물론 그렇지 않을 때마저도 그녀는 나를 변함없이 치켜세워줬으며 가장 나다운 모습이 되도록 격려해주었다. 나를 사랑해주고, 지원해주고, 믿어주고, 심지어 수많은 달 동안 내게 집을 제공해준 올라나와 자인Zain에게 감사한 마음을 전한다. 여러 해 동안 나를 지지해주며 내가 가장 필요할 때 거하고, 글을 쓰고, 치유를 받으며, 꿈꿀 수 있는 집을 제공해준 데니스Dennis Barsema와 스테이시 바스마Stacey Barsema 부부에게 거듭 감사한 마음을 전한다!

그리고 마지막이자 매우 중요한 인사로 이 책에 등장하는 모든 기업가와 내게 영감과 열정을 선사한 수많은 사람에게 감사한 마음을 전한다. 그들이 등장하는 이야기가 그들이 보였으면 하는 모습대로 쓰였기를 바란다.

옮긴이 김진희

연세대학교에서 경영학 석사학위를 받고, UBC 경영대에서 MBA 본 과정을 수학했다. 홍보 컨설팅사에 재직하면서 지난 10여 년간 삼성전자, 한국 P&G, 한국 HP 등의 글로벌 브랜드 뉴미디어 광고 및 홍보 컨설팅을 수행했다. 현재 '바른번역' 번역가로 활동하고 있다. 옮긴 책으로는 《4차 산업혁명의 충격》, 《하버드비즈니스리뷰》, 《구름사다리를 타는 사나이》 등이 있다.

KI신서 6272

진흙, 물, 벽돌

초판 1쇄 인쇄 2016년 9월 30일
초판 1쇄 발행 2016년 10월 10일

지은이 제시카 재클리 **옮긴이** 김진희
펴낸이 김영곤
해외사업본부장 간자와 다카히로
정보개발팀 이남경 김은찬
해외기획팀 박진희 임세은 채윤지
디자인 두리반
편집 이성현 도은숙
영업본부장 안형태 **출판영업팀장** 이경희
출판마케팅팀 김홍선 최성환 백세희 조윤정
출판영업팀 이은혜 권오권
홍보팀장 이혜연
제작팀장 이영민

펴낸곳 (주)북이십일 21세기북스
출판등록 2000년 5월 6일 제406-2003-061호
주소 (우 413-120) 경기도 파주시 회동길 201(문발동)
대표전화 031-955-2100 **팩스** 031-955-2151 **이메일** book21@book21.co.kr

ⓒ 2015, Jessica Jackley

ISBN 978-89-509-6219-7 03320